KB217513

동아시아인의 '동양' 인식

동아시아인의 '동양' 인식

최 원 식 · 백 영 서 엮음

21세기에 다시 쓴 간행사

서남동양학술총서 30호 돌파를 계기로 우리는 2005년, 기왕의 편집위원회를 서남포럼으로 개편했다. 학술사업 10년의 성과를 바탕으로 이제 새로운 토론, 새로운 실천이 요구되는 시점이라고 판단했기 때문이다.

알다시피 우리의 동아시아론은 동아시아의 발칸, 한반도에 평화체제를 구축하고자 하는 비원(悲願)에 기초한다. 4강의 이해가 한반도의 분단선을 따라 날카롭게 교착하는 이 아슬한 상황을 근본적으로 해결하는 방책은 그 분쟁의 근원, 분단을 평화적으로 해소하는 데 있다. 민족 내부의 문제이면서 동시에 국제적 문제이기도 한 한반도 분단체제의 극복이라는 이 난제를 제대로 해결하기 위해서는 우선 서구주의와 민족주의, 이 두 경사 속에서 침묵하는 동아시아를 호출하는 일, 즉 동아시아를 하나의 사유단위로 설정하는 사고의 변혁이 종요롭다. 동양학술총서는 바로 이 염원에 기초하여 기획되었다.

10년의 축적 속에 동아시아론은 이제 담론의 차원을 넘어 하나의 학(學)으로 이동할 거점을 확보했다. 우리의 충정적 발신에 호응한 나라 안밖의 지식인들에게 깊은 감사를 표하는 한편, 이 돈독한 토의의 발전이 또한 동아시아 각 나라 또는 민족들 사이의 상호연관성의 심화가 생활세계의 차원으로까지 진전된 덕에 크게 힘입고 있음에 괄목한다. 그리고 이러한 변화가 6·15남북합의(2000)로 상징되듯이 남북관계의 결정적 이정표 건설을 추동했음을 겸허히 수용한다. 바야흐로 우리는 분쟁과 갈등으로 얼룩진 20세기의 동아시아로부터 탈각하여 21세기, 평화와 공치(共治)의 동아시아를 꿈꿀 그 입구에 도착한 것이다. 아직도 길은 멀다. 하강하는 제국들의 초조와 부활하는 제국들의 미망이 교착하는 동아시아, 그곳에는 발칸적 요소들이 곳곳에 숨어 있다. 남과 북이 통일시대의 진전과정에서 함께 새로워질 수 있다면, 그리고 그 바탕에서 주변 4강을 성심으로 달랠 수 있다면 무서운 희망이 비관을 무찌를 것이다.

　동양학술총서사업은 새로운 토론공동체 서남포럼의 든든한 학적 기반이다. 총서사업의 새 돛을 올리면서 대륙과 바다 사이에 지중해의 사상과 꿈이 문명의 새벽처럼 동트기를 희망한다. 우리의 오랜 꿈이 실현될 길을 찾는 이 공동의 작업에 뜻있는 분들의 동참과 편달을 바라 마지않는 바이다.

서남포럼 운영위원회
www.seonamforum.net

새로 책을 펴내며

개정판을 마침내 내게 되니 고맙고 고맙다.

동양학술총서 네번째로 『동아시아인의 '동양'인식』 초판이 출판된 게 1997년이다. 당시는 초창기였다. 총서 1권 『동아시아, 문제와 시각』을 독서 사회에 송출한 때가 1995년이니, 꽤 의욕적이었다고 기억된다. 서남재단 이 후원하고 문지사가 출판을 맡아 배경도 든든했다. 그런데 개척적인 만큼 공간이 넓었다. 요즘식으로 말하면 콘텐츠가 태부족이다. 이러구러 백영서 교수가 한중일 세 나라 지식인들의 아시아 인식의 사상적 자산들 을 가려뽑은 편저를 만들 것을 제안해 편집위원회(정문길·전형준·백영서· 최원식)의 승인을 거쳐 이 책이 세상에 나오게 되었던 것이다. 편집과정에 서도 그러했지만, 출간 뒤의 검토과정에서 편자들 스스로도 새삼 서풍(西 風)의 도도한 회오리 속에서도 이런 귀중한 사유의 씨앗들이 오롯했구나, 내심 감탄을 금치 못한 터다. 과연 이 책에 대한 국내외의 주목은 기대 이 상이었다.

그런데 꼭 수록했어야 할 글을 빠뜨린 아쉬움이 점점 자라났다. 그것은

6

단재 신채호의 「조선독립 급(及) 동양평화」(1921)라는 논설이다. 애국계몽기(1905~10)에 단재는 동양주의를 날카롭게 비판하였다. 그 대표적인 논설이 이 책에 수록한 「동양주의에 대한 비평」(1909)이다. 허울과 달리 한국과 중국을 침략하는 일본의 국가주의적 책략이라는 점을 간파한 그는 동양주의를 명백히 거부했다. 그런데 망명지 중국에서 일본의 대륙침략을 예견하면서 그의 사상은 변모한다. 그 변화를 예각적으로 보여주는 논설이 바로 「조선독립 급 동양평화」다. 대륙으로부터 바다로 진출하려는 힘과 바다로부터 대륙으로 쳐들어가려는 힘을 중간에서 막는 것이 "유사 이래 조선인의 천직"이라는 점에 주목한 그는 이 글에서 "조선의 독립"을 돕는 것이야말로 동양평화의 상책이라고 호소한다. 이 글이야말로 안중근의 「동양평화론」(1910)과 안재홍의 「신민족주의의 과학성과 통일 독립의 과제」(1949)를 잇는 한국 동아시아론의 허리를 받치는 문장인 것이다. 안중근과 안재홍은 거뒀는데 신채호만 누락되니 더욱 민망했다.

이번에 숙원을 이루게 되니 너무 기쁘다. 백영서 교수가 추천한 인정식의 「동아의 재편성과 조선인」(1939)도 함께 넣는다. 비록 친일문헌이지만 동아협동체론 가운데 가장 주목할 논설이 아닐 수 없다. 부분부분 오역과 오자를 바로잡았다. 부제 또한 정확하지 못한 터라 이번에 삭제했다. 이로써 책이 한결 충실해졌다.

이 책이 창비에서 나올 수 있도록 흔쾌히 동의해준 홍정선 대표를 비롯한 문지사의 우정에 감사한다. 단재의 한문논설을 번역하는 수고를 마다하지 않은 백지운 박사와 이 책이 제 모습을 갖출 수 있도록 세심히 돌본 인문사회팀의 박영신씨에게도 고마움을 전한다.

2010. 12
편자

책을 펴내며

동아시아를 단위로 사고하는 것이 꽤 주목을 끌고 있고 그에 관한 논의도 적지 않지만 '왜 지금 동아시아인가' 하는 물음에 명쾌하게 답한 글은 잘 눈에 띄지 않는다. 동아시아적 전망이랄까 하는 것의 중요성을 비교적 먼저 절감해온 편자들은 분명한 답을 찾기 위한 방편으로 한·중·일 3국의 동아시아 인식의 역사를 추적해보기로 했다. 때마침 서남재단의 연구비를 얻을 수 있었기에 이 작업은 쉽게 결실을 맺었다. 이 책은 편자들이 전에 같은 재단의 지원 아래 엮어 낸 동양학술총서 1권 『동아시아, 문제와 시각』의 자매편이라고도 할 수 있다. 동아시아 연구에 지속적인 관심을 갖는 서남재단에 이 자리를 빌려 감사드린다.

이 책을 엮는 데 도움을 받은 분들의 일부라도 여기서 밝힐 수 있어 다행이다. 먼저 함동주 교수를 떠올리지 않을 수 없다. 이화여대 사학과에 재직중인 그녀는 일본 아시아주의 전공자로서 제1부의 대상 선정과 자료 확보에 크게 기여했다. 그리고 미국 듀크 대학에서 중국국민당 원로 왕 징웨이(汪精衛)의 아시아주의를 주제로 박사학위 논문을 준비중인 황동연 형은 왕 징웨이의 아시아론에 주목하게 했고 쑹 따칭(宋大慶)의 글을 소개해주었다.

중국과 일본의 글들을 우리말로 옮기는 데 애쓴 분들은 모두 아시아 근대사 분야 전공자이다. 각각의 이름은 개별 글의 말미에 밝혀두었다. 그러나 편자들도 번역문에 손질을 가한 만큼 번역의 질에 대한 책임은 공동의 몫이라 하겠다.

한국 쪽 글의 경우 요즈음 잘 안 쓰는 어휘도 적지 않고 한자어가 많아 독자가 불편해할지 모르나 자료이므로 거의 손대지 않고 그대로 수록했다.

이렇게 여러분들이 힘을 보태주었지만 이 책에 대한 최종 책임이야 마땅히 편자들이 져야 한다는 것은 잘 알고 있다.

이 책이 간행된 이후 많은 호응을 받아 판을 거듭하는 가운데 번역문도 더 다듬고, 자료도 보완할 수 있는 기회가 오기를 바란다. 특히 한국 쪽 자료 가운데 편자들이 미처 챙기지 못한 것을 독자들의 도움으로 증보할 수 있다면 반가울 것이다.

1997년 늦은 가을
편자

서문

진정한 동아시아의 거처
—20세기 한·중·일의 인식

백영서

1990년대 우리 지식사회에서 새삼 떠오른 어휘로 '동양' 또는 '동아시아'를 꼽는다 해도 의아해하지 않을 것이다. 아니 의아해하긴커녕 '동아시아담론'이란 이름이 붙여질 정도로 관심이 모아지고 있다는 감마저 든다. 때로 이 '담론'이 '상품화·권력화'되었다고 비판당하기도 하는데, 만일 그 지적이 근거있는 것이라면 오히려 그만큼 논의의 반향이 크다는 증거일 수 있다.

이런 '유행적' 현상이 나타난 배경에 대해 그간 공통적으로 거론되어 온 것은, 한국을 포함한 동아시아 지역 일부 국가의 경제적 성취(흔히 '네 마리 용'으로 비유되는)에 힘입은 이들 국가의 자신감·정체성을 표현할 수 있는 적절한 어휘가 필요했다는 점이다. 그리고 이것을 부추긴 것이 현존 사회주의 국가의 몰락 이후 대안적 체제에 대한 관심이 일고, 또한 포스트모더니즘의 수용과 더불어 근대의 서구 중심주의·이성 중심주의에 대한 반발이 나타난 변화이다.

그런데 흔히 간과되는 배경이 있음에 주의를 환기시키고 싶다. 즉, 동아

12

시아에 관한 논의가 하나의 중심이 없을 정도로 잡다하고 아직 체계화되지 않았지만 그 가운데 적어도 한 갈래는 우리의 민족주의에 대한 열린 자세를 추구하기 위해 동아시아에 관심을 갖게 된 흐름이 있다는 것이다. 예를 들면 공동편자인 최원식은 "민족주의든 일국사회주의든 일국주의 모델을 넘어서" 우리가 진정으로 세계적 안목을 갖기 위한 방편으로 동아시아에 관심을 갖자고 촉구한 바 있다.

바로 이 점이 잘 주목되지 않다 보니 동아시아론이 빠지기 쉬운 함정으로 가장 많이 지목되는 것이 자민족 중심주의의 부활 또는 팽창주의에 대한 경계이다. 일본의 아시아주의나 중국의 중화주의는 각각 일국 중심의 대국질서 내지 팽창주의를 역사적으로 경험한 분명한 증거가 되겠지만(이 책의 1, 2부 참조), 저들에 비해 우리는 그런 유산이 없는 만큼 오히려 이 혐의에서 어느정도 자유로울 수 있다. 또한 가까운 장래에 우리가 두 이웃나라를 압도할 정도로 정치·경제적으로 팽창할 수 있으리라 쉽게 전망되지도 않는다. 물론 최근 우리 자본이 해외로 진출하면서 현지(특히 동남아)에서 초래하는 반발, 일부 잘 팔리는 만화나 소설에서 볼 수 있는 약소민족의 한풀이식 아시아 패권에 대한 열망 등 우려할 흐름이 없는 것은 아니다. 그리고 이러한 흐름이 통일 추진과정, 특히 통일 후의 정세변화와 맞물려 팽창주의로 증폭될 위험이 아주 없으리라고는 단정할 수 없다. 그러나 바로 그렇기 때문에 그만큼 더 밖에서 우리를 보는 동아시아적 관점이 절실하다.

동아시아에 대한 관심이 위장된 자민족 중심으로 전락하지 않으려면 국가 중심으로 치우치지 않는 긴장이 요구된다. 그러기 위해서는 사회의 다양한 세력과 집단의 경험에 기반을 두고 동아시아를 조망하는 일 또한 중요하다는 것은 쉽게 생각할 수 있다. 여기서 한걸음 더 당면한 현실에 다가갈 필요가 있다. 우리의 경우 국가의 시각이든 사회영역의 시각이든 한반도 한쪽만에 치우쳐서는 안되고 남북한 모두를 감싸안아 분단이 작동되는 체제에 대한 온전한 인식 및 그 극복의지와 결합된 동아시아 인식일 때에야 그것이 패권주의의 우려를 씻고 실천성을 일정하게 확보할 수 있지 않을까 한다. 그래야만 (국민)국가의 강제력을 어느정도 제약하는 새로운 형태의 복합국가를 창발적으로 상상할 수 있는 기반이 닦여질 것이다. 역사적으로 동아시아 민족간의 갈등을 제어하는 '방파제' 역할을 해온 한반도가 이제 어떻게 통일을 이루는가 하는 과정 자체는 아시아 여러 나라의 진로를 가늠하는 나침반이다.

그렇다고 해서 동아시아에서 개별 국가를 초월한 지역공동체 같은 것이 당장 성립되어야 한다는 뜻은 아니다. 유럽공동체 형성 자체만 해도 개별 국가의 이해관계가 엇갈려 지금으로선 내부균열의 조정에 시달리는 현실을 보면 유럽보다 역사적으로 훨씬 상호 소원한 관계를 유지해온 동아시아가 어떤 틀로든 지역공동체를 쉬이 형성할 것으로는 보이지 않는다. 실제로 그 필요성을 강조하는 논의야 있을 수 있지만 이제까지 '동아시아담론'의 주창자 가운데 그것을 주내용으로 한 경우를 별로 보지 못했다. 정부 차원에서의 지역공동체 참여는 미국이 주도하는 '구미-태평양' 지역권 개념을 넘어서기 어려울 것이니 접어두더라도, 민간 차원의 주제별·직능별 연대가 각국에서 조심스럽게 추진되고 있을 뿐이다. 어디에서도 '섣부르고 성급한 연대의식'이라 비난받을 소지는 찾아보기 어렵다.

오히려 지역공동체보다 문화적 동질성에 동아시아론이 기대를 걸고 있다는 비판이라면 귀기울일 바가 있다. 동아시아 한·중·일 3국의 문화를 한 덩어리의 잘 통합된 존재로 보지 않고 여러 경향들이 경쟁하는 장으로 파악하는 것은 필요하다. 유교문명권 또는 한자문명권식으로 단순화해 파악하는 태도는 위험하다. 만일 동아시아론의 구체적 형상이 유교자본주의 같은 것이라면 비판을 받아 마땅하다. 더 나아가 동아시아의 문명이나 문화유산의 어떤 요소(들)를 상당히 추상화시켜 잘 통합된 동아시아적인 특질로 내세우기 쉬운 요소주의적 유혹에서도 벗어나야 한다. 그렇지만 동아시아의 어떤 요소(들)가 서구의 그것과 다른 '차이'를 통해, 인류가 직면한 과제에 대한 서구적 시각이나 해법을 거부하기보다 그것의 부족한 점을 보태주고 지나친 점을 덜어주고 더 나아가 새로운 문명의 창출을 위한 근거를 마련하는 것이 요구되는 때라면, 동아시아적 전망은 우리의 소중한 문명적 자산을 새롭게 발견하기 위한 장치이다.

논의가 여기에 이르면, 불가피하게 보편과 특수의 대립이란 낯익은, 그래서 그만큼 낡은 딜레마를 연상하지 않을 수 없다. 이제까지 이 딜레마를 넘어서기 위해서는 현상황이 허용하며 요구하는 최대한 거시적인 분석단위인 세계체제 수준과 적절한 국지화인 국민국가 수준을 동시에 감당하는 팽팽한 긴장을 유지해야 한다고 보는 데 익숙해 있다. 그런데 여기서 국지화의 수준이 꼭 국민국가여야만 하는지 따져볼 필요가 있다. 국민국가 내부의 하부 수준도 중요하려니와 국민국가를 넘어선 지역 수준에서 또 하나의 중요한 매개고리를 찾아 시공간의 다층성을 좀더 충실하게 인식할 때가 된 게 아닌가 싶다. 여기서 말하는 지역이란 당연히 우리가 속한 동아시아가 되는데, 다른 지역을 배제(또는 차별)하는 특권적 태도를 취하지 않는 한 역사적으로나 현실적으로 다른 지역보다 상대적으로 가까운 이곳이 적절한 분석단위의 하나라고 여겨진다. 이제 지역의 관점을 도입함으로써 일국적 과정의 지역적 일반성뿐만 아니라 세계체제가 작동하는 지역적 특수성을 함께 이해할 수 있는 지평이 열리기를 기대한다.

그래도 문제는 남는다. 동아시아 지역이 근대 이전에 상호 인적·물적 교류가 적었고, 지금도 동아시아의 매개 없이 곧바로 미국이 주도하는 전지구적 자본주의에 수렴되는 실정이니 굳이 동아시아란 발상이 필요한지 따져볼 필요가 있다. 사실 유럽이 오늘과 같은 유럽적 정체성을 갖게 된 것이 그리 오랜 일은 아니라 하더라도 동아시아보다 통합이 잘 되어온 것은 분명하다. 그러나 근대 이전에는 동아시아도 교류가 만만치 않아 심지어 하나의 지역체제를 이뤘었다고까지 주장하는 시각이 제시되고 있거니와, 근대 이후로도 기본적으로 지리적 근접성에 기반해 동아시아 내부간의 관계가 긴밀할 수밖에 없었고——그것이 갈등으로 표출되든 연대로 표출되든——탈냉전의 진행과 더불어 상호 접촉이 더욱더 깊고도 두터워지고 있다. 한민족의 경우만 해도 국경을 넘어 흩어져 사는 동포간의 교류가 활발해져 한민족공동체의 창조적 역할에 기대를 거는 '다국적민족공동체'란 발상까지 나타나고, 한반도 남쪽에 찾아든 아시아인 노동자가 우리의 생활 속에 깊이 들어와 우리 규범에 영향을 끼치는 요즈음이다. 이런 현실의 변화 속에서 자본의 획일화 논리에 저항할 수 있는 거점으로, 일국공동체를 넘되 그렇다고 해서 전지구적 규모의 거대한 인류공동체 속에 쉽게 매몰되지 않으면 동아시아란 단위를 중간에 설정해봄직하지 않은가.

그런데 동아시아란 매개고리가 일제시대 김기림이 논파했듯이 "경솔한 사색 속에 즉흥적으로 떠오르기 쉬운 아름다운 포말(泡沫)"에 그치지 않으려면, 현실 속에서 진행되고 있는 동아시아 지역의 다각적 상호의존의 추이를 날카롭게 주시하며 그것을 어떻게 개념화할지 고심해야 할 것이다. 아울러 오늘날 동아시아인의 정서와 인식에 영향을 끼치는 동아시아인의 역사적 경험을 점검해볼 필요가 있다. 즉, 동아시아인들은 이 지역을 과연 어떻게 인식해왔는지를 추적해보자는 것이다. 이 두 방향의 작업이 상호작용하는 과정에서 참다운 동아시아의 전망은 살이 붙어갈 것이다.

이 책은 이 두 과제 가운데 하나인 동아시아 3국이 동아시아 내지 동양이란 언어를 통해 무엇을 표상해왔는지를 추적하는 데 집중하려고 한다. 그렇다고 해서 동아시아를 하나의 단위로 파악하는 인식의 체계적인 계보학을 만들자는 것은 아니다. 20세기 들어서 한·중·일에서 동아시아론이 생성된 전반적인 맥락과 실질적인 기능 등을 고려해 주요인물들의 육성을 직접 들어보기로 했다. 그리고 최근 조류의 일단이나마 더듬어보기 위해 각기 1편씩 덧붙였다.

　제1부 '일본의 근대와 아시아 인식'에서는 모두 5편의 글을 실었다.
　일본은 동아시아 3국 가운데 가장 먼저 서구를 모델로 문명개화에 성공한 자신의 정체성을 찾는 과정에서 지리적으로는 일본과 같은 위치에 처하나 문명적으로 낙후된 지역을 가리키는 '동양'이란 개념을 창안하였던 만큼 아시아를 단위로 한 사고도 비교적 빠른 시기에 구상되어 지속적으로 관심을 기울였다. 특히 아시아주의는 러일전쟁 이후 본격적으로 논의되었다. 그전까지는 조선문제에 매달렸기에 그를 넘어서 아시아를 단위로 생각할 겨를이 없었지만 러일전쟁 승리 직후는 서구와의 대등한 입장에서 아시아에 관심을 기울일 수 있는 자신감이 붙었다. 이후로 구미열강과의 관계변화에 대응해 강조점이 조금씩 달라지긴 했지만, 인종론·문명론에 기반을 둔 아시아주의는 지속되었으며 대동아공영권 발상은 그 귀결이라 할 수 있다.
　"아시아는 하나"라는 명제로 유명한 오까꾸라 텐신(岡倉天心, 1863~1913)의 구상은 일본의 초기 아시아론으로서 주목된다. 그는 1903년 영어로 발표한 팸플릿 「동양의 이상」에서 미술사적 관점에 입각해 아시아의 하나됨을 확인한 뒤 그에 근거해 동양의 우위를 주장하며 서양의 식민주의와 그것을 뒷받침하는 산업자본주의로부터의 해방을 꿈꿨다. 아시아적 영성의 부활이라는 이상에 기초를 둔 그의 아시아주의는 1930년대에 일본에 번역되어 대동아공영권 구상에도 일정한 영향을 끼쳤다고 볼 수 있겠다. 그런데 그의 구상에서 "아시아의 사상과 문화를 의탁할 진정한 저장고"로 일본을 특권화한 점은 그후 일본 아시아주의의 주요한 특질을 이룬다. 그런 그이니 아시아의 독립을 부르짖으면서도 이웃 조선인에 대해 냉담할 수밖에 없었던 것이다.
　일본의 아시아에 대한 관심은 제1차 세계대전의 발발로 서구열강이 동아시아에 관심이 적어진 틈을 비집고 일본이 영향력을 확대하면서 더욱 높아졌다. 이 무렵의 아시아주의는 문명론적인 빛깔이 짙었다. 일본이 주도해 동서의 문명을 융합시킨 제3의 문명 또는 신문명체를 아시아에 확립하자는 소리가 커졌고, 때마침 서구에서 일어난 평화와 자결의 조류와 연결되어 인도주의적 빛깔(王道적 아시아주의)이 덧칠해지기도 했다.

그런데 이러한 문명론적 아시아주의가 1930년대 들어서면 현실정치에 종속당하고 말아 이상주의적 요소가 희미해지지만 지배담론으로 확고히 자리잡아 많은 지식인들을 설득했다. 그러한 아시아주의의 궤적을 오자끼 호쯔미(尾崎秀實, 1901~44)와 미끼 키요시(三木淸, 1897~1945)에게서 찾아볼 수 있다.

오자끼는 '동아협동체'론을 통해 아시아주의가 한낱 이상에 그치지 않으려면 중일전쟁으로 실감하게 될 중국민족주의의 발흥이란 현실정치를 어떻게든 껴안아야 한다는 고민을 보여준다. 그는 동아협동체가 "중국민족을 협력하도록 만들기 위한 하나의 궁여지책"이거나 "무력정책을 은폐하기 위한 속임수"로 받아들여지기 쉽다는 점을 인정하고 그것이 현실화되지 못하면 '현대판 신화'로 끝날 수밖에 없다는 점도 똑똑히 짚고 있다. 그러한 난관이 예상됨에도 불구하고 그같은 '대이상'을 추구하는 이유는 무엇인가. 그것은 영미 자본주의국가와의 제휴 가능성이 거의 보이지 않을뿐더러 만주사변 이래 일본 내부의 자본주의도 수정·억제되고 있다는 현실적 조건 때문이라고 설명한다. 말하자면 세계자본주의체제의 제약 아래 기형적으로 근대화한 일본이 시도해볼 수밖에 없는 선택이었음을 느낄 수 있다.

중일전쟁을 계기로 아시아주의에 철학적 기초를 제공한 것은 미끼였다. 그가 중일전쟁을 통해 동아의 통일을 실현하고 이로써 세계의 통일을 가능하게 할 수 있다고 본 근거는 동아시아의 문화적 전통, 즉 '아직 충분히 열리지 않은 보물창고'를 창조적으로 활용하는 데서 찾았다. 구체적으로는 개별 민족을 초월한 '게마인샤프트(Gemeinschaft)적인 문화' 곧 '동양적 휴머니즘'에서 봉건성을 제거한 새로운, 세계사적 의의를 갖는 동아문화의 형성에 기대를 거는 것이다. 그것은 민족주의·전체주의·가족주의·공산주의·자유주의·국제주의·삼민주의·일본주의의 한계를 모두 넘어선, 한층 높은 새로운 시대의 원리, 즉 '세계사의 새로운 원리'로 구상된다. 여기서 일본은 어떤 역할을 맡는가. 그 역시 일본에 지도적 지위를 부여한다. 비록 정복이 아닌 '동아시아 여러 민족의 융합의 촉매'라고 표현되지만. 자유주의 좌파에 속하고 체제가 허용하는 한 정부에 최대한 비판적이었던 그가 철학적 신념에 입각해 구상한 것이 아시아주의론이었다. 그를 통해, 당시 일본의 많은 지식인들이 서구 중심의 근대질서를 극복할 새로운 사상적 기반인 아시아 중심의 패러다임에 매혹당했는데 실제로는 일본 중심의 패러다임의 한계를 벗어나지 못한 증거를 읽을 수 있다.

러일전쟁 직후 대두된 아시아주의는 그 주창자들이 의도했든 의도하지 않았든 끝내 대동아전쟁에 복무했고, 그 전쟁에서 일본이 패함과 더불어 아시아주의도 몰락하는 듯했다. 그러나 전후 타께우찌 요시미(竹内好, 1910~77)에 의해 그것이 담고 있던 아시아연대의 지향은 새롭게 살아났다. 그리고 그것은 패전으로 일본이 메이지유신 이래 추구해온 근대주의의 파탄을 목도함과 더불어 침략주의를 방관한 데 대한 심각한 죄책감에 시달려 정체성의 위기에 처한 당시 일본인에게 하나의 출로를 제시하였다. 그에 의해, 서구를 모델로 삼은 일본의 근대와 달리 민족적인 것을 중심으로 '안으로부터 강하게 내민' 혁명중국의 근대는 이제 대안적인 모델이 되었다. 비유를 빌리면 근대의 우등생 일본과 열등생 중국의 위치가 뒤바뀐 것이다. 이런 인식을 심화시키기 위해서는 아시아적인 것에 의해 서양의 보편적 가치를 드높이고 서구의 우월한 가치를 동아시아에서 되감싸 안아 서구 자신을 이쪽에서부터 변혁시킨다는 '문화적인 되감기'가 요청된다. 그런데 아시아적인 것이란 실체로서 존재하는 것은 아니다. 그래서 그는 그것을 '방법으로서의 아시아'라 이름붙였다. '방법으로서의 아시아'를 '주체형성의 과정'으로 암시할 뿐 그 자신 명료하게 규정하고 있지 못하지만, 동아시아를 단위로 한 발상을 위해 암시하는 바는 풍부하다.

1980년대 이후 일본에서 두드러진 동아시아에 관한 논의로 '아시아 교역권'을 중심으로 펼쳐지는 연구경향을 꼽을 수 있다. 다양한 갈래가 있지만, 현재보다는 세계자본주의체제에 편입되기 직전으로 소급해갈 때 그 윤곽이 더 잘 드러나는 아시아 권역은 개별 국민국가의 경계를 넘어선 지역체계로서 독자적으로 작동했다는 데 공통점이 있다. 이같은 일본의 논의를 적극 수용하되 월러스틴의 세계체제의 틀을 활용해 또렷이 그 특징을 부각시킨 사또시 이께다(Satoshi Ikeda)는 19세기에 유럽 자본주의 세계체제가 아시아를 일방적으로 통합하였다는 낯익은 시각을 비판한다. 유럽의 아시아 통합은 아시아 시장의 우월성으로 인해 일어났던 은 유출에 대한 반작용의 결과라는 것이다. 아시아 지역체제의 존재를 강조하는 그의 논의에서 조공체제를 주도하던 중국과 별도로 아시아 교역권을 이끈 일본의 역할을 중시하는 경향이 감지된다. 그렇지만 동아시아 지역에는 중국이 주도한 중심질서 안에 여러 '소중심질서'들이 존재했다고 볼 수 있다. 어쨌든 일국적 경험을 세계체제의 변혁 속에 위치시킨 그의 관점은 아시아인 상호간의 교류가 흔히 알려진 것보다 긴밀했을 가능성을 일깨워주고 더 나아가 아시아 근대사의 새로운 지평을 연다는 점에서 깊이 고려해볼 가치가 있다.

제2부 '중국의 근대와 아시아 인식'에서는 5편의 글을 실었다.
전통적으로 중화관념에 입각해 동아시아 지역을 중국이 주도하는 하나의 세계로 파악하는 데 익숙한 중국에서 아시아주의란 새로운 어휘가 관심을 끈 것은 19세기가 거의 마감되던 시기, 곧 청일전쟁으로 조공체제가 와해된 이후다. 그 시대의 과제를 누구보다 예민하게 포착한 량 치차오

(梁啓超)는 일본의 '흥아론(興亞論)'이나 아시아주의에 기대를 걸고 점증하는 서구열강을 건제하는 데 일본이 일정한 역할을 맡을 것으로 기대했다. 그러나 러일전쟁 이후 동아시아에서 일본의 지배력이 커지자 그에 대한 환상을 포기해버렸다.

그후 중국에서 아시아를 단위로 한 발상은 별반 눈에 띄지 않지만, 독특하게도 아나키스트 류 스페이(劉師培, 1884~1919)는 아시아 약소민족의 독립을 위한 연대를 제창했다. 그가 백인종의 강권에 대한 저항을 부르짖은 것은 당시 일본으로부터 번져간 아시아주의의 영향으로도 볼 수 있다. 그렇지만 그는 여기서 더 나아가 일본의 강권도 아시아인이 배척해야 할 '해충'으로 규정하고, 아시아 약소민족이 국가주의를 벗어나 대동단결하고 강국의 민당(民黨)과 결합하면 자주 독립된 사회주의사회를 멀지 않아 이룩할 것으로 예측하였다. 당시 아나키즘이 동아시아적 전망에 끼친 영향은 좀더 규명될 여지가 있다.

1차 세계대전 직후 일본에서 아시아주의가 활발히 논의되는 것의 여파로 중국에서도 아시아주의가 잠시 관심을 끌었다. 그 전형적 예가 일본 논의를 수용한 리 따자오(李大釗, 1889~1927)다. 그는 1917년에 처음 발표한 글에서는 일본이 내건 아시아주의에 원칙적으로 동의하였지만 그 이상을 온전히 실현하려면 아시아 각국의 책임과 지위를 일본이 인정하는 것이 선결되어야 하고, 더 나아가 세계 인도주의에도 기여해야 한다는 단서를 잊지 않았다. 그런데 2년 후에 쓴 같은 주제의 글에서는 일본이 말하는 아시아주의는 중국 병탄을 위한 '대일본주의'에 불과하다고 거부하면서 그 대신 '신아시아주의'를 제창하였다. 그가 말한 신아시아주의란 먼저 아시아의 피압박민족이 민족해방을 달성하고 이들이 '아주연방(亞洲聯邦)'이란 지역협의체를 구성해 다른 지역협의체들과 더불어 세계연방에 참여하는 것을 골자로 한다.

이러한 대동(大同)적 아시아주의는 쑨 원(孫文, 1886~1925)에게서도 찾아볼 수 있다. 1924년에 일본에서 행한 아시아주의에 관한 강연은 러일전쟁 이래 부상한 일본의 지위를 인정하면서 일본과 중국이 공동의 동양문화(즉, 도덕과 인의)에 기반하는 '왕도(王道)문화'를 선양해 공리(功利)와 강권(強權)에 기반을 둔 서양의 '패도(覇道)문화'에 대항할 것을 제창하는 데 촛점을 맞추었다. 중국 정치상황에서 열세에 처한 그가 일본의 지지를 얻기 위한 정략적 의도에서 이 강연을 하다 보니 일본의 팽창에 대한 비판을 자제할 수밖에 없었고 그래서 이미 식민지화된 조선과 같은 약소 아시아민족에 대한 연대에 관심을 덜 쏟고 중일 공동 영도에 비중을 두었을지 모른다. 실제로 조선의 식자층은 당시 이 내용을 접하고 실망한 가운데 비판의 소리를 높인 바 있다. 어쨌든 쑨 원에게 묻어 있는 중화주의의 자취가 느껴진다.

그후 중국에서 아시아주의는 거의 관심을 끈 것 같지 않다. 점증하는 일본의 침략을 대하면서 항일이 아닌 (일본을 포함한) 아시아연대란 생각하기 쉽지 않았을 것이다. 그런데 중일간의 전면전이 한창 진행되어 국민당 정부가 패퇴를 거듭하던 1939년, 일본에서 중일전쟁이란 상황을 맞아 아시아주의를 재정립한 동아협동체론을 중국 국민당 원로가 긍정적으로 받아들인 이색적인 일이 벌어졌다. 나중에 중국인에 의해 부역자(漢奸)로 단죄된 왕 징웨이(汪精衛, 1883~1944)는 장 제스(蔣介石) 정권처럼 항일전을 고집하다가는 국가와 민족의 멸망[亡國滅種]을 초래하리란 위기의식에서 일본과 화의를 맺어 '공존공생'을 추구하고자 했다. 그는 쑨 원의 아시아주의를 계승하여 침략주의와 공산주의를 배제함으로써 동아시아에 화평과 부흥을 가져올 것을 구상했다. 단순히 구상에 그친 것이 아니라 일본의 협력 아래 샹하이(上海)에서 순정국민당(純正國民黨) 정권을 수립해 패전까지 그것을 실천하고자 했다. 구미의 동아시아 질서의 첨병인 장 제스 정권과 일본이 주도한 동아시아 질서 형성에서 한몫을 맡기로 자처한 왕 징웨이 세력과의 충돌과정에서 돌출한 것이 그의 아시아주의로 볼 수도 있다. 그밖에 국민당 안의 파벌투쟁 등 많은 요인이 뒤얽혀 작용한 그의 활동과 사상에 대해서는 좀더 검토할 여지가 많지만, 여기서는 아시아주의가 현실정치 속에서 굴절될 때 보여질 수 있는 한 극단으로 제시하고자 할 따름이다.

개혁개방 이래 세계체제에 적극 참여하여 국력을 키워가는 중국대륙에서는 지금 새로운 지역개념이 나타나고 있다. 홍콩과 타이완은 물론이고 동남아를 비롯해 전세계에 퍼져 있는 화교·화인(華人)을 포괄하는 '거대한 중국권'이 전지구적 규모로 확장된 자본주의에서 차지할 역할에 대한 모색이다. 쑹 따칭(宋大慶)의 글은 대륙의 여러 지역권을 특성화하면서 그것들이 대륙 밖의 여러 지역권과 어떻게 연결될 수 있는지를 살펴보고 있다. 다소 산만한 감이 없지 않지만, 동서 문화를 하나로 융합한 새로운 '대문명 창조'를 그들의 사명으로 삼는 오늘날 중국인의 목소리를 실감할 수 있을 것이다. 그는 21세기 중국시대를 열기 위한 가장 기본적인 경제와 문화 구조가 새로운 지역개념의 추동 아래 이미 세워졌다고까지 주장한다. 사실 여부와 관계없이, '중국'에 대한 새로운 정체성을 추구하는 다양한 시도가 이뤄지고 있는 요즈음 그 한 예로 주의해볼 필요가 있다.

제3부 '한국의 근대와 아시아 인식'에서는 7편의 글을 실었다.

한국에서도 아시아를 매개로 지역을 구상하기 시작한 것은 빨리 잡아야 청일전쟁 이후가 아닌가 싶다. 물론 그전에 중화질서의 틀 속에서 독자적인 역할을 가늠해보려는 지적인 노력(예컨대 小中華 발상)이 없었던 것은 아니지만, 그 틀이 해체된 이후 새로운 지역질서에 대해 적극적으로 생각하지 않을 수 없었고, 그때 가장 중요한 것은 새로이 부상한 일본을 그 속에서 어떻게 위치지을 것인가였다. 일부에서는 백인종에 대한 황인종의 대항이라는 인종론에 그치지 않고 문명론을 가미하여 일본을 재인식하면서 일본을 맹주로 한 아시아연대론이 공감을 확산했다. 베트남·필리핀

등도 그 시각에서 포착되었다. 그런데 러일전쟁 이후 승리한 일본이 한국의 '보호화'를 추구하면서 아시아연대론은 위태로운 선택에 몰렸다.

우선 주어진 선택은 아시아를 하나의 단위로 파악하는 것을 포기하고 민족주의를 추구하는 길이다. 신채호(申采浩, 1880~1936)의 '동양주의' 비판은 그 길을 날카롭게 제시했다. '국가는 주(主)요 동양은 객(客)'이란 시각에서 분석의 촛점을 동서양 대결이 아닌 국민국가간의 갈등으로 바꿀 것을 촉구하였던 것이다. 이런 전환은 지금까지 우리가 아시아를 단위로 사고하는 데 깊이 영향을 드리우고 있다.

또다른 선택은 아시아연대론의 '순수한' 뜻을 되풀이하면서 그것을 깨질 지경으로 만든 일본을 비판하는 길이었다. 이것을 몸으로 보여준 이가 바로 안중근(安重根, 1879~1910)이다. 그의 '동양평화론'은 일본의 역할에 대한 기대가 있었고, 그러다 보니 일본의 아시아주의와 일정한 연관이 없을 수 없다. 그는 백인종과 대항하기 위해 황인종인 한·청·일이 제각기 자주독립을 유지하는 대등한 아시아연대를 꿈꿨다. 그같은 이상주의가 가톨릭에서 왔는지 아니면 유교덕목인 신의(信義)에 기반한 것인지 논란이 있을 수 있지만, 그보다 더 중요한 것은 그가 국제정치 현실을 분석한 뒤 구체적인 대안까지 모색하는 현실감각을 갖고 세력균형론을 구상했다는 점이다. 이또오 히로부미의 저격자로만 알려지기 쉬운 그가 체계화한 동양평화론은 그 시대적 상황에 비춰 재음미할 가치가 있다.

일본의 식민지로 전락한 한국에서 아시아 전체를 단위로 생각한다는 것은 그리 절박한 일이 아니었을지도 모른다. 비슷한 운명에 처한 중국과의 연대가 관심의 주된 대상이었을 따름이다. 신해혁명 이래 중국의 변혁운동은 곧바로 한국인의 민족해방운동의 거점 확보로 반겨 지원했다. 그런데 식민시기 말기인 1940년대로 접어들면서 동아시아에 대한 관심이 여러 방면에서 제기되어 눈길을 끈다. 얼핏 보기에는 같은 시기 일본사회에서 동아 신질서에 대한 논의가 한창이었던 것의 여파일 듯싶다. 그런데

24

그것과 무관하지만은 않겠지만, 식민지 지식인으로서 세계사적인 전환기를 맞아 세계문명 속의 아시아의 위치에 대해 사색한 자취가 더러 눈에 들어와 이채롭다.

임화(林和, 1908~53)는 1938년 노벨문학상이 『대지』를 쓴 펄 벅에게로 돌아가자 그에 대한 평론을 써, 수상한 이유를 소설 가운데 묘사된 현실의 세계성에서 찾았다. 그것은 곧 '지역역사의 전형성'으로서 그 지역의 운명 가운데서 세계사적 운명의 상징을 발견할 수 있다는 것을 뜻했다. 당시 중국에는 동양인만이 아니라 서구인의 운명의 중요한 일단이 연결되어 있고, 세계사의 운명의 결정적인 매듭의 한 알맹이가 풀리고 얽히는 분기과정이 진행 중이었기에 그것을 리얼리즘의 전통에서 형상화해 세계성을 획득할 수 있었다는 것이다. 세계사가 전개되는 무대로서 중국을――일본이 아니다!――주시한 안목도 흥미롭거니와, 그가 짚어낸 '지역역사의 전형성'은 우리가 동아시아를 다시 보려는 지금 참조할 가치가 있을 것이다.

당시 동아시아에서는 동서 문화를 이분법으로 파악하고 동양문화의 특성들을 추출하던 나머지 '비인간적·비지성적 문화'로 귀결시키는 것이 하나의 풍조였지 싶은데, 서인식(徐寅植, 1906~?)은 이에 대해 신랄한 비판을 가하였다. "동양문화에 동양적인 특성이 있다면 문화적인 일반성도 있어야" 한다는 것이 그의 동양문화관의 요체이다. 여기서 일반성이란 서양문화와도 공통되는 것을 말하는데, 결국 그에게 동양문화란 "일반 문화사적 도정에 있어서의 그의 특수한 위치가 규정되어야 할 것이다." 동양문화를 신비화하던 1940년대의 풍조에서 그의 주장은 두드러져 보인다.

동양문화를 신비화시키는 짓을 '근대인의 일종의 자포자기' 또는 '근대문화의 말기현상'으로 파악한 것은 김기림(金起林, 1908~?)이다. 근대문화가 모순 상극에 찬 말기의 절정에 직면했지만 그렇다고 해서 서양문화의 파탄을 말한다면 '문화적 감상주의'이고 그 대안으로 동양주의나 동양문화에 귀의한다면 '경솔한 사색'이라고 양쪽을 모두 비판한 그가 대신에 내세운 길은 "이질문화와의 전면적인 접촉·종합"이었다. 이렇게 문화의 발전방향을 잡을 때 '진정한 동양의 거처'가 발견될 수 있다고 보았다. 그리고 그것을 위해서는 동양을 '과학적으로 새 발견'해야 하는데, 동양 발견의 구체적 자료로 제시한 것은 '시대·민족의 형성력'이 깃들인 '문학 또는 예술의 심실(深室)'이었다.

해방공간은 자주적이고 민주적인 국민국가를 세우는 일이 시대적 과업이었던 만큼 민족을 넘어서 아시아를 단위로 한 사고가 전면에 나타나긴 쉽지 않았을 것이다. 그런 상황에서 민세(民世) 안재홍(安在鴻, 1891~1965)의 신민족주의는 동아시아로 열린 민족주의의 가능성을 담고 있는 드문 사례가 아닐 수 없다. 이것은 일제치하에서 벌써 민족사의 고유성과 세계사의 보편성의 결합을 꾀한 민족주의 사학을 제창한 그였기에 가능했다. 그런데 동아시아 '주변 민족의 거대한 방파제'요 '성벽'으로서 갈등해소 역할을 수행해온 한반도가 진정한 민주주의 민족자주노선으로 화평통일이 가능할 때 동아시아, 나아가 세계평화의 기초가 닦여진다는 그의 주장은 바로 그로부터 1년도 채 못되어 한국전쟁이 발발했기에 현실 속에서는 억압당하고 말았다.

그후 분단체제가 고착되면서 아시아적 사고는커녕 한반도 전체를 시야에 넣기도 어려워졌다. 1990년대 들어서 동아시아를 단위로 한 발상이 일정하게 공감을 얻고 있다. 전형준은 저마다 다른 방식으로 동아시아에 접근하는 최근 우리 논의들의 몇갈래를 한눈에 볼 수 있게 요약하고 있다. 그러나 그 구체적인 윤곽은 아직 분명하지 않다. 진정한 동아시아는 어디에 있는지 계속 물어야 할 숙제다. 1940년대 김기림의 주문은 지금도 유효하다. 동아시아에서 "참말로 가치있는 것이 발견되면 그 가치의 형상이 명료하게 지시되며 또 체험되어야 할 것"이다.

제1부

일본의 근대와 아시아 인식

동양의 이상*

오까꾸라 텐신

 아시아는 하나다. 히말라야 산맥은 두개의 강대한 문명, 즉 공자의 공
동사회주의(communism)[1]를 가진 중국문명과 베다의 개인주의를 가진

*岡倉天心(1862~1913)의 『동양의 이상(理想)』(총 15장) 중 제1장인 「이상의 범위」
(The Range of Ideals)를 옮긴 것이다. 이 번역은 존 머레이사 제2판(1904)을 저본
으로 해서, 이와나미문고판(『東邦の理想』, 1943)과 타께우찌 요시미(竹內好) 편,
『アジア主義』(現代日本思想大系 9, 筑摩書房 1963) 중 수록부분을 대조한 것이다.
오까꾸라의 원주(영어권 독자를 위한 중국사 개관과 탄트라·와카 등의 용어에 대
한 일반적 설명)는 생략했으며, 간단한 역주는 주로 일본어판에서 참조했고, 부분적
으로 영어판의 원래 표현을 괄호로 명시해두었다.
『동양의 이상』은 본래 1903년 2월 런던의 존 머레이(John Murray) 출판사에서 영
문으로 간행되었다. 영문 제목은 The Ideals of the East with Special Reference
to the Art of Japan이다(저자명은 Kakasu Okakura로 되어 있다). 이 글은 인도
여행(1901년 11월~1902년 10월) 때 탈고한 것으로, 같은 시기에 『동양의 각성』(The
Awakening of the East)도 집필되었다(이 책은 "아시아의 형제자매들이여!"라고 외
치면서 '쇠퇴와 동의어가 된' 동양의 '해방'을 위해 서양에 대한 게릴라전을 전개할
것까지도 주장한다). 그의 여행시기는 1898년 학내분규로 토오꾜오미술대학 교장
에서 물러난 뒤 연대 사직한 요꼬야마 타이깐(橫山大觀, 1868~1958) 등과 일본미
술원을 창설해 '신일본화(新日本畵)' 운동을 전개했지만 재정난 등으로 곤경에 처해
서 실의에 빠져 있을 때였다. 요컨대 오까꾸라에게 인도여행은 일종의 도피이자 방

인도문명으로 나누고 있지만, 그것은 단지 두 문명을 강조하기 위해서일 뿐이다. 이 눈 덮인 장벽마저도 '궁극과 보편'을 추구하는 사랑의 저 드넓은 확대를 단 한순간도 가로막을 수는 없다. 이 사랑이야말로 아시아 민족(race) 모두의 공통된 사상적 유산으로서, 그들로 하여금 세계의 모든 대종교를 창시할 수 있게 하고, '특수'에 유의하면서 인생의 목적이 아니라 수단을 추구하기 좋아하는 지중해나 발트해 연안의 민족들(peoples)로부터 그들을 구별짓는 점이다.

회교도의 정복시대가 도래할 때까지 벵골만 연안의 대담무쌍한 뱃사람들은 고래(古來)의 공해(公海)를 오가며 씰론·자바, 그리고 수마트라에

향 모색의 돌파구였던 것이다.

쌔뮤얼 헌팅턴을 상기시키는 비교문명론인 『동양의 이상』은 '아시아는 하나다'라는 도발적 문구 탓인지 일본 '아시아주의'를 거론할 때 빠뜨릴 수 없는 문건 중 하나가 되었다. 하지만 원본이 영문이었기 때문에, 이 책이 일본인들에게 널리 알려지기 시작한 것은 그의 사후인 1922년 일본미술원이 간행한 『텐신 전집』(전 3권)의 제1권인 『天心先生歐文著書抄譯』 가운데 『동양의 이상』으로 일본어로 초역(역자 미상)되면서부터였다고 한다(1913년경 일본의 미술잡지 『硏精美術』이 오까꾸라에게 일본어 번역을 교섭했지만 그가 개정판을 생각하고 있었기 때문에 실현되지 못했는데, 당시 번역자로는 이른바 '혁신우익'인 오오까와 슈우메이(大川周明, 1886~1957)였을 가능성이 높다는 설[大塚健洋 「アジア主義の思想: 岡倉天心と大川周明」, 宮本盛太郎 編 『近代日本政治思想の座標』, 有斐閣 1987]이 있다. 당시 토오꾜오제국대학 학생이던 오오까와는 오까꾸라 강의의 청강생이었다). 이후 1935년(聖文閣本 전집 중)과 1939년(六藝社本 전집 중)에 완역본이 나왔다. 1941년에는 독자들의 요구로 영문판(硏究社)이 복각되었는데, 이때 해제와 주석을 단 무라오까 히로시(村岡博)가 1943년에 이와나미문고로 다시 번역해냈다.

1) 개인보다 집단을 중시하는 사상을 말한다. 일본의 저명한 국제법학자 아리가 나가오(有賀長雄, 1860~1921)는 페놀로사의 『동아미술사강(東亞美術史綱)』(Epochs of Chinese and Japanese Art, 1912의 일본어 역)에서 이를 '공자의 사회주의'라고 번역하고 역주를 달아 "오늘날의 사회주의와는 전연 다르다. 즉 군신(君臣)·부자(父子)·부부(夫婦)·붕우(朋友)의 관계가 돈독한 사회를 이상사회로 보고, 이 이상을 실현하기 위해 개인의 자유를 구속하는 것, 즉 사회를 우선시하고 개인을 나중으로 하는 것을 말한다"고 했다.

식민지를 건설하여 아리안족의 피를 미얀마나 타이 연해지방 민족들의 피와 혼합시켰고, 중국과 인도를 상호교통에 의해 강고히 결합시켰다.

11세기 가즈니(Ghazni)의 마무드(Mahmoud) 왕[2] 시대 이후 수세기에 걸친 긴 수축의 시대——인도는 물려받은 힘을 상실하고 위축되었으며, 중국은 몽골의 폭정이라는 충격으로부터 회복하는 데 여념이 없어 지적인 관용을 상실한 시대——가 뒤따랐으나, 예전의 교통 에너지는 타타르 유목민 집단이 이동하는 대해(大海) 속에 여전히 살아남아 있었다. 이 파도는 북방의 장성(長城)에 부딪혀 물러나서는 펀잡 땅으로 부서져 범람했다. 흉노족이나 석가족,[3] 또는 대월씨(大月氏)족(라지푸트족Rajputs의 사나운 조상) 등은 몽골이 일으킨 대폭발의 선구자였던 것이다. 그리고 칭기즈 칸과 티무르가 이끈 이 대폭발은 중국 전역(the celestial soil)에 미쳐 그 땅을 벵골의 탄트라교의 대홍수로 적시고 인도반도로 범람해서 저 회교 제국주의를 몽골의 정치제도(polity)와 미술로 물들였다.

만일 아시아가 하나라면 아시아 여러 민족이 강력한 단일조직을 이루고 있음도 사실일 것이다. 분류만능의 이 시대에 우리가 잊어버리고 있는 점은, 유형(type)이란 결국 유사한 것의 대해 속에 빛나는 두드러진 점에 불과하다는 것, 그리고 그것은 정신적 편의를 위해, 숭배대상으로서 인위적으로 만들어진 거짓 신이며, 마치 맞바꿀 수 있는 두가지 학문의 개별적 존재처럼, 궁극적이거나 상호배타적인 타당성을 갖는 게 결코 아니라는 것이다. 만약 델리[4]의 역사가 회교세계에 끼친 타타르인의 강압을 보여주는 것이라면, 바그다드와 저 위대한 사라센 문화의 이야기 역시 지중해 연안의 프랑크 민족들에 맞서 페르시아뿐 아니라 중국의 문명과 미술을

---

2) 아프가니스탄의 회교도 왕으로 997년 인도를 침략해 가즈니에 왕조를 개창했고 1030년까지 왕위에 있었다.
3) 스키타이의 인도명칭.
4) 무굴제국의 수도.

선양(宣揚)한 쎔 제족(peoples)의 힘을 의미하는 것임을 상기하지 않으면 안된다. 아라비아의 기사도, 페르시아의 시(詩), 중국의 윤리, 인도의 사상은 모두 단일한 고대 아시아의 평화를 이야기하고, 거기서 공통의 생활이 발달하여, 각 지역마다 각기 독특한 꽃을 피웠지만 어느 곳에서도 엄밀한 경계선을 그을 수는 없었다. 생활이 바로 그 평화 속에서 성장했던 것이다. 회교 자체도 검을 움켜쥔 마상(馬上)의 유교라고 할 수 있다. 왜냐하면 황허유역의 고색창연한 공동사회주의 속에서, 지금 우리가 회교민족(race)들 사이에 추출되어 실현되고 있음을 볼 수 있는, 순수하게 유목적인 요소의 흔적들을 가려내기란 그리 어렵지 않기 때문이다.

다시 서방아시아에서 동방아시아(Eastern Asia)로 눈을 돌리면, 불교──동방아시아 사상의 모든 물줄기가 합류하는 이상주의의 대해──도 맑은 갠지스 강물로만 채색되어 있지는 않다. 왜냐하면 거기에 참가한 타타르 민족(nation)들 역시 자신의 특질을 지류(支流)로 만들어 새로운 상징주의, 새로운 조직, 새로운 신앙의 힘을 불교의 보고에 덧붙이고 있기 때문이다.

그런데 이런 복합적 통일을 특히 분명히 실현하는 것이 일본의 위대한 특권이었다. 이 민족(race)이 지닌 인도-타타르의 피는 그것 자체가 이 두 가지 원류를 흡수하여 아시아적 의식 전체를 반영할 자격을 스스로에게 부여한 유산이었다. 연면한 통치권(sovereignty)[5]이라는 비할 바 없는 축복, 정복된 적 없는 민족이라는 자랑스런 긍지, 그리고 팽창을 희생하여 전래의 관념과 본능을 지켜낸 섬나라의 고립 등으로 말미암아, 일본은 아시아의 사상과 문화라는 신탁물(信託物)을 저장할 진정한 보고가 되었다. 왕조의 전복, 타타르 기병의 침략, 격앙된 폭도들의 살육과 유린, 이 모든 것들이 되풀이해서 온 땅을 뒤덮었던 중국에서는 문헌과 폐허 말고는 당

---

5) 이른바 '만세일계(萬世一系)'의 천황(天皇)통치를 가리킨다.

대(唐代) 황제들의 영화나 송대(宋代) 사회의 우아함을 회고할 그 어떤 표식도 남아 있지 않다.

아쇼카 왕——그 칙령이 안티오크[6]나 알렉산드리아의 군주에게 일방적으로 조건을 지시했던, 아시아적 제왕의 이상형——의 위세도 지금은 바르후트(Bharhut)와 부다가야의 무너진 돌 틈에서 거의 잊혀졌다. 비크라마티야 왕[7]의 금은보화를 아로새긴 궁정도 잃어버린 꿈에 불과하여 칼리다사의 시를 갖고도 다시 불러낼 수 없을 것이다. 인도미술의 숭고한 성과도 흉노의 난폭한 취급, 회교도의 광신적인 우상파괴주의, 돈밖에 모르는 유럽의 무의식적 미술 파괴행위에 의해서 거의 말살되어버려, 이제 우리는 아잔타의 곰팡내나는 암벽이나 엘로라의 상처입은 조각, 암각된 오릿사의 침묵의 항의 속에서, 그리고 끝으로 현대의 우아한 가정생활에서 사용되는 가정용품——거기서 미(美)는 초라하게 종교에 달라붙어 있다——속에서나 겨우 과거의 영광을 찾아볼 수 있을 뿐이다.

아시아 문화의 역사적 부(富)를 그 비장의 표본에 의해 일관되게 연구할 수 있는 곳은 오직 일본뿐이다. 황실 소장품, 신사(神社), 발굴된 고분들은 한대(漢代)의 기술이 빚어낸 신비스런 곡선을 보여준다. 나라(奈良)의 사찰들은 당대(唐代)의 문화를 보여주는 작품들, 그리고 이 고전기의 창작에 지대한 영향을 끼쳤던 융성기 인도미술을 보여주는 작품들로 가득 차 있다——그것은 그처럼 주목할 만한 시대의 종교의식이나 철학은 물론 음악·발음·의례·의상까지도 원상대로 보존해온 국민(nation)에게 지극히 당연한 조상 전래의 귀중한 재산이다.

더욱이 다이묘오(大名)들의 보물창고 역시 송대(宋代)와 원대(元代)의 미술품이나 사본을 풍부하게 소장하고 있다. 중국에서 전자는 원의 정복 기간에, 후자는 반동적인 명대(明代)에 망실되고 말았기 때문에, 여기 고

---

6) 고대 시리아 왕국의 수도.
7) 찰루키아(Chalukya) 왕국의 왕이었던 비크라마티야 6세(1076~1127)를 말한다.

무받은 현대의 중국 학자 중에는 그들 자신의 고대 지식의 원천을 일본에서 찾는 사람도 있다.

이처럼 일본은 아시아 문명의 박물관이다. 아니 박물관 이상이다. 왜냐하면 이 민족(race)의 비범한 특질은 옛것을 잃지 않고 새것을 환영하는 현대적인 일원론(advaitism)[8]의 정신 속에서 과거의 이상이 지닌 모든 변화국면에 스스로 유의하게끔 만들기 때문이다. 신또오(神道)는 아직도 불교 이전의 조상숭배 의식을 고수하고 있다. 불교도들도 점차 자연적으로 발달하여 이 국토를 풍요롭게 만들기에 이른 각 종파들에 집착하고 있다.

후지와라(藤原) 귀족정치 아래서 당나라의 이상을 반영했던 와까(和歌, Yamato poetry)와 부가꾸(舞樂)는, 송대 개명(開明, illumination)의 소산인 장중한 젠(禪)과 노오가꾸(能樂)처럼, 오늘날까지도 영감과 환희의 원천이다. 일본을 근대적 강국의 지위로 끌어올리면서도 항상 아시아의 혼(soul)에 충실히 머무르게 하는 것은 바로 이 끈기(tenacity)이다.

이리하여 일본미술의 역사는 아시아의 이상들의 역사——줄지어 부딪쳐온 동방 사상의 물결 하나하나가 국민적(national) 의식과 맞부딪쳐 모래사장에 자국을 남기고 간 해변——이 된다. 그렇지만 나는 그 미술-이상들의 명료한 요약을 만들려는 시도의 문턱에서 망연자실하여 멈칫거리고 있다. 미술은 인디라의 금강석 망(網)[9]처럼 그 구슬 하나하나마다 전체의 연쇄를 반영하고 있는 것이기 때문이다. 그것은 어떤 시대에도 최종적인 유형으로 존재하지 않는다. 그것은 쉬지 않고 성장하여 연대(年代) 학자의 메스를 거부한다. 그 발전의 어느 한 특정 국면에 대해 논한다

---

8) 싼스크리트어로 아드바이타(advaita)는 비(非)이원론(non-dualism), 즉 일원론(monism)을 뜻한다.
9) 인디라는 베다 신화의 주신(主神). 불교에서는 제석천(帝釋天)이라고 한다. 인디라의 금강석 망이란, 그물눈마다 달린 각각의 구슬이 다른 모든 구슬을 비추고 또 하나의 구슬 속에 비친 구슬 모습이 다른 모든 구슬의 모습을 담고 있는 무궁무진한 연쇄의 망이라고 한다.

는 것은 곧 그것의 과거와 현재를 관통하는 무한한 인과를 다룬다는 것을 뜻한다. 어디나 그렇듯이 우리에게 미술이란 우리 국민문화(national culture) 중 가장 높고 귀한 것의 표현이다. 그러므로 이를 이해하기 위해서는 유교철학의 여러 국면, 불교정신이 때때로 계시했던 여러 이상, 국민성(nationality)의 깃발을 차례차례 휘날려온 커다란 정치적 순환, 애국적 사상으로 나타난 시의 빛과 영웅의 그림자의 반영, 그리고 군중(multitude)의 통곡의 반향과 한 민족(race)의 홍소(哄笑, laughter)가 드러내는 광기 같은 환락(歡樂)의 반향 등을 하나씩 검토해야만 한다.

그렇다면 마치 보석처럼 장착된 일본미술의 여러가지 환경과 상관적인 사회현상에 대해 서방세계가 이토록 무지한 이상, 일본미술 — 이상들의 역사를 쓴다는 것은 거의 불가능한 일이다. 정의(定義)란 제한이다. 한조각 구름과 한떨기 꽃의 아름다움은 그것이 무의식 속에서 자기를 열어 보이는 데 있다. 각 시대의 걸작들이 발하는 침묵의 웅변은 반쪽 진리(half-truths)가 될 게 뻔한 어떤 개요보다도 훌륭하게 자신의 이야기(story)를 할 것이 분명하다. 나의 빈약한 시도는 그저 하나의 지시(indication)에 불과할 뿐 서술(narrative)은 못된다.

임성모 옮김

동아협동체의 이념과
그 성립의 객관적 기초*

오자끼 호쯔미

I

무한(武漢) 함락 후의 새로운 사태에 대처하는 11월 3일자 (일본)제국의 성명이, 이번 전쟁의 목적을 "동아의 영원한 안정을 확보할 신질서의 건설에 있다"고 규정한 이후 이 '동아 신질서'의 내용을 이룬다고 생각되는 '동아협동체'론과 '동아연맹'론은 여러가지 다양성을 가지고 일시에 쏟아져 꽃이 피는 듯한 장관을 보여주었다.

앞의 성명에서 언급된 '신질서'의 형태가 불명확하다는 의견은 지당하다. 그렇지만 이 '신질서'를 가지고 단지 전쟁의 진행에 따라 발생한 중일간의 새로운 사태, 객관적 사실에만 한정시키려는 것은 신질서의 발생에 고의로 눈을 감으려는 태도다. 같은 날짜의 정부성명을 부연하는 것을 목적으로 이루어졌다고 생각되는 코노에(近衛) 수상의 라디오방송에서도 그 윤곽을 살펴볼 수 있다. 즉, "중국의 정복에 있지 않고 중국과의 협력

---

* 尾崎秀實(1901~44): 쇼오와 시기 정치가·평론가. 출전: 『尾崎秀實著作集』第2卷, 東京: 勁草書房 1977.

에 있다" "다시 살아난 중국을 이끌고 동아 공통의 사명을 수행한다" "중국민족은 신동아의 대업을 분담한다" "동아의 신평화체제를 확립하려는 것" "동아제국을 거느리고 진정으로 도의적 기초에 서는 자주연대의 신조직을 건설한다" 등의 말에 의해 '신질서'가 지녀야 할 특성과 윤곽은 이미 최고의 정치적 선언 속에 드러난 셈이다. 그것은 확실히 '동아협동체'적 면모를 보여주는 것이다.

여기서 우리가 특히 주목해야 할 것은 이른바 '동아협동체'적 이념이 중일전쟁에 대처해야 할 일본의 근본방법이라고도 할 만한 것 속에서 제기되고 있다는 점이다. 결국 '동아협동체'는 전쟁 해결방법의 불가결한 중점으로 된 것이다. 이런 의미에서 중일전쟁 처리에 대한 일본정부의 방침을 한층 구체적으로 설명할 것으로 기대된 12월 12일자 코노에 수상의 오오사카 연설이 연기되어 지금 여기에 언급할 수 없다는 것은 대단히 유감이다.

'동아협동체'의 이념은 어떻게 발전되었는가? 또는 어떻게 실천적 형태를 부여받고 있는가?

더욱 흥미있는 것은 중일전쟁 처리방법 전반 속에서 이 '동아협동체'의 지위 및 비중이 어떠한가 하는 점이다. 즉, 처리방침 속에서 다른 요청 및 조건과 어떻게 조화시킬 것인가의 문제다.

'동아협동체'의 이념은 이미 오래된 것이라 하겠다. 만주국 성립 당시의 왕도주의(王道主義)도 '팔굉일우(八宏一宇)'의 정신도 근본적으로 '협동체'의 관념과 상통하는 면이 있다고 생각된다. 또 그것은 '동아연맹'의 사상과 함께 '대아시아'론의 흐름을 따르는 것이라 하겠다. 그렇지만 현재의 정세하에서 '신질서'의 실현수단으로 나타난 '동아협동체'는 확실히 중일전쟁의 진행과정이 낳은 역사적 산물이다.

전쟁 초기에는 말할 것도 없고 난징(南京) 함락(1937년 12월 13일—옮긴이), 또는 쉬저우(徐州)전투(1938년 5월 19일 함락—옮긴이) 이전에는 아직 '동아협동체'라는 말이 현실의 문제가 될 수 없었을 것이다. 그러나 지금 전쟁 3년째의 봄을 맞이하는 상황에서 이 말은 대단히 생기넘치는 감각을 갖고 말해지고 있다.

Ⅱ

'동아협동체'론의 제안과 그 설명은 각 방면에서 수없이 많이 이뤄졌지만 매우 기이하게 느껴지는 것은 오늘까지 거의 이것에 대한 어떠한 비판도 나타나지 않고 있다는 점이다. 원래 '동아협동체'의 이념이 일본 자본주의 현상유지파에 의해 지지받을 이유는 거의 없다. 엄밀하게 말하면 상당히 날카로운 비판을 받아 마땅하다. 정작 그 원인이라고 한다면 아마도 현대일본의 가장 특징적이라고 일컬어지는 점, 비판적 정신의 결여 때문이든가, 문제의 의미를 충분히 이해할 수 없다든가, 또는 현재 이 '동아협동체'론이 실천적으로는 여전히 힘이 약하다는 것을 얕보았기 때문이든가, 아니면 또 이 주장에 편승하려고 하는 저의 때문이든가 그 어느 쪽일 것이다. 다분히 이들 여러 사정이 결합되었을 것 같다.

필자는 원래 '동아협동체'론의 발생의 필연성을 보고 장래의 그 발전 가능성을 믿고 있다. 그렇지만 '동아협동체'는 현실의 문제로서는 많은 약점과 실천상의 난점을 갖고 있다. 현재로서는 오히려 이 점을 명확히 말하는 것이 문제를 발전시키는 데 있어서 절대로 필요하다고 믿기 때문에 여기서는 감히 이 문제를 비판하는 입장을 취하고 싶다.

'동아의 신질서' 내지 '동아협동체'를 하나의 새로운 이념으로서, 또 이것을 하나의 실천형태로서 이해할 수 없는 사람들은 상당히 많은 듯하다. 최초의 이 역사적 대사건에 의해서 전쟁의 상대방인 중국만이 변했다고 생각하고 자신들의 발밑은 절대로 움직일 수 없다고 생각하는 사람들로서는 이 협동체의 이념을 전승자인 일본이 동아대륙에서의 패업(覇業)을 확립하기 위한 수단이라고, 또는 패업을 완화하여 보여주기 위한 외투에 불과하다고 본다.

중국대륙이 발전하는 일본경제를 위한 시장과 원료 공급지로서 주목받는 것은 부정하기 어려운 사실이며 또 국방의 관점에서도 대륙의 특정지역이 주목된 것은 문제가 되지 않는다. 만주사변 이후 일본·만주·중국 경제블록론이 빈번히 제창되었을 때 이 경제블록 방식은 오로지 일본경제의 발전을 위해 만주국과 중국, 특히 북중국이 보충적으로 동원된다는 것을 목적으로 삼았다. 중일전쟁 발발 초기에 북중국 정도의 범위에서 문제를 중단하려고 생각한 경우는 확실히 이 방식에 기초를 둔 것이었다. 지금도 아마 일본의 자본가, 그리고 일반인 대부분은 여전히 대륙에 대한 주된 기대를 이 점에 걸고 있을 것이다. 화북과 화중 개발회사의 설립을 서두른 것도 이 관점에서였다. 대륙에서의 건설문제는 경영의 문제, 개발의 문제로서 우선 제기된 것이다. 철과 석탄이 이렇게 해서 흥미의 중심에 놓이게 되었다. 이 사정은 단지 화북에 한정되지 않아서 화중으로 전쟁이 확대된 경우에도 역시 흥미의 중심을 이루는 것은 자원의 문제였다. 더구나 그것은 이제 개발의 가능성을 떠나서 단순한 자원 그 자체로서 취급되는 듯한 경향마저 나타나고 있다.

양쯔강의 수운(水運)을 충분히 이용할 수 있는 수많은 철과 석탄의 광산, 세계 최고의 텅스텐·안티모니 등의 특수광을 가진 호남·강서의 남부 산악지대——이들 자원을 추구하며 끝없이 꿈을 확대하는 일은 그밖의 문제와 비교해보면서 아주 신중히 파고들지 않으면 안된다.

자원추구주의 내지는 이것을 중핵으로 하는 경제블록론과 같은 것은 그 도덕성을 문제삼을 것까지도 없이 현실의 문제로서 개발자금의 문제나 치안문제에서 또는 전쟁수행과 견주어본 일반적인 경제상의 문제에서 성립될 수 없는 것이다.

38

III

동아협동체론이 성립될 수 있는 기초의 하나는 이상과 같이 일본의 일방적 방식에 의하여 동아 여러 나라를 경제적으로 조직하기가 곤란하다는 사실이 명확해진 결과에 있다. 이러한 사실로부터 보면 '동아협동체'론을 발생시킨 가장 깊은 원인은 중국의 민족문제를 재인식한 점에 있다고 생각된다.

중국의 민족문제가 현대 중국의 가장 큰 문제라는 것은 누구나 인정할 터이지만 그러나 마치 상당히 몸 가까이에 존재하고 또 너무 광대한 것이 흔히 간과되듯이 중국의 민족문제는 흔히 중국에 대한 문제를 논의할 때 쉽사리 잊혀지는 경향이 있는 것 같다.

우리가 민족문제라고 말할 경우, 그것은 물론 중국민족이 광대한 지역에 거주하며 또 4억이라는 많은 수의 인구를 거느리고 있다는 사실도 물론 중요하지만 우리가 특히 중요시하는 것은 정태적이 아니라 동태적으로 본 민족문제이며, 어떤 경우에는 민족의 동향과 일치하는 것이다.

중국의 여러가지 문제는 물론 중국사회의 특수성을 통하여 이해되어야 한다. 그런 의미에서 중국사회의 2대 특질로 일컬어지는 이른바 반(半)봉건성과 반(半)식민지성은 이 현실의 발전 속에서 점차 노골적으로 드러나고 있으며 이 점은 아주 잘 거론되고 있다. 다만 문제가 구체적으로 파악되고 있는지는 의문이며 때로는 오히려 과대평가되는 경우도 있다.

그렇지만 이런 문제보다도 더욱 일반적이고 보편적인 민족문제는 쉽사리 간과되는 경향이 있다.

이와 같이 민족의 동향 문제는 이것을 항일통일전선의 근간이라 할 국공(國共) 양당의 결합 속에서도 볼 수 있고 또 오늘날 일본의 지지 아래 나라를 세우고 있는 신정권(汪精衛가 세운 친일정권. 그의 주장은 이 책

171~81면에 수록되어 있음―엮은이)의 수뇌부 및 그 주민들 속에서도 볼수 있다. 이러한 민족문제는 일본이 무력으로 오지로부터 지역적으로 신정권의 지역을 떼어낸다는 사실에만 의존해서는 결코 해결할 수 없는 채여전히 존속하는 것이다. 경제문제에 관해서도 이렇게 말할 수 있으니 가령 법폐(法幣, 1935년 11월 국민 정부가 시행한 화폐제도 개혁―옮긴이)문제와같은 것은 처음에는 단지 장 제스 정권이 외국에서 갖고 있는 준비금의문제나 외국의 경제적 지원만으로 결정될 수 있다고 생각했지만 그런 것이 아니었음은 점차 분명해졌다. 그것은 실로 민족경제의 문제이며 하나의 민족문제인 것이다. 바로 거기에 특별히 뿌리깊은 면이 덧붙여진다. 또다른 문제를 살펴보면 예컨대 강화(講和)문제 같은 경우에도 현재는 중국에 막대한 압력을 행사하는 영·미라 하더라도 중국에 강화를 강요할 수는 없을 것이다. 낮은 경제력과 불완전한 정치체제, 낙후되고 약한 군대를가지고도 중국이 어찌 되었든 오늘까지 계속 버티고 있는 수수께끼는 실로 이 민족문제에 있다. 이것은 단지 국가적 규모에 대해서만 할 수 있는얘기가 아니다. 문제가 되는 게릴라전의 전사는 물론이고, 어떤 정치세력과도 협동하지 않는 태도를 가지고 다만 지주만을 상대로 하는 듯이 보이는 농민, 길거리의 룸펜 소년에 이르기까지 각각의 형태로 일관하고 있는문제다.

일본인의 대부분은 아마도 처음부터 중국민중을 증오하여 이들을 상대로 전투를 벌이는 것이 아니라 잘못된 정책을 고집하고 있는 국민정부에 타격을 가해 반성을 촉구하려는 것이 목적이었을 것이다. 그렇지만 중국 쪽은 처음부터 국운을 건 민족전쟁이라는 생각으로 행동하고 있다. 우리는 무력을 사용하여 중국을 적과 우리 편의 두 지역으로 나눌 수 있지만 그렇더라도 이렇게 분할된 두개의 지역에 공통으로 민족문제는 남아있다. 만일 앞으로 일본이 바라는 형태로 전쟁이 끝날 경우, 즉 일본이 완전히 승리한 경우에도 여전히 우리는 이 민족문제와 뒤얽힌 심각한 문제에서 벗어날 수 없을 것이다.

중국 민족문제의 동향은 현재 완전히 일본과 배치되는 방향으로 가고 있다. 이것에 대하여 힘만 가지고 억누르면서 방향을 바꿔보려고 시도하려면 얼마나 막대한 힘이 필요할 것인지는 쉽게 예상할 수 있으며 동시에 그 곤란은 우리가 지금 현실적으로 맛보고 있는 것이다. '동아협동체' 이론은 중일전쟁 이래의 민족문제와 격렬하게 씨름하여 얻은 교훈으로부터 나온 것이라는 점은 충분히 이해할 수 있을 것이다.

중국을 일본이 장기적으로 경영하는 문제에 있어서 중국의 부흥이야말로 제일 먼저 착수해야 할 일이거니와, 이때 중요한 중국 민족운동의 동향을 무시하고 경영을 감행한다는 것은 적어도 그 효과 면에서 현명한 방법이라 하기 어렵다. 바로 여기에 중국민족 전체의 적극적 협력을 요청하는 협동체론이 그 이념만의 문제로 그치지 아니하고 나아가 현실의 정치성을 활용한 까닭이 있다. '동아협동체'론이 직접적으로 중일전쟁이라는 현실의 추이 속에서 생겨난 것이라고 말하는 의미도 여기에 있다.

IV

위와 같이 말하는 경우에도 동아협동체론을, 일본이 중국문제 처리에 골몰한 결과 생겨난 중국민족을 협력하도록 만들기 위한 하나의 궁여지책이라든가 또는 하나의 무력정책을 은폐하기 위한 속임수라고 해석해서는 안된다. 솔직히 말해서 오늘날 이러한 관점에서 동아협동체론을 받아들이고 있는 사람도 결코 적지 않을 것이다.

그렇지만 진실한 동아협동체는 중국민족의 자발적인 참여 없이는 성립될 수 없다. 그것은 결정적인 사실이다. 이 점은 동아협동체론이 구상된 동기나 그 정치적 방법으로서 거론된 이유보다 한층 깊은 곳에 자리잡고 있는 엄연한 사실이다.

오늘날 우리가 항상 느끼는 바는 전쟁의 목적에 관하여 여러가지 혼란이 보인다는 점이다. 국방적 관점으로부터 나오는 요구는 절대적으로 가장 먼저 실현되지 않으면 안된다고 한다. 또 일본경제를 위해 필요한 독점적 시장, 또는 특권을 가진 시장이 요구되지 않으면 안된다고 한다. 뿐만 아니라 일본산업을 위한 불가결한 요구로서 이런저런 자원이 필요하다는 소리도 들린다. 이런 것들을 중국에게 요구하는 것은 종래의 방침으로 보아 정당한 이유가 있을 것이다. 그렇지만 이것은 힘으로 요구해서는 안되며, 장래의 한층 높은 동아 재건을 위한 필요에 따라 요구해야 한다.

우리는 조용히 '성전(聖戰)'의 의미에 대하여 되새겨볼 필요가 있다. 오늘날 일부에서 만일 일본이 대륙에 대한 요구를 구체적이고도 분명한 형태로 제기하지 않는다면 숭고한 피를 흘린 용사들은 고이 잠들 수 없다거나 또 온갖 고통과 어려움을 무릅쓰고 있는 출정 병사들이 진정되지 않을 것이라고 말하는 사람이 있다. 이 말은 절대로 옳지 않다. 그렇지 않으면 나쁜 심사를 가진 무리가 자기 멋대로 추측한 것임에 틀림없다. 댓가를 요구하기 위해 숭고한 피를 흘린 것은 아니라고 우리는 확신한다. 동아시아에 궁극적인 평화를 가져오고야 말 '동아 신질서'의 기둥이 되는 것이 바로 이 사람들이 바라는 바임에 틀림없다.

이러한 협동체의 확립은 반드시 그 지도적 구성원인 일본에게뿐만 아니라 다른 구성원인 동아시아의 각국에게도 많은 이익을 가져다줄 것이다.

구체적인 사태의 추이를 살펴보면 이 동아협동체의 최종적인 이상이 완성되리라고 생각하는 것은 아마도 공상에 불과할 것이다. 이 이상을 현실의 문제로 발전시켜나가기 위해서는 안팎에서 커다란 투쟁이 필요할 것이다. 안으로는 본래의 제국주의적 요구가 노골적으로 드러나는 것을 억누르지 않으면 안될 것이고, 밖으로는 역시 당분간은 민족적 항쟁을 시도할 중국에 대하여 '꾸란과 칼'의 형식을 띤 투쟁이 견지될 것이다. 중국인 스스로가 올바르게 자신의 문제로서 이 '동아협동체'의 건설에 노력할 때에 이르러 비로소 목적은 달성되는 것이다.

현재 항일중국(抗日中國)은 이 동아협동체적 이념에 대하여 어떻게 생각하고 있는지를 알 필요가 있다. 그것은 당연히 예상할 수 있는 바로서 가령 제국정부의 11월 3일자 성명에 대하여 국민정부 대변인이 발표한 다음의 말 속에 분명하게 나타나 있다.

"이번 대중국 작전의 목적은 중일 양국간의 정치·경제·문화의 합작을 기초로 하여 동아의 신질서를 창조하는 데에 있다고 일본은 말하고 있지만 이것은 세상사람을 기만하는 것에 지나지 않는다. 평등한 조건에 기초하여 일본과 합작하는 것은 중국이 본래부터 반대하지 않았지만 일본정부에 의해 제기된 정치합작은 전적으로 중국의 자유독립국가로서의 신성한 권리를 희생시키려는 것이기 때문에 중국국민은 끝까지 반대하지 않으면 안된다……."

이것은 동아협동체론의 이념, 특히 그 성립에 필요한 기본조건과 발전을 이해하지 못하는 항일중국의 입장에서는 당연히 제기할 만한 주장이다.

민족문제의 심도있는 해결을 목표로 출발한 '동아협동체'론이 확대·발전되기 위해서는 우선 (중국이) 민족적 투쟁을 일정 기간 동안 계속하지 않으면 안되는 운명에 처해 있다는 것을 알아야 한다.

V

'동아협동체'론은, 이것을 하나의 이념으로 볼 때에는 누구에게나 이의가 없는 하나의 대이상이라는 것은 자명하다 하더라도 이것이 실제의 문제로서 실천에 옮겨지는 경우에 직면하게 될 수많은 곡절은 이미 쉽게 예상되는 대로다.

그러한 예상을 가지고, 또 그러한 경우에 단호히 이것을 관철할 결의를 갖지 않는 한 '동아협동체'론은 하나의 현대판 신화, 꿈으로 끝나고 말 것이다.

현재 '동아협동체'론은 당면한 중국문제 처리의 곤란함 때문에 그것으로부터의 일종의 '출로'로서, 일부에서는 만병통치약처럼 취급되고 있다. 이것은 사실과 상당한 거리가 있는 인식이다.

앞에서 거듭 서술한 대로 전도에는 민족문제의 험난함이 거듭 쌓이고 있다. 장 제스는 11월 1일 「전국민에게 고하는 글」에서 "중국의 항전은 보통의 역사상에 등장하는 두 나라간의 쟁패전이 아니라 민족전쟁·혁명전쟁이며, 민족혁명의 장기전쟁은 반드시 최후의 승리를 획득할 것"이라고 말하였다. 민족문제와 대비하여볼 때 '동아협동체'론이 얼마나 비참하게 작은 것인지는 스스로 똑똑히 인식해야 한다. 그렇지 않으면 '운명협동체'의 긴밀함도 결국에는 신비주의적 결정론으로 끝나버릴 것이다.

한편 '동아협동체'론자 중에는 중일 양국 국민이 반드시 동일한 세계관을 가질 필요가 있다는 견지에서 이것을 주장하는 사람도 있을 것이다. 이것도 역시 현재의 시점에서는 지나치게 공상적인 것이 아닐까?

'동아협동체'론자 중에는 협동체의 완성된 형태를 끌어와서 약간 초국가적 체제를 묘사하는 듯한 인상을 주는 사람이 있다. 이것도 역시 현실과는 상당한 거리가 있는 듯하다. '동아협동체'론에서는 종래의 일·만·중 블록론에서 경제문제가 핵심을 이루어 선행한 것에 반하여 정치문제가 강하게 부각되고 있다.

그렇지만 개괄적으로 말해 현재까지로는 이 문제에 관해서 정치 면의 강조에 비하여 경제적·사회적 조건이 지나치게 낮게 평가되는 경향이 없지 않다. 동아협동체 내부의 경제적 구성이 어떠해야 하는가는 앞으로 구체적으로 검토를 거듭해야 할 터이지만 그것과는 별도로 동아협동체의 존재이유라고 해야 할 것의 하나로서 동아시아의 생산력 증대가 반식민지 상태로부터 벗어나려고 시도하고 있는 민족의 해방과 복지에 얼마나 많은 공헌을 할 것인지는 특별히 강조해도 좋을 것이다. 이것은 또 일본에 있어서도 마찬가지여서 일·만·중 경제블록론의 자의(恣意)를 벗어던지는 경제적 성과가 '동아협동체'의 틀 안에서 실현되는 것을 의미한다. 이런 의미에서 대륙을 경제적으로 일본의 식민지적 지위에 두려고 한 초기의 일·만·중 블록체제는 최근 대륙에서의 경영형태로의 이행에 의하여 포기된 것으로 믿어진다. 일본경제의 재편성은 이 관점으로부터 보아도 필연화되는 것이라고 생각된다.

'동아협동체'의 구체적 구성이 어떤 형태를 취해야 하는가에 관해서는 『개조(改造)』 11월호에서 로오야마 마사미찌(蠟山政道) 교수가 대체적인 윤곽을 보여주고 있다(「東亞協同體の理論」 '5. 東亞協同體の政治體制' 참조).

이 대체적인 윤곽에서 나아가서 동아협동체 구성국가의 대표회의 또는 공동위원회, 혹은 공동선언의 구체적 방식이 생각될 수 있을 것이다. '동아협동체'의 기본 구성원인 중국이 그 스스로 어떤 내부구성을 가졌는가는 이 경우 아주 중요하다. 현재 일본군의 점령지역 안에서의 신정권의 성립상태, 그리고 이것과의 결합상태는 장래의 결정에 중대한 의미를 갖는다고 생각된다.

동아협동체 안에서의 중국이 연방적 형태를 취하는가, 또는 연방(국가연합)적 형태를 취하는가는(원문 그대로임—옮긴이) 여전히 장래의 문제에 속한다. 우리가 보는 바로는 한편에서 중앙집권적 요구가 점점 강해지고 다른 한편에서는 지역적 특이성이 강조될 필요가 증대되고 있는 듯이 보인다. 이 경우 화북과 화중에 대한 일본경제의 결합방식이 본질적으로 다른 것은 하나의 표준을 이룬다 하겠다. 그것은 대단히 긴급하고도 중요한 화중에서의 폐제(幣制)의 특이한 입장과도 관련되는 것일 터이다.

더욱이 이 경우에도 현지 지방정권적 지위로 빠진다고 하더라도 민족문제에 있어서 여전히 깊은 뿌리를 갖고 있는 장 제스 정권의 지위가 명확하게 결정되지 않는 한 '동아협동체'의 이중구성 속의 중국의 내부구조는 본디 정해진 대로는 되지 않을 것이다.

VI

'동아협동체'의 이론 속에 여러가지 혼란이 있고, 게다가 실제 정치 속에서 제기된 이 이론과 그 적용 사이에는 본질적으로 양립할 수 없는 대립된 이념이 포함되어 있다는 것은, 앞에서 서술한 대로 이 이론이 생겨나서 경과한 시대의 객관적 조건이 변화한 결과다.

오늘날 이것이 크게 문제되지 않는 것은 '동아협동체'론이 아직 개인적인 구상의 범위를 넘어서지 못하고 정부의 선언과 성명에 어렴풋이 나타난 정도로서, 아직 이것에 근거하여 중국측과 절충할 마음의 준비가 되지 않은 때문일 것이다.

그렇지만 앞으로 '동아협동체'의 순수한 지도원리가 확충되고 또 이것을 실제 정책에 적용하려 할 경우에는 아마도 강력한 마찰이 국내 자본주의 진영과의 사이에 일어나게 될 것이다.

경제정책 면과 아울러 일본의 대륙정책의 다른 중요한 면을 형성하고 있는 외교정책 면에서도 생각해야 할 점이 많이 남아 있다. '동아협동체'라는 신체제가 확립될 경우의 외교에 관해서는 그 정치적 구성에 대응하여 오히려 문제는 간단하다고 생각되지만 혼란은 도리어 오늘날 이른바 흥아외교(興亞外交)로 불리는 과도기에 나타나고 있는 것이 아닌가 싶다. 일본의 외교는 한편에서 동아대륙을 여전히 제국주의적 진출의 대상으로 보고 있는 열강으로부터 '동아협동체'를 방위하는 임무에 직면하고 있다. 그들은 일본의 행동에 대하여 일본류의 설명을 결코 들으려 하지 않는다. 이 입장에 대하여 일본은 극히 참을성이 많은 태도를 갖고 몸소 새로

46

운 지도정신을 분명하게 하는 임무를 맡지 않으면 안된다. 그런데 일본 자신이 구미열강과 적어도 객관적으로는 다르지 않은 주장과 요구를 남겨두고 있는 매우 곤란한 입장에 처해 있다. 여기에서는 확실히 진정한 '동아신질서'의 관점에서 보아 청산되어야 할 협잡물이 많이 포함되어 있음이 느껴진다.

동아에서의 일본의 특수적 지위를 주장하는 것은 '동아협동체' 공동의 이익방위라는 견지에서는 절대로 옳을 것이다. 그렇지만 그것이 영미 및 기타 열국이 시기할 것 같은 일본의 독점적인 배타주의여서는 안된다.

'동아협동체'론자가 거의 전부 '동아'를 하나의 봉쇄적 단위로 생각하지 않고 단지 세계적 질서 일반에 선행하는 지역적·인종적·문화적·경제적·공동 방위적인 결합이라고 보는 것은 옳을 것이다.

우리 정부의 성명에서도 항상 "일본은 열국과의 협력을 배척하는 일은 없다"고 반복하여 말하고 있다.

그렇지만 현실적으로 대륙에서의 일본의 외교문제는 점점 더 곤란해지고 있는 형세에 있다. 영미는 점차 공동보조를 취하는 경향을 보이고 있으며 이들 여러 나라 현지에 있는 경제단체는 전쟁의 장기화에 따라 최후의 발버둥을 치고 있다. 그들의 본국 정부에 대한 움직임은 활발해지고 있다.

한편에서 소련과의 관계는 가장 긴장되는 국면으로 들어가고 있다. 객관적으로 보면 일·소 양국은 어느 쪽도 전쟁을 원치 않는 사정에 있다고 생각되지만 일·소간에는 모든 현안이 자연상태에서는 결코 해결될 수 없는 사정에 놓여 있다. 만일 이들 중 하나를 해결하려면 거의 무력대결로까지 나아가지 않으면 안된다는 인상을 주고 있다.

'동아협동체'의 이념과 그 실천적 지도가 중일전쟁 과정에서의 역사적 소산이라는 것은 거의 분명해졌다고 믿지만, 무엇 때문에 일본의 새로운 '출로'가 '동아협동체'의 방향으로 향해야 하는가의 문제는 확실히 문젯거리가 될 수 있는 점이다.

일본 내부에 존재하는 본래의 자본주의적 요구는 오히려 구미 자본주의국과 동일한 지반에서 교차하여 중국을 재분할하는 방향으로 나아가는 것일 터인데 왜 그렇게 하지 않는가? 그것은 오히려 곤란한 '동아협동체'의 길을 따라서 중국과 합작의 길을 걷는 것보다는 훨씬 편안하고 본질적인 방향이 아닌가?

일본과 영미 간에는 보통 생각될 수 있는 제휴 가능성보다도 구체적인 이해의 충돌 가능성이 훨씬 크다는 것이 하나의 이유일 것이다.

일본 자신이 만주사변 이래 스스로 변하지 않을 수 없게 되어 이미 영미와 동일 계열에 서는 그러한 본래의 자본주의적 주장이 수정·억제되고 있다는 것이 다른 이유일 것이다.

공산주의국과의 대립, 독·이 전체주의국과의 제휴도 역시 세계적으로 일본을 영미로부터 분리시키는 작용을 하고 있다 하겠다.

이런 문제제기는 앞으로의 일이긴 하나 연관될 가능성이 전혀 없다고는 할 수 없는 것이다. 그것은 한편으론 국내정세와 관련되고 다른 한편으론 영미와의 외교관계와 관련되고 나아가 중국 민족운동의 방향에 미묘한 관계를 갖고 있다고 말해도 좋을 것이다.

VII

동아협동체의 이념이 실천의 과정을 수반하여 발전할 수 있는가 아닌가는 중일항쟁의 역관계와 국제관계 양자 모두에 달려 있지만 이것을 촉진할 만한 일본 국내세력의 결성이 가장 큰 문제라고 생각된다. 일반적으로 보아 현재와 같은 대사건을 종결로 이끌고 이어서 대륙에서의 부흥건설의 대업을 수행하려면 일본이 현재 발휘할 수 있는 전능력은 충분히 신뢰하기에는 부족하다고 하지 않을 수 없다. 일본의 정치·경제를 그러한 목적에 조응시켜서 다시 편성한다는 것이 절대로 필요하다고 우리는 생각한다. 더구나 이것이 '동아협동체'적 방식에 준거하는 것이라 한다면 그와 같은 각도에서 일본국민을 재편성할 필요가 있을 것이다. 필요가 있다고 하기보다는 오히려 불가결의 요건이다. 중국에서 이 '동아협동체' 이론을 진정으로 자기 것으로 보아 협력하려는 사람들은 일본의 이른바 '국민 재편성' 문제의 진척에 특별히 주의를 기울이고 있다. 그들이 일본 스스로 종래의 주장을 바꾸어 근본적 지도정신을 변경하지 않으면 따를 수 없다고 하는 것은 지극히 이유 있는 일로 생각된다.

이러한 깊은 곳으로부터 국민의 재편성 문제를 새삼스럽게 다시 볼 것이 요망되고 있다고 생각된다. 이런 의미에서 정당 방면에서 정당합동 문제는 말할 것도 없고 지금까지 나타난 국민 재조직안은 어느 것도 이 대목적에 들어맞는 것이라고는 생각되지 않는다. 이러한 조직은 아마도 정치적으로 전국민적 통일의 정치적 형태를 취하는 동시에 경제계에 대해서도 이것을 종합·통일하고 경제조직을 재편성할 필요가 있을 것이다. 앞서 말한 대로 이 점에서는 대륙에서의 경영의 새로운 형식에서 보아도 필연화되고 있다. 뿐만 아니라 이러한 조직을 정치적 조직과 결합하여 전기구에 추진력을 부여할 필요가 있다고 생각된다.

중일전쟁 이래 국민들 사이에서 일어난 각종의 국민운동, 예컨대 국민정신총동원령·산업보국운동(産業報國運動)·농업보국운동(農業報國運動) 등은 운동의 형태로 조직·통합할 필요가 있다고 생각된다. 이것 역시 새로운 정치기구 속에 추진력으로서 적당하게 결부시킬 필요가 있다고 생각된다.

'동아협동체'의 중심세력 또는 지도적 입장에 서야 할 일본은 우선 자신을 재편성할 필요에 직면하면서도 그 모든 복잡한 내부관계 때문에 용이하게 실현시키기는 어렵다.

생각건대 '동아협동체'론의 발생이 그밖의 같은 계열의 이론과 다른 점은 이것이 중일전쟁의 구체적 진행에 따라 자국의 재조직으로 관심이 미친 진지함에 있다. 이것은 동아 제패의 웅장한 그림을 바탕으로 그려진 기타 여러 동아 민족의 대동단결적 계획안과는 달리 겸허함을 갖고 있다.

그렇지만 동아의 긴박한 현상에서 요청되어 탄생한 '동아협동체'론의 전도는 거의 무수한 곤란에 가로막혀 있다.

과연 '동아협동체'론이 동아의 고민을 해방시켜줄 수 있는가 없는가. 이것은 결국 중국이 말하는 "남보다 앞서 근심하고 남보다 나중에 즐거워한다[先憂後樂]"고 하는 인사의 협력을 얻어 민족문제의 해결책이 될 수 있을지, 그리고 일본 국내의 개혁이 실행되어 '협동체'론에 대한 이해와 지지가 국민에 의해 부여될 수 있을지 여부에 달려 있다.

유용태 옮김

신일본의 사상원리*

미끼 키요시

1. 중일전쟁의 의의

중일전쟁을 계기로 이제 한창 일본의 정치·경제·문화의 모든 방면에서 커다란 변화가 일어나고 있다. 신일본의 사상원리는 이 전쟁의 의의를 인식한 기초 위에서 확립될 필요가 있다.

I. 일본에 대한 의의

중일전쟁의 발전은 국내개혁 없이는 전쟁의 해결이 불가능하다는 것을 점점 명료하게 하는 데 이르렀다. 사태의 해결과 국내개혁이라는 불가분의 관계는 국내개혁의 문제도 단지 국내적 견지에서가 아니라 일본·만주·중국을 포함한 동아의 일체성의 견지에서 파악할 것을 요구하고 있다. 사상 및 문화의 문제도 마찬가지로 이 입장에서 고찰하지 않으면 안된다. 문화적으로 보면 이번 전쟁은 종래 비교적 일국의 내부에 폐쇄되어 있던

---

* 三木淸(1897~1945): 메이지 시기 철학자·평론가. 출전:『三木淸全集』第17卷, 東京: 岩波書店 1968.

일본문화에서 대륙문화로의 신장의 기회를 제공한 것이다. 일본문화는 예로부터 특히 중국문화의 영향을 받아 발달해왔는데, 이것에 비해 일본문화가 대륙문화에 끼친 영향은 적었다. 그렇지만 폐쇄적이라고 하는 것은 말할 것도 없이 일본문화 본래의 면목은 아니다. 대륙에의 진출은 일본문화 그 자체의 발전에 있어 중요한 의의를 갖고 있다. 문화의 지역적인 확대는 동시에 그 질적인 변화를 가져오는 것이다. 뒤집어 말하면 종래 지리상 및 역사상 각종의 사정으로 인해 비교적 폐쇄적이었던 일본문화는 이제 질적인 발전을 이룩함으로써 비로소 진정으로 대륙에의 신장을 이룩할 수 있다. 일본문화의 대륙진출은 예로부터 다분히 중국문화로부터 일방적으로 영향을 받아온 일본문화로 하여금 이번에는 적극적으로 중국문화에 영향을 끼치게 하는 것인데 이렇게 하여 동아시아문화의 전반적인 교류가 가능해지며 이것에 의해 동아문화의 통일의 기초가 주어지는 것이다.

II. 세계사적 의의

중일전쟁의 세계사적 의의는 공간적으로 보면 동아의 통일을 실현함으로써 세계의 통일을 가능하게 하는 데에 있다. 이제까지 '세계사'로 일컬어진 것도 실은 유럽문화의 역사에 지나지 않았다. 그것은 '유럽주의'의 입장에서 본 것이었다. 1914~18년의 이른바 세계전쟁(제1차 세계대전—옮긴이)은 서양의 사상가들도 말하는 것처럼 이 유럽주의의 자기비판이라는 의의를 지녔다. 유럽의 역사가 곧 세계사는 아니라는 것, 유럽문화가 곧 세계문화는 아니라는 것이 자각되기에 이르렀다. 유럽주의의 붕괴는 동시에 유럽 사상이 곧 세계사의 통일적인 이념이기를 포기한 것과 다름없다. 이와 같은 유럽주의의 뒤를 이어 적극적으로 동아시아의 통일을 실현함으로써 진정한 세계의 통일을 가능하게 하고, 세계사의 새로운 이념을 분명하게 한다고 하는 것이 중일전쟁이 갖는 의의라 하지 않을 수 없다. 특히 종래의 동아시아 역사에서는 유럽에서처럼 그리스문화의 전통, 기독교, 그리고 근래의 과학적 문화 등에 의한 통일과 똑같은 모습의 통일은 존재하지 않았다. 종래의 역사에서는 중일간 문화의 전면적이고 동시대적인 교류가 결여되어 있었기 때문에 그러한 동아의 통일은 주어지지 않았다. 동아의 통일은 이제 새롭게 실현되어야 할 과제다. 그리고 동아의 통일이 실현되지 않으면 진정한 세계의 통일은 존재하지 않으며 동아의 통일은 세계로부터 스스로를 고립시키기 위한 것이 아니라 오히려 세계가 진정으로 세계적으로 되기 위하여 요구되는 것이다.

동아의 통일은 말할 것도 없이 동아의 문화적 전통을 반성하고 이것과 연관지음으로써 형성되어야 한다. 동양문화는 아직 충분히 열리지 않은 보물창고에 속해 있다. 이 보고를 열고 동아문화의 세계적 가치를 발견하는 것은 우리 동양인이 수행해야 할 세계에 대한 의무다. 그렇지만 동아의 통일은 봉건적인 것을 존속하거나 봉건적인 것으로 돌아감으로써 달성될 수 있는 것이 아니다. 오히려 중국의 근대화는 동아의 통일에 있어 전제이며 일본은 중국의 근대화를 도와주어야 하는 것이다. 중국이 근대화되는 것과 동시에 근대 자본주의의 폐해에서 벗어나 새로운 문화로 나아가는 것이 필요하다. 동아의 통일은 구미 제국주의의 속박으로부터 중국이 해방됨으로써 가능해지는 것이며, 일본은 이번의 전쟁을 통하여 중국의 해방을 위해 진력하지 않으면 안된다. 무엇보다도 일본이 구미제국을 대신하여 스스로 제국주의적 침략을 행하는 것이어서는 안된다. 반대로 일본 자신도 이번 전쟁을 계기로 자본주의경제의 영리주의를 초월한 새로운 제도로 나아갈 것이 요구되고 있다. 자본주의의 문제를 해결하는 것은 현재의 세계 모든 나라에 있어 가장 중요한 과제이다. 그렇기 때문에 중일전쟁의 의의는 시간적으로 말하면 자본주의 문제를 해결하는 데 있다고 보아야 한다. 그리하여 시간적으로는 자본주의 문제의 해결, 공간적으로는 동아통일의 실현, 이것이 이번 전쟁이 갖는 세계사적 의의이다. 그리고 이

공간적인 문제와 시간적인 문제는 상호관련되어 있다. 자본주의 문제를 해결하지 않고서는 진정한 동아시아의 통일은 실현되지 않는 것이다.

2. 동아시아의 통일

I. 세계의 신체제와 동아협동체

오늘날 세계의 정세를 보건대 일국이 경제적 단위로서 자족적으로 존재할 수 없다는 것이 분명해지고 세계 각국은 이른바 블록경제로의 길을 가고 있다. 세계가 이와 같이 일국을 뛰어넘는 한층 큰 단위로 분할·형성되어간다는 것이 오늘날 세계의 동향이다. 예를 들면 남북아메리카를 묶은 범아메리카 체제가 발전하고 있으며 또 유럽의 현재 고민은 이른바 '유럽연맹의 탄생'으로도 보일 수 있으며, 나아가 쏘비에트연방과 같은 신체제는 또 하나의 예다. 이리하여 일본·만주·중국을 포함하는 동아협동체의 성립은 오늘날의 세계동향에 합치하는 것이라 하지 않을 수 없다. 동아협동체는 본래 단지 경제상의 블록에 그치는 것이 아니다. 점차 경제·문화·국방의 각 방면에서 일본·만주·중국의 연계고리가 형성될 필요가 있으며 그렇게 해야 비로소 협동체의 이름에 값하는 것이다. 일찍이 올림픽 경기로 상징되는 통일적인 이른바 '헬레니즘 문화'는 그리스에서의 민족연합에 근거해 개화한 것이었다. 동아에서의 여러 민족의 협동에 기초를 두고 헬레니즘 문화처럼 세계적 의의를 갖는 새로운 '동아문화'를 창조하는 것이 동아협동체의 사명이어야 한다.

세계사적으로 말하면 근대적 세계는 중세의 가톨릭적 문화의 교회적 세계주의가 각종의 국민문화로 분할·형성됨으로써 시작되었다. 중세적 세계주의의 비판으로서 나타난 이 국민주의는 동시에 자기 속에 세계적 원리를 포함하였다. 자유주의·개인주의·합리주의 등이 그것이다. 그와 같은 원리 위에 선 근대주의는 그 발전과정에서 드디어 추상적인 세계주의에 빠졌으며, 이 추상적인 세계주의가 비판되고 있는 것이 현대이다. 오늘날의 민족주의 내지 국민주의는 근대적 세계주의에 대한 비판이라는 의의를 가지며 이 추상적 세계주의를 극복하는 계기로서 중요성을 갖고 있다. 그렇지만 오늘날의 세계는 이미 단순한 민족주의에 머무를 수 없으며 근대적 세계주의의 극복은 한 민족을 초월한 좀더 커다란 단위로 세계가 분할·형성되는 것으로 나타나지 않으면 안된다. 동아협동체는 이와 같은 세계 신질서의 지표가 되어야 한다. 따라서 동아협동체의 문화는 마치 르네쌍스 시대에 중세적 세계주의를 극복하고 나타난 이탈리아의 국민문화가 동시에 자기 속에 근대적인 세계적 원리를 내포하고 있었듯이, 세계사의 새로운 단계에서의 세계적 원리가 될 만한 것을 자기 속에 담고 있지 않으면 안된다.

II. 동아협동체의 전통적 기반

지연(地緣)으로 연결된 동아시아의 여러 민족은 황색인종이라는 것, 농업 특히 관개에 의한 농업을 위주로 생활해왔다는 것 등 여러가지 공통된 특징을 갖추고 있다. 거기에는 또 독자적 문화의 전통이 가로놓여 있다. 동아의 전통에 대한 반성은 새로운 동아문화 창조의 요체가 된다.

신문화의 창조라는 견지에서 볼 때, 동아의 문화전통 속에서 찾아낼 수 있는 가장 중요한 사상은 '동양적 휴머니즘'이라고도 부를 수 있는 것이다. 동양문화의 일반적 특색은, 사회학자가 말하는 '게마인샤프트'(공동사회)와 '게젤샤프트'(Gesellschaft, 이익사회 또는 집합사회)의 구별에 따르면, 게마인샤프트적 문화라는 점에 있다고 하겠다. 보통 휴머니즘이라는 이름 아래 생각되는 서양의 휴머니즘은 근대사회 초기에 나타나는 것이고 따라서 자유주의·개인주의·합리주의의 근대적 경향과 결부되어 있다. 서양에서의 봉건시대는 휴머니즘으로부터 아주 먼 시대였다. 그런데 동양에서는 봉건적 사회 내부에서 휴머니즘이 발달하였다는 것이 그 문화의 특색을 규정한다. 거기에서 자연스럽게 서양의 휴머니즘이 게젤샤프트적인 것에 대하여 동양적 휴머니즘은 게마인샤프트적이라는 특색이 나타난다. 서양의 휴머니즘이 개인주의적인 것에 반하여 동양적 휴머니즘은 공동사회에서의 인륜적 관계들 그 자체 속에 있다. 또 서양의 휴머니즘이 인간주의이며 문화주의인 것에 대하여 동양적 휴머니즘에서는 인간과 자연, 생활과 문화가 융합하고 있다. 서양의 휴머니즘의 근저에 있는 것은 '인류'의 사상인 것에 반하여 동양적 휴머니즘의 근저에 있는 것은 오히려 '무(無)'나 '자연,' 또는 '하늘[天]'의 사상이다. 더구나 동양적 휴머니즘은 자기수양을 바탕으로 한 윤리적인 도(道)를 통하여 사회의 합리적 질서에 도달하려고 한다. 그것은 또 일상성을 중시하고 수신제가치국평천하(修身齊家治國平天下) 식으로 항상 자기 몸에서 가까운 것으로부터 시작하여 나아가는 길을 취하고 있다. 그리고 왕도(王道)정치의 사상에서 볼 수 있는 것처럼 정치와 윤리의 통일은 동양 정치사상의 중요한 특색이며, 동양적 휴머니즘의 한 표현이다. 일반적으로 동양문화는 게마인샤프트적인 특색을 갖고 있기 때문에 새로운 협동체의 문화적 기반으로서 적절하다. 특히 휴머니즘은 민족을 초월한 의의를 갖는 것으로서 그에 대한 반성이 신문화 형성의 근저로 되어야 할 것이다.

III. 새로운 동아문화의 형성

동아협동체의 문화는 동아시아에서의 문화의 전통과 연관되는 것이어야 한다. 그렇지만 이른바 '동양문화'에는 봉건적인 것이 따라다니고 있다는 것에 주의해야 한다. 그 게마인샤프트적 문화가 봉건성을 탈각하기 위해서는 근대의 게젤샤프트적 문화를 몸에 익힐 필요가 있다. 동아협동체의 문화는 단지 봉건적인 것의 부활이어서는 안되며 새로운 문화로서 창조되어야 하는 것이다. 그것은 분명 동양문화의 부흥이라고도 일컬어질 수 있는 것임에도 이 부흥은, 마치 그리스·로마 문화의 부흥으로 일컬어지는 서양에서의 르네쌍스가 결코 단지 고대적 문화의 부활이 아니라 오히려 실은 전혀 새로운 근대적 문화의 창조였듯이, 새로운 동양문화의 창조를 의미하지 않으면 안된다. 이 문화는 단지 게마인샤프트적인 것이 아니고 또 본래 게젤샤프트적인 것도 아니며 오히려 게마인샤프트적인 것과 게젤샤프트적인 것의 종합으로서의 차원 높은 문화여야 한다. 동아문화는 세계문화와 접촉함으로써 비로소 진정으로 새로운 문화로서 창조될 수 있다. 그것은 동양문화 및 서양문화의 재인식 위에서 건축되어야 한다. 즉, 동양문화에 대해서는 아직 충분히 열리지 않은 전통의 보고를 열어 그 세계적 가치를 발견함과 더불어 이른바 아시아적 정체로부터 벗어나고, 다른 한편 서양문화에 대해서는 특히 그 과학적 정신을 배워 취하는 데 노력함과 동시에 오늘날 서양문화가 도달한 막다른 골목이 실은 자본주의의 막다른 골목과 관련된다는 것을 생각하여 자본주의란 문제의 해결을 꾀하는 일이 긴요하다. 그렇게 해야만 세계적 의의를 갖는 새로운 동아문화가 창조될 수 있다.

3. 동아시아 사상의 원리

I. 민족주의의 문제

현재 세계 각국에서 대두하고 있는 민족주의에 관해서는 우선 첫째, 그것이 추상적인 근대적 세계주의를 극복하는 계기가 된다는 의미에서 중요하다는 점이 인식되어야 한다. 그러나 이미 서술했듯이 오늘날의 세계는 단순한 민족주의에 그칠 수 있는 것이 아니다. 동아협동체는 민족간의 협동을 의도하는 것이기 때문에 그 사상은 단순한 민족주의의 입장을 넘어선 것이라야 한다. 그럼에도 이 협동체의 내부에서는 각각의 민족에게 독자성이 인정되지 않으면 안된다. 따라서 민족주의사상은 둘째로 이와 같이 민족의 독자성에 대한 주장을 의미하는 것으로서 중요성을 갖고 있다. 셋째로, 어떠한 세계사적 행동도 항상 일정한 민족으로부터 출발하는 것이라는 의미에서 민족주의사상은 진리를 포함하고 있다. 현재 동아협동체라 하더라도 일본민족의 이니셔티브 아래에서 형성되는 것이다. 그렇지만 또 이와 같이 일본의 지도에 의해 성립되는 동아협동체 속에 일본 자신도 들어가는 것이며, 그 한에서 일본 자신도 이 협동체의 원리에 따르지 않으면 안된다는 의미에서는 당연히 그 민족주의에 제한이 가해지지 않으면 안된다. 일본의 문화는 동아시아를 지배할 수 있는 것으로서 단지 민족적인 것에 그치지 않는 의의를 가져야 함이 요구된다. 민족주의가 빠지기 쉬운 배외적 감정을 경계해야 한다는 것은 말할 필요도 없다.

특히 독일의 민족주의에 대해서는 그것이 1차 세계대전에서 패배한 독일의 재건을 위해 필요하였다는 점, 또 자국 이외의 지역에서 다수자로서 존재하는 독일인에 호소하여 대독일을 재건하기 위한 정치적 슬로건의 의미를 갖는다는 점에 주의해야 한다. 그 역사적 사정에 있어 독일과 다른 일본으로서는 민족주의 문제도 독일과 똑같이 생각할 수 없다.

그리고 중국의 민족주의에 대해서는 세계 각국이 봉건사회로부터 근대국가로의 이행과정에서 거쳐온 민족주의와 똑같은 의미에서의 민족주의를 오늘의 중국이 거치고 있다는 것을 생각하여 그 민족주의의 역사적 필요성을 인식하는 것이 마지막 요체이다. 일본은 중국의 민족적 통일을 방해해서는 안되며 오히려 중국이 그 민족적 통일에 의하여 독자성을 획득하는 것이야말로 동아협동체가 진정으로 성립하기 위해 필요하다. 그렇지만 동시에 중국은 이 신체제에 들어가기 위해 역시 단순한 민족주의를 초월할 필요가 있다.

II. 전체주의의 문제

전체주의는 근대의 개인주의·자유주의·자본주의에 맞서는 것으로서 중요한 의의를 갖고 있다. 현대의 사상은 언제라도 전체성의 사상을 기초로 하지 않으면 안된다. 개인적인 자유를 억누르고 전체의 입장에서의 계획성이 필요하다는 것, 개인적인 영리를 억누르고 전체의 입장에서 공익을 위한 통제가 필요하다는 것 등의 의미에서 오늘날의 경제도 정치도 문화도 모두 전체성의 입장에 서지 않으면 안된다. 그러나 전체주의가 현실에서 통제주의로서 관료주의의 폐단에 빠지기 쉬운 경향을 갖는 것에 대하여 경계를 요한다.

오늘날 흔히 일컬어지는 전체주의가 민족주의라는 것도 주의하지 않으면 안된다. 그런데 이미 민족주의 항목에서 서술한 대로 민족주의에 대해서는 여러가지 제한이 인정되어야 하는 이상, 민족주의에 그치는 전체주의도 당연히 똑같은 제한을 갖는 것이다. 전체주의는 폐쇄적으로 되어 배타와 독선에 빠지기 쉬운 경향을 갖고 있다. 동아시아 사상의 원리는 그러한 전체주의가 아니라 민족협동의 협동주의여야 한다.

그런데 이 협동체의 내부에서 각각의 민족은 독자성을 발휘해야 마땅하다고 한다면 똑같은 이유에 의해 한 민족의 내부에서도 각각의 개인의 독자성이 존중되는 것이 매우 중요하다. 그런데 외래의 전체주의는 실질적으로는 민족주의인 것처럼 그것은 또 많은 경우 개인의 독자성의 부정에 빠지는 것이어서 새로운 원리로서의 행동주의는 이 점에서 개인의 자발성을 인정하는 것이 문화의 발전에 있어 긴요하다는 인식 위에 설 것이 요구된다. 그 속에 포함되어 있는 부분이 다양할 때 전체는 풍부하며, 그 위에 선 부분의 독자성을 인정할 수 없는 전체는 자기가 진정으로 강력하지 않다는 것을 나타내는 것이다.

또 외래의 민족주의적 전체주의는 비합리주의였다. 한 민족 내부에서 인간은 어떤 내밀한 것, 비합리적인 것, 신화적인 것에 의해서 결합될 수 있다. 그렇지만 민족과 민족을 결합시키는 것은 이와 같은 비합리적인 것일 수 없으며 공공성을 띤 것, 세계성을 띤 것이 필요하다. 동아협동체의 사상은 합리적인 협동주의가 아니면 안된다. 본래 이것은 근대의 게젤샤프트, 자본주의적 사회 속에서 행해지는 바와 같은 추상적 합리주의일 수는 없다. 동양의 전통에 속하는 게마인샤프트적 문화에는 어떤 직관적인 것이 내포되어 있고 이것은 살려야 한다. 그러나 새로운 동아문화는 봉건적 게마인샤프트적인 것에 머물러서는 안되며, 게마인샤프트적인 동시에 게젤샤프트적이지 않으면 안되고 따라서 또 그것은 합리주의와 비합리주의의 종합에 근거해야 한다.

III. 가족주의의 문제

가족주의는 동양문화의 중요한 특색으로 간주될 수 있다. 동양문화는 이미 말했듯이 게마인샤프트적인 문화라는 것을 특색으로 하며 가족은 게마인샤프트의 모범적인 것이라는 의미에서 동양문화의 특색이 가족주의적인 데에 있음은 분명하다. 동양문화의 이 특색은 계승·발전되어야 한다. 새로운 문화가 게마인샤프트적인 문화의 성질을 가져야 한다면 당연히 가족주의의 정신을 그 속에서 살려야 한다. 특히 가족은 권력이 아니라 도의를 기초로 한다는 점, 개인주의에 의해 성립되지 않고 협동주의에 의해 성립된다는 점, 이해타산에 의한 것이 아니라 애정을 기초로 한다는 점 등은 새로운 협동주의에 있어 중요한 의의를 갖는다. 그렇지만 일반적으로 동양의 게마인샤프트적인 문화에 대하여 서술했듯이 가족주의로 일컬어지는 것에는 봉건적인 요소가 달라붙어 있다는 점에 반드시 주의해야 하며 가족주의는 그 봉건성을 탈각하고 새로운 협동주의의 원리로 고양되지 않으면 안된다. 봉건시대의 가족에서는 예컨대 혼인은 가(家)를 위한 편의에 따라서 행해지고, 자식을 낳지 못하는 것이 이혼이나 축첩의 이유로 되었듯이 개인의 의의는 인정되지 않았지만 오늘날의 사회에서는 혼인도 당사자의 의사를 존중하여 합리적으로 행해져야 하는데, 이처럼 새로운 협동사회는 개인의 독자성과 자발성을 인정하고 합리적인 것으로 되어야 한다. 가족은 게마인샤프트로서 폐쇄적인 특징을 갖고 있다. 새로운 협동사회는 게마인샤프트적인 동시에 게젤샤프트적이라는 것, 바꿔 말하면 폐쇄적인 동시에 개방적인 것, 정의적(情意的) 결합인 동시에 합리적 결합일 것을 요구받고 있기 때문에 단순한 가족주의를 넘어선 한층 높은 원리를 기초로 삼아야 한다.

IV. 공산주의의 문제

공산주의에 관해서는 무엇보다도 그 계급투쟁주의, 프롤레타리아 독재의 사상이 부정되어야 한다. 사회의 존재는 항상 계급성에 대한 전체성의 우위를 보여주고 있다. 모든 대립에도 불구하고 경제생활을 비롯한 모든 사회생활이 끊임없이 존속하고 있다는 것은 계급성에 대한 전체성의 우위를 보여주는 것임에 틀림없다. 본래 현대사회 속에 계급의 문제가 존재한다는 것은 사실이며 이 사실에 대하여 눈을 감는 것은 허용되지 않는다. 그렇지만 계급문제는 계급투쟁주의가 아니라 오히려 협동주의의 입장에서 새로운 방법을 찾아내야 한다. 이 협동주의에서는 계급적 이해를 초월한 공익의 입장이 중시되고 계급은 계급적인 것이기를 그만두고 한층 높은 전체 속에서의 직능적 질서로 되며, 뿐만 아니라 이 직능적 질서는 신분적인 것이 아니라 기능적인 것으로 생각되어야 한다.

다음에 공산주의의 비역사적인 세계주의가 비판되어야 한다. 앞에서 말했듯이 추상적인 세계주의는 근대주의의 산물이다. 자본에게는 국경이 없다고 한다. 근대적인 자유주의, 그 추상적 합리주의는 추상적인 세계주의를 낳았다. 그런데 공산주의는 자본주의를 극복한다고 하면서 그 자유주의와 똑같은 추상적인 세계주의에 빠져 있어 여전히 근대주의의 성(城) 안에 머물러 있으므로 이것을 극복하는 것이라고는 말할 수 없다. 동아협동체의 사상은 그러한 추상적인 세계주의를 초극하는 것이다.

또 공산주의는 그 추상적인 세계주의에 대응하여 비역사적인 공식주의로 되고 있다. 그것은 현재 쏘비에트연방의 문화에서 볼 수 있는 것처럼 획일주의의 폐단에 빠지고, 개인의 독자성과 자발성을 억압하는 그 획일주의는 관료주의와 결부되어 있다. 그밖에 추상적인 합리주의를 비롯한 여러가지 점에 있어서 공산주의는 여전히 근대주의를 탈각한 것이 아니어서 진정으로 새로운 시대의 원리라고 말할 수 없다. 공산주의자는 공산주의가 자본주의의 뒤에 필연적으로 따라오는 것이라고 말하고 있지만 사실은 반대로 자본주의가 발달한 나라에서는 오히려 공산주의가 세력을 갖지 못하고 반대로 러시아나 중국과 같이 봉건적인 것이 많이 남아 있는 나라에서 세력을 얻었다는 것은 그 영향력이 근대주의적인 것이지, 이것을 초월한 새로운 시대의 원리는 아니라는 것을 실증하고 있다.

V. 자유주의의 문제

자유주의는 근대 자본주의사회의 문제였다. 이 사회가 막다른 골목에 이르렀다는 것은 자유주의가 막다른 골목에 이르렀다는 것을 의미한다. 자유주의는 개인주의다. 개인주의는 이기주의로서 협동주의에 맞서는 한 부정되어야 한다. 사회보다도 항상 자기를 앞세우는 개인주의, 전체를 무시하고 자기에게 집착하는 개인주의의 바르지 못한 점은 말할 필요도 없다. 개인이 먼저고 사회는 나중이라고 생각하는 개인주의에 반대하여 협동주의는 오히려 사회가 먼저고 개인은 나중이라고 생각한다. 즉, 개인은 사회로부터 태어나고 사회에 의지하여 살아가며 사회 속에서 자기를 완성할 수 있다는 것이다. 이기주의로서의 자유주의는 배척되어야 하지만, 자유는 존중되어야 한다. 다만 자유주의가 말하는 자유는 추상적인 자유에 불과하고 진정으로 구체적인 자유는 오히려 협동주의의 입장에서 실현될 수 있다. 개인의 자의에 따른다고 하는 자유주의는 부정되어야 하지만 자유주의가 주장해온 인격의 존엄, 개성의 가치 등의 여러 관념은 중요한 의의를 갖고 있다. 더구나 진정한 개성이란 단순한 특수성이 아니라 특수적이면서도 동시에 일반적인 것이며 자기 속에 보편적 가치를 갖는 것으로서, 진정한 인격이라 할 수 있는 것이다.

특히 경제상의 자유주의는 영리주의로 되고 있다. 영리주의는 억제되고 공익주의의 입장이 강조되어야 하나 자유주의가 주장하는 개인의 자발성, 창조력은 존중되어야 한다. 또 정치상의 자유주의에 관해서는 그것이 현재 건설성(建設性)을 결여하고 있다는 비판과 통제불능에 빠져 있다는 것이 지적되어야 하나 민의(民意)를 창달케 한다는 그 본질적 의의는 살려야 한다.

이렇듯 자유주의는 본래 이것으로 그쳐서는 안된다. 그렇지만 자유주의의 비판적 섭취는 중요하며, 그렇지 않으면 봉건주의로 역전하게 된다. 역사적으로 보아도 미개사회에서는 개인이 사회 속에 완전히 매몰되어 있었다. 한 민족의 문화는 개인을 매개로 하여 인류적 의의를 갖고 합리적인 것으로 된다.

VI. 국제주의의 문제

추상적인 세계주의가 부정되어야 한다는 것에 관해서는 이미 서술하였다. 그렇지만 세계가 점차 세계적으로 되어간다는 것은 세계사 발전의 필연적인 방향이다. 오늘날의 민족주의 같은 것도 근대사회가 발전한 결과 세계가 한층 세계적으로 되었기 때문에, 그러나 그와 동시에 추상적인 세계주의가 생겨났기 때문에 나타난 것이다. 오늘날의 국제주의는 그것이 세계주의이기 때문에 부정되어야 하는 것이 아니라 오히려 그 세계주의가 추상적인 것이기 때문에 부정되어야 한다.

국제주의가 주장하는 인류의 평화·박애 등은 존중되지 않으면 안되며, 다만 그것이 추상적인 평화주의, 추상적인 박애주의인 한 국제주의는 비

현실적이라는 것이다.

모든 국제연맹주의는 자유주의와 궤를 같이하고 있다. 자유주의의 자유가 추상적인 자유이지 구체적인 자유가 아니듯이 그 세계주의도 추상적이며, 따라서 무력하다. 자유주의가 사회를 원자론적으로 생각하듯이 자유주의적인 세계주의도 세계를 원자론적으로 생각한다. 그러나 개인은 당연히 사회 속에 있다고 생각되어야 하듯이 국가도 세계 속에 있다고 생각되어야 한다. 세계로부터 고립되어서는 국가도 존재할 수 없다.

동아협동체의 사상은 추상적인 세계주의를 타파하는 것이다. 더구나 그것은 추상적으로 세계주의에 대립하는 것이 아니라 오히려 이미 서술했듯이 진정한 세계의 통일이 가능하도록 하기 위한 것이다. 동아협동체는 게젤샤프트를 지양한 하나의 전혀 새로운 게마인샤프트로서, 봉건적인 게마인샤프트와 같이 폐쇄적이 아니라 오히려 동시에 세계적·개방적이어서 세계 각국에 대하여 그 문호가 개방되어 있는 것이다.

VII. 삼민주의의 문제

삼민주의(三民主義)는 민족주의·민권주의·민생주의로 구성되어 있는데 민권주의는 다름아닌 정치적 자유주의이며, 민생주의는 경제적 사회주의의 계통에 속한다. 삼민주의는 쑨 원(孫文) 시대의 중국이 처해 있던 특수한 역사적 사정을 반영한 것이며 봉건적 중국의 근대적 국가로의 발전, 구미 제국주의를 위한 식민지로 변화되고 있던 중국의 민족적 독립이라는 요구를 나타내고 있다. 동아협동체의 사상은 삼민주의를 사상적으로 극복하면서 동시에 삼민주의 속에 포함된 요구를 실질적으로 실현하는 것이다. 삼민주의 속에 포함된 요구는 오늘날 삼민주의에 의해서는 실현될 수 없다.

삼민주의는 일정한 역사적 산물로서 논리적으로는 자기모순을 갖고 있다 하더라도 내용적으로는 서로 분리될 수 없는 것이다. 그것이 민족주의를 주창하면서도 오히려 서구화주의가 농후하다는 것은 삼민주의의 논리적 모순과 함께 그 역사적 제약을 보여주고 있다. 삼민주의는 일정한 역사적 산물로서 서로 분리될 수 없는 것이므로 오늘날 이것을 그 (세가지) 요소로 해체하여 어느 하나를 근거로 하여 삼민주의를 재조직한다는 것은 불가능할뿐더러 무의미하다. 민족주의를 취하면 중국민족의 통일과 독립을 구하는 것은 정당하지만 단순한 민족주의는 이미 오늘날의 사상일 수 없으며, 민권주의를 취하면 자유주의의 좋은 점을 지금도 인정해야 하겠지만 자유주의는 오늘날 이미 초극되어야 할 사상이다. 또 민생이라는 것은 특히 중요하다 하더라도 삼민주의에서 말하는 민생주의는 결국 사회주의로 귀착되며 사회주의는 공산주의로 통할 위험을 갖고 있다. 동아협동체의 건설은 중국으로서도 새롭게 살려나가야 할 길이니, 새로운 협동주의가 삼민주의를 대신함으로써 삼민주의 속에 포함된 요구, 특히 민생의 요구가 실현되고 새로운 동아의 독자적 문화가 형성되도록 해야 할 것이다.

VIII. 일본주의의 문제

일본주의는 일본의 독자성을 주장하는 것으로서 올바른 의의를 갖고 있다. 무릇 어떤 문화도 단순히 세계적·일반적인 것이 아니라 각각의 개성을 갖고 있는 것이다. 일본주의가 일본문화의 고유성을 주장하는 것은 정당하지만 그러나 또 개성이란 단지 특수적인 것이 아니라 특수적이라해도 동시에 일반적인 것이 진정한 개성임을 알아야 한다. 일본문화에는 뒤에 서술하듯이 우수한 특질이 갖춰져 있으며 우리 일본인은 그것을 확충·발전시키는 데 노력하지 않으면 안된다.

일본은 독자적인 문화를 갖고 있을 뿐만 아니라 또한 독자의 사명을 갖고 있다. 이러한 민족적 사명을 자각하는 것은 매우 중요하며 이것을 역설하는 것으로서 일본주의는 중요하다. 오늘날 일본의 사명은 중일전쟁을 통하여 동아의 신질서를 건설하는 데에 있다. 이 사명을 달성하기 위해서 일본주의는 독선을 버리고 편협한 배외주의에 빠지지 않도록 경계해야 한다. 일본정신이라 해도 추상적·일반적인 것이 아니라 각 시대의 시대정신으로서 구체적인 모습을 띠고 나타나야 하는 것이다. 오늘날 필요한 것은 동아 신질서의 건설이라는 일본의 사명이란 입장에서 일본문화의 전통을 반성하는 것이다. 뿐만 아니라 이 신질서의 건설에는 신문화의 창조가 필요하며 일본주의는 단순한 복고주의여서는 안된다. 특히 오늘날 일부의 일본주의자가 일본문화의 독자성을 주장하면서 다른 한편 독일 모방의 경향을 현저하게 띠고 있는 것은 매우 유감스러운 일이라 하지 않을 수 없다. 일본정신은 오늘날의 시대정신으로서 새롭게 형성되고 세계적 의의를 갖는 신문화의 창조로 나아가야 한다. 일본주의가 일본문화의 독자성과 사명을 역설하는 것은 올바르지만 그것이 단순한 민족주의에 그칠 수 없다는 것, 또 그것이 비합리주의여서는 안된다는 것은 이미 앞에서 서술한 내용으로 미루어보아 분명하다.

4. 새로운 동아시아 문화와 일본문화

I. 일본문화의 특수성

일본문화의 중요한 특색은 우선 첫째, 일군만민(一君萬民)이라는 세계에 비할 데 없는 국체(國體)에 의거한 협동주의를 근저로 한다는 점이다. 이 협동주의는 그 보편적 의의라는 면에서 동아시아에 미치고 세계에 빛나게 할 만한 것이다.

다음에 일본문화의 특수성으로서 주목해야 할 것은 포용성이다. 예로부터 일본의 문화는 중국과 인도의 문화, 나아가 서양의 문화를 섭취하면서 발달해왔다. 더구나 외래문화를 섭취하는 데에서도 무리하게 일정한 형식으로 통일해버리는 것이 아니라 각각의 것의 병존을 허용할 만큼 포용적이었다. 신도(神道)에 대한 신앙과 불교에 대한 신앙은 일본인에 있어서는 모순되는 것이 아니라 병립할 수 있는 것이다. 일본화(日本畵)와 서양화를 한 방안에서 관람하고 모순을 느끼지 않는 것이 일본인이다. 이처럼 객관적으로는 서로 용납할 수 없을 것 같은 것도 주체적으로 통일시키고 있는 점에 일본인의 마음의 넓이와 깊이가 있다. 이와 같은 마음이야말로 새로운 협동체에 필요한 것이며, 동아의 각 민족으로 하여금 각각의 문화의 특수성을 살리게 하고 하나의 형식 속에 억지로 집어넣는 일이 없도록 하지 않으면 안된다.

　일본문화가 포용적이라는 것은 다른 한편 진취적이라는 것을 의미한다. 동아의 여러 민족 중 재빨리 서양문화를 이식한 것은 일본이며 그것에 의해 발달한 과학문화가 이번의 중일전쟁에서 일본에 승리를 안겨준 힘이라는 것은 더 이상 따질 필요도 없다. 일본문화가 진취적이었기 때문에 동아시아 여러 민족의 지도자로 될 수 있었던 것이다. 새로운 동아시아 문화의 형성에 즈음하여 일본문화의 이 특질을 살리는 것이 매우 중요하다.

　나아가 일본문화의 진취성은 그 지적(智的) 성질과 결부되어 있다. 일본이 서양문화를 급속하게 흡수할 수 있었던 것도 원래 일본문화에는 중국 등의 문화에 비하여 지적인 성질이 있었기 때문이다. 일본적 지성은 단순한 이지주의(理知主義)와는 다르다. 그러나 오늘날 서양의 전체주의가 비합리주의적인 것과는 달리 일본문화를 전통적으로 특징짓는 것은 지적인 점이며, 이 지적 성격이 동아문화를 세계성을 갖는 문화로 형성하지 않으면 안된다.

　일본문화의 또다른 특성은 생활적·실천적인 점에 있다. 거기에서는 문화와 생활이 별개의 것이 아니며 실천과 문화는 통일적으로 생각된다. 이와 같이 생활과 문화가 융합적이기 때문에 형체가 있는 객관화된 문화로서는 서양이나 중국문화에 비해 열등하지만 형체가 없는 주체적인 문화로서의 일본문화는 독자적 우수성을 갖고 있다. 일본문화에는 서양적인 문화의 개념을 가지고 헤아릴 수 없는 것이 있다. 서양문화는 객관화된 문화로서 뛰어난 데 반하여 일본문화는 주관적인 문화, 생활과 행위 속에 융합된 문화이며, 인간의 몸에 붙은 문화이며 마음[心]으로 통일된 문화이다. 일본인의 탁월한 행동성도 이것에 바탕을 두고 있다. 일본문화의 이런 특질은 유지시키고 발전시켜야 한다. 그렇지만 동시에 일본문화가 외부로 진출하기 위해서는, 그리고 그것이 다른 여러 민족에게 승인받기 위해서는 일본문화를 무형의 것에 그치는 것이 아니라 유형의 객관적인 문화로서 발전시킬 필요가 있다. 이것은 중일전쟁을 계기로 하여 현재 밖으로 뻗어나가려는 일본문화로서 특히 유의해야 할 점이다.

II. 동아협동체에서의 일본의 지위

일본은 동아의 신질서 건설에 있어 지도적 지위에 서야 한다. 이것은 말할 것도 없이 일본이 동아시아의 여러 민족을 정복한다는 따위를 의미하지 않는다. 오히려 일본은 동아시아 여러 민족의 융합의 쐐기가 되는 것이다. 동아협동체가 일본의 지도 아래 형성되는 것은 일본의 민족적 에고이즘에 의지하는 것이 아니라 반대로 이번의 중일전쟁에 대한 일본의 도의적 사명에 의거하는 것이며, 이러한 도의적 사명을 자각하는 것은 중요하다. 일본은 새로운 원리에 의한 새로운 문화를 창조함으로써 비로소 진정으로 지도적 지위에 설 수 있으며, 그때 일본문화는 현실에서 세계를 빛내는 것으로 될 터이다.

유용태 옮김

방법으로서의 아시아*

타께우찌 요시미

I

저는 체계적인 이야기는 할 줄 몰라서 적임이 아니라고 생각되지만 적은 수가 모인다고 억지로 맡기는 바람에 나왔습니다. 여러분들은 모두 훌륭한 선생님들인데 저는 전혀 이 자리에 어울리지 않습니다. 우선 제 생각을 말씀드리고 나서 그것에 관해 여러분들께서 질문이나 의견을 말씀해주시면 그것에 관해 토론하는 식으로 진행하는 것이 좋겠습니다.

저는 중국문제를 연구하는 사람인데 먼저 어떤 관심으로부터 연구를 시작했는지를, 약간 사사로운 일이긴 하지만 말씀드리고 싶습니다.

제가 대학을 졸업한 것은 1934년 3월입니다. 그후 중국문학연구회(中國文學硏究會)라는 모임을 만들었습니다. 아주 작은 모임이었지만 여기서 중국문학을 연구하였습니다. 전쟁 중에도 모임을 지속하다가 전쟁이 격화되자 잡지를 발간하기가 곤란해져서 자발적으로 모임을 해산하였습니다. 이

---

* 竹內好(1910~77): 쇼오와 시기 중국문학자. 출전: 『日本とアジア』, 東京: 筑摩書房 1966.

것이 1943년입니다.

그후 군에 입대했고 패전을 경험했습니다만, 이 연구회를 열고 있던 중—실은 연구회를 만들기 전부터라고 해도 좋습니다만—저는 일본인이 생각하는 중국과 실제의 중국은 커다란 차이가 있는 것이 아닐까 하는 점을 느끼고 있었습니다. 제 전공은 문학이지만 저는 문학이라는 것을 넓게 생각하고 있습니다. 어떤 나라 사람들의 사고방식이라든지 느낌의 형태, 나아가 그것의 한층 깊은 곳에 있는 생활 자체를 연구대상으로 합니다. 사물 쪽에서 생활을 보는 것이 아니라 마음의 측면에서 생활을 바라보는 것이 문학입니다. 그런 태도로 연구를 계속하였습니다.

저는 당시 토오꾜오제국대학의 지나문학과(支那文學科)라는 곳을 다녔지만 거의 학교에 나가지 않았고, 매우 게으른 학생이었습니다. 스스로도 졸업장을 받은 것이 참으로 다행이라고 생각할 정도입니다. 물론 학교의 강의가 재미없다는 이유도 있었지만 처음부터 중국문학을 연구하겠다 생각해서 대학에 들어간 것이 아닙니다. 고백하자면 대학에 입학한다든가, 대학을 다닌다는 기분도 없었습니다. 대학에 들어가지 않으면 부모로부터 학자금을 받을 수 없고 생활을 스스로 꾸려가야만 했습니다. 놀러 다니기에는 돈을 받고 대학에 적을 두는 편이 좋을 것 같다는 기분으로 지냈습니다. 일단 들어가기 쉬운 곳은 문학부이고 그중에서도 특히 쉬운 곳이 지나문학과라서 입학한 것입니다. 이러한 일을 말씀드리는 것이 여러분들에게 용기를 갖게 고무시킬지 아니면 향학심을 꺾어버릴지 알 수 없습니다.

저와 같은 학년에 타께다 타이준(武田泰淳)씨가 있었는데 그분도 학교에 나오지 않았고 저도 나가지 않았기 때문에 거의 얼굴을 보지 못했습니다. 중국문학연구회를 만들게 되면서부터 비로소 얼굴을 대하고 함께 모여 이런저런 이야기를 하게 되었습니다. 제가 대학을 다니면서부터 어떻게 중국문학을 공부하게 되었는가 하면 재학 중에 한번 중국여행을 하였

70

습니다. 학생시절에 일본을 탈출하였다는 기분이 들었습니다만 당시 중국여행은 간단하게 할 수 있었습니다. 여권이 필요없었고 배표를 사서 타면 저절로 샹하이(上海)나 톈진(天津)에 도착하게 되는 즐거운 일이었습니다. 나가사끼(長崎)에서 출발하면 토오꾜오에 가는 것보다 가깝습니다. 정확히 대학 2학년 때 여름방학을 이용해서 여행을 하였습니다. 그때까지는 중국문학과에 적을 두고 있다고 해도 열심히 공부하려는 생각은 없었습니다. 만주까지 단체여행으로 가고 거기서부터 혼자 뻬이징으로 갔습니다. 뻬이징에 가서는, 다만 뭐랄까, 자신의 마음속에 있던 토오꾜오랄까, 잠재해 있던 자신의 꿈과 맞닥뜨린 기분이 들었습니다. 뻬이징이라는 도시의 자연에도 감탄했지만 무엇보다도 거기에 있는 사람들이 저 자신과 매우 가까운 느낌이 들었습니다. 저와 거의 같은 생각을 갖고 있는 듯한 사람들이 있다는 사실에 감동한 것입니다. 당시의 저는 대학의 중국문학과에 적을 두고 있었지만 난처하게도 저 자신과 똑같은 사람이 거기에 실제로 살고 있다는 이미지는 떠오르지 않았거든요. 나중에 반성해보고서야 우리가 받은 교육이 그렇게 만들었다는 것을 뼈저리게 느꼈습니다.

가령 그것이 중국이 아닌 다른 나라, 특히 유럽이나 미국이었다면 그런 일은 없었을 것입니다. 유럽에 가거나 미국에 가는 경우라면 거기서 오히려 저 자신보다 우월한 사람들이 있다는 느낌을 받았을 것임에 틀림없으리라 생각합니다. 그런데 중국에는 똑같은 사람이 있다는 것을 대체 왜 모르고 있었는가? 학교에서 역사를 가르친다든지 아시아 지리를 가르칠 때 그곳에 사람이 살고 있다는 것을 가르치지 않습니다. 내 기억으로는 확실히 그랬습니다.

그래서 이게 어찌 된 일인가 하고 깜짝 놀랐던 것입니다. 제가 눈으로 보니 확실히 생기있게 하루하루 생활하고 있는 많은 사람이 있었습니다. 그런데 그들이 무엇을 생각하고 있는지 알고 싶었지만 유감스럽게도 말이 통하지 않았습니다. 대학에 중국어학과는 있었지만 형식상일 뿐인데다가

저도 학교에 잘 나가지 않았으니 소용없었지만, 어쨌든 별 도움이 되지 못했습니다. 회화가 불가능하다는 것, 무엇인가 거기에는 자신의 문제——결국 문학의 문제라고 해도 좋습니다——를 해결하는 관건이 있을 듯한 기분이 들었습니다. 지금까지 문자상으로 근대문학과 접촉하고, 또는 일본의 근대문학을 읽고 내 나름의 문학관을 갖고 있다, 그러나 거기에는 의심스러운 것이 있다, 그것을 어떻게 해결할 것인가 할 때 제 이웃나라에 정말 많은, 저와 아주 비슷한 생활을 하고 있는 사람이 있고, 더구나 저 자신이 그 마음속에 들어갈 수 없다는 것이 치명적인 문제라는 것을 느꼈습니다.

거기서부터 발심하여 열심히 공부하게 되었습니다. 뻬이징에서 1개월 남짓 머물렀지만 그동안 우선 중국어를 익숙하게 하지 않으면 안된다고 생각하여 중국인 하숙집에 기거하면서 가정교사를 모셔와 중국어를 배웠는데 1개월 정도로는 안되었습니다. 돌아오고 나서 강습회에 나간다든지 해서 중국어 공부를 저 나름대로 하기 시작했습니다. 그리고 떠듬떠듬 읽을 수 있게 되어 중국의 현대문학 등을 힘겹게 보았습니다. 당시는 아직 일본에 중국 현대문학의 번역이나 소개는 거의 없었습니다. 쇼오와(昭和) 초부터 띄엄띄엄 있었지만 지금처럼 많지는 않았으며 극히 제한되어 있었습니다. 더구나 대학에서 현대문학 따위는 일절 없었습니다. 저 스스로 그룹을 만들어서 공부하는 수밖에 다른 도리가 없었기 때문에 중국문학연구회를 시작하였던 것입니다. 그리고 아주 얇은 팸플릿을 간행했습니다. 그사이에 전쟁이 점점 확대되어서 만주로부터 화북으로 침략이 진행되었습니다. 자신의 연구를 통하여 친근감을 느끼고 있는 나라를 자기 조국이 침략한다는 사실에 극히 씁쓸함을 느꼈습니다만 당시는 아직 그것을 끝까지 파고들어 생각할 수 없어서 어느정도 후퇴한 자세로 자신의 좁은 연구범위를 지키고 있는 정도의 것이 고작이었습니다.

그런 분위기 속에서 여러가지 생각을 하고 있었지만 결국 전쟁이 태평양전쟁으로 확대되어 최후에 1945년의 패전에 이른 시점에 나로서는 하나의 연구상의 전기가 있었던 것입니다.

지금까지는 중국을 공부하고, 그것을 통하여 일본인의 중국에 대한 인식의 부족이나 잘못을 개선하고 학문의 성격을 변화시켜간다는 목표를 갖고 있었습니다. 한학(漢學) 또는 지나학(支那學)이라는 것이 전부터 있어왔지만 그러한 죽은 학문을 할 것이 아니라 현재 살아 있는 이웃사람의 마음을 탐구함으로써 자신의 학문 자체를 변화시켜간다고 하는, 이제까지 갖고 있던 소망에서, 그것만으로는 안된다, 조금 더 나아가지 않으면 안된다는 것을 패전 후에 느꼈습니다.

어떤 방법으로 나아갈 것인가를 말하면, 중국을 전문영역으로 연구하는 것은 필요하지만 대체 그것만으로 좋을까? 만일 메이지(明治) 이래 일본의 근대사가 그대로 순조롭게 진행되고 있다면 전문연구의 틀을 지키고 있는 것도 좋겠지만, 본래 있어서는 안되는 전쟁이 있었고, 그 결과 패전의 고통을 낳았습니다. 그렇다면 일본의 역사가 어디에서부터 잘못되었는가를 탐구하는 것으로부터 출발하지 않으면 나 자신의 지금 살고 있는 근거가 해명될 수 없다, 이것은 나뿐만이 아니라 많은 일본인이 이 근본적인 반성으로부터 전후의 출발을 했던 것입니다.

전후 최초로 그 전쟁 비판의 입장을 선명하게 나타낸 것은 공산주의자였다고 생각합니다. 일본의 공산주의자는 전쟁 중에 전쟁을 비판하고, 전쟁을 부정하여 싸웠습니다. 그 실적 위에서 전후에 공산주의의 부활이 있었습니다. 제 또래보다도 약간 앞세대 사람들은 전쟁 전에 공산주의운동에 참가한 경험이 있기 때문에 거기서 또 한번 되돌아가 일본의 재건을 이룩해야 한다는 태도로 나간 사람들이 많았다고 생각합니다. 나로서는 그것이 불가능하였습니다. 저의 동시대인들, 또는 저보다 약간 젊은 세대 중에도 공산주의에 뛰어든 사람들이 있지만 저로서는 그것이 불가능하였습니다. 이것은 개인의 성격 탓이기도 하고 체험의 차이에 의한 것이기도

하며, 또 세대적인 차이도 있다고 생각합니다만 1934년에 대학을 나온 사람으로서 저는 공산주의라는 것에 그다지 과거의 아름다운 회상만을 갖고 있지는 않습니다. 이전의 공산주의자가 전쟁 중에 전향하여 비공산주의자보다도 더욱 적극적으로 전쟁에 협력하였다는 측면을 비교적 많이 보아왔지요. 그렇기 때문에 전후에 공산주의의 파도가 높았던 때에도 거기에 들어가지 않았으며, 저는 한발짝 물러선 곳에 있었으니 어느정도 시대에 뒤떨어진 느낌을 가지면서 그 운동의 귀추를 지켜보았습니다. 저는 공산주의에 대해서는 전면적으로 승인할 수는 없지만 공산주의가 부활하는 것은 좋은 일이라고 생각하고 있었습니다. 다만 공산주의가 전쟁을 효과적으로 저지할 수 있을까 하는 점에는 처음부터 의문을 갖고 있었습니다. 제가 체험하고 있는 역사의 방향으로부터는 공산주의가 유효하다는 증거가 도출되지 않더군요. 거기서 의심을 가지면서 지켜보고 있었는데 결과는 여러분들이 다 아시는 대로 되었습니다. 저 잘못된 전쟁에의 길, 그 결과인 패전으로부터 어떠한 교훈을 얻을 것인가, 또는 그것을 어떻게 자신의 학문의 과제로 수용할 것인가 하는 것이 문제인데, 여기서 돌연 공산주의로 간 사람은, 사실 많은 사람이 그리 되었습니다만, 그것으로 좋겠지요. 그런 사람은 그 나름의 과정을 거쳐 다른 반성을 하였습니다. 저같은 사람은 그것과는 거리를 두면서 화근은 훨씬 깊은 곳에 있지 않을까라고 생각하고 있었습니다. 요컨대 중국문학을 하며 지냈고 그 속에서 생각한 것이 패전을 통하여 어느정도 분명해졌다고 말할 수 있습니다.

　그것은 전후에 하나의 가설로 제시되었습니다. 후진국에서의 근대화과정에 두개 이상의 유형이 있는 것은 아닌가? 일본의 메이지유신 후의 근대화라는 것은 극히 눈부신 바 있어 동양 여러 나라의 뒤떨어진, 식민지화된 나라의 해방운동을 고무하였습니다. 그것이 잘되었으면 유일한 모범으로 될 수 있었을 터이지만 결과적으로는 최후에 거꾸로 뒤집혀 실패하였고, 그 실패한 점에서부터 되돌아본다면 일본의 근대화는 하나의 유형이기는 해도 이것만이 동양 여러 나라, 또는 후진국 근대화의 유일 절대의 길은 아니며 그밖에 다양한 가능성이 있고 길이 있는 것은 아닌가라고 생각한 것입니다.

그래서 일본과 중국을 비교해보게 되었고 그에 따라 여러가지 질적인 차이에 생각이 미치게 되었습니다.

저는 하나의 가설형태로 일본과 중국을 전형적인 유형으로서 취급하며 비교하였습니다. 다른 나라의 일을 잘 모르기 때문이기도 합니다. 단지 강하게 말한다면 가령 터키 같은 나라는 일본의 근대화 유형에 가까운 것이 아닌가 생각합니다. 인도 같은 나라는 중국에 가깝겠지요. 요컨대 두 개 이상의 이질적인 유형이 있는 것은 아닌가 하는 것입니다. 그것이 오늘 제가 말하고자 하는 본론입니다. 일본과 중국의 근대화 유형의 차이는 어디에 있는가, 이 문제를 생각하는 것은 당연히 이제까지의 저 자신의 사고 방식을 의심하는 것과 분리될 수 없습니다. 그 실마리로서 먼저 듀이의 사고를 이야기하려고 합니다.

존 듀이──미국의 철학자이며 교육자인 듀이는 일본에서도 전에 일부 사람들 사이에 읽혔습니다만 아마도 전체에 영향을 주지는 못했을 것입니다. 전후가 되어서야 츠루미 슌스께(鶴見俊輔)씨라든지 시미즈 이꾸따로오(淸水幾太郎)씨라든지, 구노 오사무(久野收)씨 등이 크게 소개하였습니다. 문학 방면에서는 쿠와바라 타께오(桑原武夫)씨라든지……

저는 전문가가 아닙니다만 듀이를 전부터 마음에 두고 있었습니다. 듀이라는 사람은 일본에 온 적이 있습니다. 1919년 2월에 콜럼비아대학에서 일년간 휴가를 얻어 부인과 함께 일본에 놀러 왔는데 출발 전에 토오꾜오대학측의 의뢰가 있어 강연을 하였습니다. 그래서 곳곳에서 환대를 받고 일본에 머무른 후 5월에 중국으로 건너갔습니다. 샹하이에 도착한 것이 5월 1일입니다. 이 1919년 5월은 유명한 5·4운동이 일어난 때입니다. 샹하이에 도착하여 이삼 일 지난 5월 4일에 뻬이징에서 사건이 일어났습니다. 점차 톈진·상하이 등으로 파급되어 유명한 5·4운동이라는, 전국적인 규모를 갖는 민중의 반제국주의운동으로 발전하는 것이지요. 그것이 듀이가 중국에 간 시기와 정확히 겹쳤던 것입니다.

듀이는 중국에 후 스(胡適)라든지 그밖의 제자들이 있어서 그 사람들의 안내로 상하이에서도, 뻬이징에서도 강연하였습니다. 듀이는 처음에 일년 예정으로 동양에 놀러 왔던 것이지만 중국을 보고 매우 흥미를 갖게 되었습니다. 우연히 동란의 시기에 목격자가 되었기 때문에 특별히 휴가를 일년 연장하여 중국에서 이년을 머물렀습니다. 그리고 일본과 중국의 문제에 대하여 두 나라를 비교하면서 글을 많이 썼습니다. 그것을 나는 전후에 처음 읽었습니다. 그러한 평론 외에 자녀에게 보낸 편지가 책으로 나와 있습니다. 부인의 글도 들어 있는『일본과 중국에서 보낸 편지들』 (*Letters from Japan and China*)──이것을 읽어보면 처음에는 일본의 사정을 대단히 찬양하여 쓰고 있습니다. 처음 동양에 와서 본 것, 들은 것은 어느 것이나 진기했습니다. 게다가 대단히 환대를 받았습니다. 일본인은 친절한 국민이고 상대는 미국의 유명한 철학자이기 때문에 크게 환대를 받는 것입니다. 기분이 좋아져서 일본인은 친절하다든지, 미적(美的)이라든지 갖가지 칭찬을 합니다. 그런데 중국에 가서는 이 나라는 일본과 비교하면 무엇인가 불결하고 혼란되어 있다든지, 전혀 말이 통하지 않는다고 대단히 나쁜 이야기를 씁니다. 이 인상이 뒤에 점차 변하여가기 때문에 흥미롭습니다.

편지에서는 분명히하지 않았지만, 1920년부터 1921, 1922년에 걸쳐서 쓴 평론, 이것은 전에는 읽지 못했고 전후에 다른 사람한테서 빌려서 읽었습니다만『인물과 사건』(*Characters and Events*) 중의 한 책이 일본과 중국에 관한 평론을 모아놓은 것입니다. 그것을 읽고서 일본과 중국에 관한 그의 비교를 잘 알 수 있게 되었습니다. 편지와 달리 이들 에쎄이는 문제를 깊은 곳에서부터 포착하고 있어 가르침을 받았습니다. 일본의 근대화

76

와 중국에서의 근대화의 발아(發芽)를 적절하게 비교하고 있습니다. 패전 후의 시점에 읽었다는 점도 작용했겠지만, 무엇보다 예언이 거의 적중했기 때문에 감명받았습니다. 일본은 겉보기에는 대단히 근대화되어 있는 듯하지만 그 근대화는 뿌리가 얕다, 이대로 나간다면 일본은 아마 파멸할 것이라고 그는 예언하고 있습니다. 사실 일본의 망국을 예언한 사람은 많습니다. 외국인 중에도 있고 일본인 중에도 있었습니다. 나쯔메 소오세끼(夏目漱石) 같은 사람이 일본의 멸망을 예언한 것은 여러분도 잘 아실 것입니다. 「마음(心)」이라든지 「산시로오(三四郎)」에 나와 있습니다. 그래서 와까야마(和歌山)에서의 강연도 유명합니다. 일본의 근대화라는 것은 전부 밖에서부터 주어진 고식책으로 내부에서 비롯된 것이 아니기 때문이라는 점을 말하고 그것을 어떻게 내발적인 것으로 전화시킬 수 있는가를 나쯔메는 탐구하였지만 결국 답을 제시하지는 못했습니다.

저는 듀이의 철학체계를 전혀 알지 못하지만 중국과 일본의 근대화를 비교한 내용에 관해서만은 오늘날에도 전적으로 동의합니다. 결국 일본의 근대화가 얼마나 갑작스런 임시변통인지 실제 그대로 되었으니까요.

사실 겉보기에는 중국 쪽이 혼란스럽습니다. 당시의 중국, 즉 1919년이라면 군벌시대였지요. 중화민국이 탄생한 지 8년, 형식은 공화국이어서 의회와 책임내각제도 있다, 정치제도상에서 보면 전후의 일본과 별차이가 없지만 그것은 겉모양이고 실제로는 실력자가 지배하고 있다, 실력자란 군벌이며 군벌은 모두 외국의 끄나풀이다, 중국이란 무엇인가, 국가인가, 아니라면 무엇인가, 국제연맹에서 문제로 되었는데 누구도 답을 내릴 수 없었다는 유명한 일화가 있지만 그만큼 근대국가로서의 통일성을 갖고 있지 않다, 점차 뿔뿔이 흩어져 제멋대로 하고 있다, 그러나 그 혼란을 통하여 밑바닥에 새로운 정신이 움직이고 있음을 듀이는 민감하게 간파하였던 것입니다. 특히 5·4학생운동을 자신의 눈으로 보고 그는 그것을 깨달았던 것입니다.

이 5·4운동을 설명하겠습니다. 일본은 1차 대전 중에 매우 가혹한 조약, 즉 일본이 중국을 독점적으로 식민지화한다는 가혹한 조약을 당시의 군벌정부에게 승인하도록 강제하고 무력으로 압박하였습니다. 최후통첩을 들이대서 전쟁에 호소하겠다고 협박하였습니다. 이것이 유명한 21개조입니다. 이 일이 일어난 것은 1915년입니다. 그때부터 조약에 반대하는 운동이 중국에서 일어납니다. 학생들 사이에서 시작된 운동은 점차 국민적 규모로 확대되어 4년 후인 1919년에 폭발한 것입니다. 그리고 정부를 굴복시켰습니다. 당시 1차 대전의 처리를 둘러싸고 베르사유에서 회의가 열리고 있었습니다. 중국의 전권 대표단도 가서 크게 활약합니다만 일본 및 열강 간에 협상이 끝나고 중국의 요구가 받아들여지지 않습니다. 그 때문에 중국대표단은 탈퇴한 것입니다. 베르사유 회의에서의 탈퇴, 평화조약의 조인 거부, 그로 인한 외교 책임자의 처벌, 이것이 5·4운동의 주된 요구인데 그것이 받아들여졌습니다. 그렇기 때문에 5·4운동이라는 것은 중국의 민중운동이 최초로 승리한 기념비적인 사건이라는 식으로 그후 역사적인 평가를 받게 됩니다.

그 5·4운동에서 학생이 데모행진에 임하면서 모두 주머니에 세면도구를 지참하고 있었다는 사실에 듀이는 매우 감동하고 있습니다. 체포를 각오하고 있다는 것입니다. 이것이야말로 중국에서의 새로운 정신, 새로운 근대의 발아라는 식으로 평가하고 있습니다.

국제적으로 당시의 중국은 구제할 수 없는 혼란상태이며 그대로 해체되어버린다는 식으로 알려졌습니다. 그 속에서 학생이 몸을 던져 자국의 운명을 짊어지고 일어섰습니다. 이 청년의 원기, 그런 것을 통하여 듀이는 중국문명의 표면상의 혼란 밑에 저류하고 있는 본질을 통찰하였습니다. 장차 세계에서 발언권을 갖게 되리라고 예견하였습니다. 일본은 겉으로는 진보하고 있지만 부서지기 쉽다, 언제 붕괴될지 모른다, 중국의 근대화는 대단히 자발적으로, 즉 자기 자신의 요구로서 나온 것이기 때문에 강고한 것이라는 점을 당시에 말했습니다. 1919년에 그러한 통찰을 했다는 점이 훌륭하다고 저는 생각합니다. 저 같은 사람은 일본인으로서 중국문화를 연구하고 있으면서도 1945년까지는 그러한 분명한 통찰을 하지 못했습니다. 이러한 통찰에 저 같은 사람은 이르지 못했다고 생각합니다. 듀이는 대학자이기 때문에 저를 그분과 비교하는 것은 무리인지 모르지만 그러나 그러한 점에서부터 더욱 일본과 중국을 대비하여 생각하지 않으면 안된다는 것을 점점 강하게 느끼게 된 것입니다.

이 문제는 듀이에 한정되지 않고 그밖의 많은 사람들에 의해서 다루어지고 있습니다. 예를 들면 러쎌이라는 영국 철학자가 거의 같은 무렵 중국을 여행하고서 『중국의 문제』(*Problems of China*)라는 책을 썼습니다. 이 책에도 꽤 상세하게 일본과 중국의 비교가 나와 있고 거의 같은 의견입니다. 영국이든 미국이든 결국 구미에서는 일본과 중국의 위치를 겉보기에 일본 쪽이 국세(國勢)가 융성하고 세계 3대국이라고 뽐내고 있던 시기조차 중국 쪽에 장래의 희망이 있다고 내다보았다는 점을 인정하지 않을 수 없으며 또 사실 그대로 되었습니다. 나도 일본인이기 때문에 사실 아쉽지만 이것을 인정할 수밖에 없습니다.

그래서 저는 근대화의 두 유형을 생각해냈을 때, 지금까지처럼 일본의 근대화라는 것을 언제나 서구 선진국과의 비교만으로 고찰하는 것은 곤란하지 않은가 하고 생각했습니다. 학자가 그러할 뿐만 아니라 일반 국민도 그런 실정입니다. 정치가도 재계인(財界人)도 전부 그런 모습이어서 정치제도라면 영국이 어떻다, 예술이라면 프랑스가 어떻다는 식으로 곧바로 비교합니다. 그러한 단순비교로는 안됩니다. 자신의 위치를 분명하게 파악하는 데 충분하지 않습니다. 적어도 중국이나 인도 같은, 일본과 다른 길을 걸은 별개의 유형을 가지고 와서 3각 다리를 세워 상호비교하지 않으면 안될 것이라는 것을 당시부터 생각하고 있었습니다.

이것은 저뿐만 아니라 가령 츠루미 카즈꼬(鶴見和子)씨도 말하고 있습니다. 츠루미씨가 편집한 『듀이 연구』라는 책이 나와 있습니다. 저도 그 중에 「후 스와 듀이」라는 한 항목을 썼습니다. 츠루미씨는 「듀이와 일본」이라는 항목을 썼는데 거기서도 그러한 것을 말한 듯싶습니다. 그후에도 『펄 벅』이라는 책을 썼습니다. 이와나미신서(岩波新書)에 들어 있지요. 펄 벅이라는 사람은 중국에서 출생하여 중국에서 자랐습니다. 그러나 국적은 미국입니다. 그렇기 때문에 펄 벅은 중국과 미국을 양쪽으로 보고 있습니다. 츠루미씨는 미국에서 교육받은 일본인으로서 펄 벅을 다루는 데 있어 일본·중국·미국이라는 3각 다리로 현재의 문제를 고찰하려는, 이러한 방법이 중요하지 않은가 하는 것을 이 책에서 제창하고 있습니다. 저는 그러한 방법에 동감합니다. 미국이라도 좋고 서유럽이라 해도 좋습니다. 이것은 근대화의 선진국으로서 역시 중요합니다. 이것을 빼고서는 안되지만 그것만으로는 안됩니다. 중국을 연구하는 경우에도 서구 대 중국이라는 형식만으로는 안됩니다. 단순한 두개의 대립이 아니라 좀더 복잡한 틀로 사고하는 것이 좋을 것이라는 점이 당시 떠올랐습니다.

일본과 중국의 유형 차이라는 것은 제가 좀더 연구를 쌓으면 생각해 낼 수 있겠고 더 나아가 좀더 자신의 생각을 정리하고 또 재료를 모아 하나의 체계를 세울 수 있으리라 기대했지만, 게을러서 아직 거기까지 공부하지는 못했습니다. 오늘의 곤란한 국제적 위치에 있어, 또 일본의 문화·학문에 관해서도 앞으로 어떻게 하면 좋은가, 여러가지 문제가 있으리라고 생각하는데 그 경우에 역시 지금까지의 잘못된 점, 즉 단순화에 의해 굴절되어 있는 점을 바로잡고 싶습니다. 중국에 대해서도 한층 더 알지 않으면 안되겠지만, 그러나 중국에 대해서 안다는 것은 중국만을 공부해서는 알 수 없습니다. 커다란 틀 속에서 공부한다면 몰라도 한 사람이 전부를 공부할 수는 없습니다. 거기에 당연히 협력이 필요하게 됩니다. 그런데 이 협력관계를 만든다는 것이 실로 의도한 대로 되지 않는 것입니다. 제도상·의식상 아시아 연구가 소홀히 되고 있습니다.

제도상의 난점에 관해 하나만 실례를 들어 말씀드리겠습니다. 오늘날 일본에는 대학이 많이 있습니다. 수백개나 됩니다. 그런데 중국어를 가르치는 곳은 소수입니다. 저는 지금 도립대학(都立大學)에 재직하고 있는데 거기서도 가르치고 있습니다. 그렇지만 조선어를 가르치는 대학은 일본 어디에도 없습니다. 겨우 텐리대학(天理大學)뿐입니다. 텐리대학은 종교의 필요상 가르치고 있습니다. 전전에는 토오꾜오대학에서도 조선어를 가르친 적이 있지만, 전후에는 없어졌습니다. 일본으로부터 말해 가장 가까운 외국인 조선의 사정을 우리는 실로 알지 못합니다. 알지 못할 뿐만 아니라 알려고 하지 않습니다. 조선어를 가르치는 대학이 없다는 것은 그 반증입니다. 실로 불가사의한 현상이라고 생각합니다. 제일 가까운 외국의 언어를 대학에서 가르치지 않습니다. 이러한 나라는 일일이 조사해보지는 않았지만 일본 이외에는 없을 것이라는 생각이 듭니다.

중국에서는 최근 들어 동양어를 상당히 가르치고 있습니다만 일본에서는 조선어를 가르치지 않습니다. 조선어뿐만 아니라 러시아어를 가르치는 대학도 손꼽을 정도밖에 없습니다. 러시아문학 강좌가 있는 곳은 외국어 대학을 빼면 홋까이도오대학(北海道大學)과 와세다대학(早稻田大學) 정도일 겁니다. 그런데 영어는 모든 대학에서 가르치고 있습니다. 영어는 전후에 무섭게 보급되었습니다. 첫째 영·독·불이라는 전문영역이 구성되었는데 이것은 처음부터 비정상이었습니다. 메이지 초년의 영학·독학·불학의 전통이 있었는데 거기에서 전혀 달라지지 않았습니다. 영문학·독문학·불문학 그런 것을 각기 개별적으로 가르치고 문학부라는 것이 전부 거기에 집중하고 있다는 것은 실로 이상한 일이라 생각합니다.

그러한 대학의 상태, 그 속에 있는 사람이 개혁하자고 말해도 움직여지지 않으니 개혁이 안됩니다. 그리하여 동양어를 가르치는 대학이 없을 뿐만 아니라 유럽어 중에서도 서양 3개국어를 제외하고는 거의 가르치지 않습니다. 동유럽어를 가르치는 사람은 극히 적지요. 이러한 상태는 정말 이상합니다. 듀이가 이런 현상을 본다면 실로 몹시 이상하고 잘못되었다고 생각할 일입니다.

대학제도나 학문연구의 체제에서 볼 때 그러한 이상스러운 일이 많습니다. 그것을 고쳐나가려면 어떻게 해야 좋은가? 이대로 나가면 장래를 그르칠 것입니다. 실제로 1945년에 나라를 그르친 결과가 나왔고 거기서 반성해야 할 것을 조금도 반성하지 않았고 또 전과 똑같이 하려는 풍조가 강화되고 있는 것은 불미스러운 일이라고 생각합니다. 이것은 학문의 내용에도 관련되어 있으며 우리의 학문태도에도 관련된다고 생각합니다.

II

저의 미흡한 문제제기에 대하여 많은 분들께서 여러가지 의견을 제출해주셔서 문제 자체가 심화되었다고 생각합니다. 질문에 답하는 형태로 제 생각을 보충해드리겠습니다.

조금 전에 듀이와 러쎌에 관해 말씀드렸는데 또 하나 제 생각의 재료가 된 것이 있습니다 그것은 타고르입니다. 타고르는 세 차례 일본에 왔었지요. 1916년, 1924년, 1929년입니다. 역시 일본에서 강연을 하였고 그것이 책으로 나와 있습니다. 이 타고르는 중국에도 갔었습니다. 그리고 실제로 타고르는 중국에 영향을 끼치고 있습니다. 타고르의 영향을 받은 문학가는 많습니다. 일본에는 없지만요. 만일 있다면 노구찌 요네지로오(野口米次郎)이겠지요. 영향이라기보다도 노구찌라는 사람은 전쟁 중에 타고르를 비판했습니다. 타고르는 동아에 대한 일본의 사명을 이해하지 못한다고 비난하여 논쟁을 일으킨 사람입니다. 타고르도 일본에서 대단히 환영받았는데 누가 환영했는가 하면 스님들이지요. 훌륭한 스님이나 종교학자이지 민중과는 무관합니다. 이것은 듀이의 경우에도 약간 그런 경향이 있습

82

니다. 훌륭한 학자라든지 실업가가 환영했지요. 상층의 사람들이 환영했습니다. 타고르도 그렇습니다. 중국에서는 민중의 대변자인 문학자가 타고르를 많이 소개하였고 또 타고르와 동일한 성질의 문제를 제기하였습니다. 타고르라는 사람은 일본에서 어떻게 취급되었는가 하면, 저 사람은 인도라는 망국의 시인이다, 망국의 노래를 부르는 시인이다, 라는 식으로 이해되고 있었습니다. 이와 달리 중국에서는 그가 민족해방운동의 전사로 받아들여졌습니다. 이 평가의 차이에 문제가 있습니다. 중국에서는 최근에 왔던 꿔 모뤄(郭沫若)라는 사람, 그다음에 쉬 즈모(徐志摩), 시에 뼁신(謝冰心) 등 각기 경향이 다른 사람들이 모두 타고르를 좋아하고 있습니다. 그후 중국의 가장 유력한 문학잡지가 타고르 특집호를 내었습니다. 거기에는 같은 피압박 처지에 있는, 식민지화되고 있는 사람들로서 반항이라는 공감이 있습니다. 타고르는 겉으로는 연약한 형태로밖에 말하고 있지 않지만 속으로는 대단히 강한 분노를 담고 있습니다. 사회나 세계의 부정(不正)에 대한 분노가 대단히 강하게 담겨 있습니다. 그것을 중국이라면 받아들입니다. 일본에서는 받아들이지 않습니다. 당시에는 망국의 시인, 약자의 넋두리라는 식으로 취급할 뿐이었습니다.

타고르는 일본이 무력에만 의존하여 서방의 근대화를 흉내내고 힘으로 이웃나라를 해치우려고 해서는 안된다고 일본인에게 충고하였습니다. 그런데 일본의 신문은 약소국 시인의 넋두리라고 비평하였다고 그 스스로 쓰고 있습니다. 중국은 그를 그렇게 취급하지 않고, 같은 내용을 담고 있는 분노의 표현이라고 받아들였습니다. 그 차이는 역시 일본과 중국의 근본적인 차이를 드러내고 있는 것이 아닐까요.

최근 일본어로 된 타고르 전집이 간행 중에 있습니다. 이것은 영어판을 번역한 것입니다. 벵갈어를 아는 사람이 일본에는 없어서 그렇지요. 타고르는 벵갈어와 영어로 썼지요. 타고르 100년제가 내년인가 내후년인가일 겁니다. 그것을 목표로 일본에서도 기념회가 만들어졌습니다. 타고르 관

계의 모임은 원래부터 몇개인가 있었습니다. 불교 쪽에 있고, 그다음에 미술가 쪽에 있지요. 요꼬야마 타이깐(橫山大觀) 등의 계통에서 나온 것입니다. 정치가 쪽에서는 코오라 토미(高良とみ)씨 등이 하고 있지요. 이러한 분야의 사람들이 함께 모여 100년제를 준비하고 있을 겁니다. 그것은 그런대로 괜찮은데 다만 타고르를 통한 일본과 중국의 비교라는 것은, 이것은 듀이나 러쎌의 경우도 마찬가지입니다만, 그와 같은 문제에 대한 관심은 아직도 넓어지고 있다고는 말할 수 없습니다.

다음에 문화의 내재적 발전[內發]과 외부의 자극으로 인한 발전[外發]이라는 것, 문화형성의 원리로서의 민중, 그리고 지식인의 역할과의 관계에 대하여 보충하겠습니다. 문화의 기초가 민중에게 있다는 것과 내발·외발의 문제는 곧바로 일치하는지 어떤지 모르겠지만 관련이 있다는 것은 확실합니다. 문화라는 것을 총체로서 조망하고, 역사가 있는 시점에서의 문화가 어떤 성질을 갖고 있는가라고 할 때 근원적으로는 민중에 의해 규정되고 있다, 원리적으로는 이 설에 찬성하지요. 물질을 만드는 생활로부터 나오는 이외에 문화의 근거는 없다, 문화에 물질과 정신의 양면이 있다 하더라도 역시 인간의 생산활동 이외에 궁극의 근원은 없을 것으로 생각합니다. 그러므로 그 점은 민중이라는, 생산에 직접 참여하는 인간 이외에 근원은 없는 것인데, 그것을 유지한다든가 높인다고 하는 역할은 전문적인 각각의 문화 담당자가 맡습니다. 이른바 지식인입니다. 그것이 어떤 인간으로부터 나오는가 하는 것은 각각의 시대에 따라 다릅니다. 완전히 민중으로부터 떨어져버리면 유리된 문화가 됩니다. 그러나 민중 그 자체는 노동하느라 바쁘기 때문에 그러한 전문적 업무를 담당할 수 없다, 그래서 민중과 문화전문 담당자 사이의 관계가 나오는 겁니다. 이것은 어떤 시대에도 나옵니다.

방금 제가 말한 내발·외발은 이같은 문화의 원천이 어디에 있는가라는 문제를 일단 접어두고 메이지 이후 일본 근대화의 과정을 총체로서 다룬 것입니다. 메이지 이후의 일본은 서양문화를 받아들여 근대화하였다고 일컬어지는데, 이것 자체는 올바르다고 생각합니다. 그것을 받아들이는 방법이 피부의 표면에 그치고 있다, 기술을 받아들인다고 해도 완성된 것으로서 받아들이고 기술을 만들어내는 과학의 정신이라는 것을 파악하지 않는다는 것입니다. 그리고 많은 사람이 이것을 지적하고 있지만 단지 지적에 그칠 뿐 모델로서 뽑아내지 않는다는 것입니다. 일본 근대화의 원점을 만약 메이지유신으로 잡는다면 1868년이지요. 중국의 근대화는 언제부터인가 하면 여러가지 설이 있지만 가령 5·4운동이라고 한다면 1919년이지요. 50년의 차이가 있습니다. 일본이 훨씬 빠르고 중국은 훨씬 늦습니다. 왜 시기가 다른가 하는 것이 하나의 문제입니다. 이것은 일본 쪽이 적응성을 갖고 있다는 식으로 설명할 수 있습니다. 봉건제를 해체하여 근대국가를 만드는, 근대문화를 받아들이는 것에 일찍 성공한 것이다, 인도나 중국은 그렇지 않아서 식민지화된다, 이것이 하나이지요. 그러나 동시에 다른 문제가 있어요. 그 뒤에 나오는 근대화의 질입니다. 일본의 경우에서 보면 서양문명이 설탕처럼 겉을 감싸고 있습니다. 중국은 그렇지 않아서 듀이의 생각에 따르면 원래의 중국적인 것은 매우 강고하여 붕괴하지 않는다. 그렇기 때문에 근대화에 즉시 적응할 수 없다. 그런데 그것이 일단 들어오면 구조적인 것을 파괴하고 그 속에서 자발적인 힘을 만들어낸다. 거기서 질적인 차이가 생긴다는 것입니다. 표면은 혼란되어 있어도 서양인의 눈으로 본 근대성이라는 점에서는 중국 쪽이 일본보다도 훨씬 본질적이라는 것입니다.

이것은 어려운 문제로서 저도 확신을 갖고 이렇다라고 말할 수 없습니다. 다만 여기서 생각해야 할 문제가 있다는 것을 제시할 뿐입니다. 우리나라가 나쁘다고 하는 것은 아니며 역시 일본인에게는 일본인으로서의 뛰어난 점이 있습니다. 무엇보다 메이지유신과, 그 결과인 메이지 국가가 아시아를 자극한 것은 대단한 일입니다.

이것은 쑨 원(孫文) 같은 사람도 말하고 있습니다. 메이지유신을 모범으로 하여 중국의 개혁운동이 일어난 것입니다. 그렇게 나아간 것은 청일전쟁·러일전쟁 후의 일이긴 합니다만. 러일전쟁이라는 것은, 비록 오늘날에는 부정적으로 평가되고 있습니다만 동양의 규모에서 보면 커다란 사건이라고 생각합니다.

러일전쟁 때 쑨 원은 유럽에 있었는데 전쟁이 끝난 후 중국으로 돌아왔습니다. 귀국 도중 배가 수에즈에 기항하자 하역작업을 하던 아랍인이 배에 올라와서 대화를 나눕니다. "당신은 일본인입니까?" "아니, 그렇지 않습니다." 왜 그런 것을 묻는가 하면 일본이 러일전쟁에서 이겼다, 백인만이 우월하다고 스스로 체념하고 있었다, 유색인은 능력이 없다고 스스로 체념하고 있었는데 일본인이 백인을 전쟁에서 격파했다는 것을 듣고 대단히 기쁘다, 해방의 희망을 갖게 되었다는 얘기를 한 것입니다. 쑨 원 자신이 말하고 있습니다. 그러므로 일본의 근대국가 건설이라는 것은 전쟁에 의해 유효성이 증명된 것이며 그것이 식민지 해방에 있어 대단히 큰 힘이 되고 있는 것 같습니다. 다만 타이쇼오(大正) 이후에는 불미스러워졌습니다. 중국과 일본의 관계에서 보면 2차 대전이 전기입니다. 그 이전은 대체로 목적한 대로 되어갔지만 정확히 그후에는 중국에서 내셔널리즘의 발흥과, 일본이 3대국으로 되어 중국에 대한 침략을 강화하는 것이 교차합니다. 그 전형이 21개조 요구와 그것에 대한 저항운동인 5·4운동입니다.

결국 메이지유신이 하나의 모범이 되어 아시아 근대화를 자극했지만 다른 나라가 메이지유신을 모델로 개혁을 하려고 하여도 목적한 대로 되지 않았던 것입니다. 그래서 다른 모델을 짜내야만 했습니다. 그런데 일본은 자신이 걸어온 길이 유일한 모델이라고 고집하였습니다. 그 때문에 오늘날과 같은 아시아적인 것과 비아시아적인 것의 내부분열을 가져왔다고 생각합니다.

지금 일본은 어떤 점에서는 서양 이상으로 서양적입니다. 그것이 대체로 나쁘다고는 생각하지 않습니다. 그러한 조건이 있었기 때문이지요. 다만 이것이 식민지 경험에서는 과거에 비슷한 예가 많았다는 것이 사실입니다. 식민지시대의 상하이는 서양 이상으로 서양이라는 느낌이 들었지요. 우리나라가 그렇다고 단정하여 말하기 어려운지 모르지만 그 일면이 있다는 것은 느낍니다. 실은 일본이 동양이라는 것, 저는 그렇게 생각하지만, 이것에 대하여 유력한 반대의견이 현재 있습니다. 그 일례를 들어보면 우메사오 타다오(梅棹忠夫)씨입니다. 그는 생태학이라는 특수한 학문의 적용으로부터 나아가는데, 미국을 뺀 구세계를 둘로 나눕니다. 주변과 중앙, 제1지역과 제2지역으로 이름을 붙입니다. 일본과 유럽의 서쪽 끝에 있는 영국·프랑스가 공통성이 있다는 겁니다. 중앙의 대륙은 이것과 전혀 이질적이라는 겁니다. 그는 이 가설을 역사에도 적용하여 독자적인 우메사오설(梅棹說)이라는 것을 이론화하려고 하였는데, 이것은 타당한 점이 있습니다. 확실히 일본이라는 나라는 중국과 매우 다릅니다. 우선 언어의 조직이 다릅니다. 중국어의 어순은 일본어와 다릅니다. 또 생활문화를 보아도 중국인은 의자에 걸터앉습니다. 일본인처럼 다리 개고 앉지 않습니다. 그래서 힘을 쓰는 방식이 다릅니다. 일본인은 끌어당기는 방식이고 중국인은 밀어내는 방식입니다. 톱도 대패도 부엌칼도 그렇게 되어 있습니다.

그런대로 비슷한 것은 피부색과 얼굴일 겁니다. 이것은 몽골 계통이 일본에 들어왔고 남방계도 들어왔기 때문에 피가 섞였으니 얼굴이 비슷할 터인데 사고방식이나 생활풍습은 매우 다릅니다. 그것을 일일이 말하는 것은 무리입니다. 다만 천년의 문화교류가 있었다는 것은 말할 수 있지만 그것을 가지고 곧바로 일본과 중국, 또는 인도까지 뭉뚱그려 유럽에 대항하는 의미로서가 아니라 단일한 문화형태로 묶는 것은 매우 곤란하겠지요. 그래서 저는 우메사오설을 절반 정도 지지합니다.

다음에 전쟁의 문제로 들어가지요. 1945년의 패전이 연구상의 전기가 되었다고 말씀드렸는데, 그것과 일본인 일반의 전쟁의식 또는 패전의식과의 관계에 대해서입니다. 질문에 있었듯이 일본인이 중국인에게 졌다고 실감하지 않는 것은 부정할 수 없다고 생각합니다. 이것은 어째서인가.

일본은 연합국에 대하여 무조건 항복했는데 그때의 연합국은 주로 영·미·소·중이지요. 그중에서 미국에게만 머리를 숙였다는 느낌이 강합니다. 소련도 그렇지만 특히 중국에 대해서는 졌다는 실감이 극히 적지요. 그것은 어디에서 나오는가, 여러가지 복잡한 이유가 있겠지요. 주로 미국이 점령했다는 탓도 있습니다만 또 하나 중국에 대한 모멸감이 있을 겁니다. 지지는 않았다고 생각합니다. 무력적으로는 확실히 그렇습니다. 쌍방의 군사력을 비교하면 일본이 훨씬 강합니다. 미국은 압도적인 군사력이 있었기 때문에 미국에 졌다는 것은 납득합니다. 그렇기 때문에 죽창으로는 곤란했다라는 반성은 할 수 있겠지요. 그렇다면 정신력은 어떠한가, 전쟁 중에는 정신력으로 이긴다고 말하면서 지고 나면 한번에 뒤집어 물질력만으로 생각하는 것은 좋지 않은 것이 아닌가, 오히려 오늘이야말로 그때의 정신력설을 부활시켜야 하지 않는가 하고 생각합니다.

중국의 경우에 대해서 말하면 정신력으로 승리했다, 즉 일본보다 뛰어난 이론이 있었다, 그것은 전후에 입증되고 있습니다. 마오 쩌뚱의 『지구전론(持久戰論)』이라는 책을 보면 알 수 있습니다. 이것은 1938년에 강연한 내용인데 세계적 규모에서의 전쟁의 장래에 대한 통찰이 씌어 있습니다. 당시는 공산당과 국민당의 연합전선 상태였기 때문에 전체를 묶어서 중국의 입장을 설명하고 있는데, 전쟁에서 중국은 승리한다고 씌어 있습니다. 국제적으로도 유리하지만 설사 조건이 불리하여도 독자의 힘으로 승리할 수 있다는 것이 이론적으로 씌어 있습니다. 공산주의 이론을 인정하지 않기 때문에 그 이론을 인정할 수 없다고 하는 것은 있을 수 없습니다. 오늘날에는 역사사실이 그 예견의 정확함을 증명하고 있기 때문에 공산주의를 떠나서도 읽을 가치가 있습니다. 일본에는 전쟁에서 승리한다는 이론적 예견이 없었습니다. 진다는 것을 염두에 두는 것을 회피하고

88

있었지요. 일본의 전쟁이론은 모두 패배란 있을 수 없다는 독단에서 출발하고 있습니다. 그것이 뒤로 갈수록 강해집니다. 전쟁이라는 것은 이기는 수도 있지만 지는 수도 있습니다. 진다는 생각을 회피한다면 이미 거기서 지는 것입니다. 이론적인 해결을 하지 않기 때문이지요. 중국에 대해서는 진 적이 없다는 기분은 여러가지 전통으로부터 나오는 원인이 있겠지만 그것 자체가 왜 졌는가라는 것을 거꾸로 설명하고 있다고 생각합니다. 오늘부터라도 좋으니 전쟁에 대한 관점을 바꾸어가지 않으면 안되겠지요.

일본으로부터 수백만의 군대가 갔지만——저도 군대를 경험하였지요——이 사람들이 무엇을 보았는가 하면 아무것도 보지 못했어요. 인간의 관찰능력이란 것은 대단히 믿을 수 없는 것이라고 생각합니다. 자신 쪽에 문제의식이 없으니 갔더라도 아무것도 보이는 것이 없어요. 아무리 많은 사람이 갔더라도 중국의 사정을 알지 못합니다. 전후에도 꽤 많이 가고 있지요. 그 사람들은——험담하려는 것은 아니지만——우선 아무것도 보지 못한 사람들이 대부분이지 않을까 싶습니다. 대접을 받고 기분이 좋아졌는지 모르지만 그것으론 중국을 보았다고 말할 수 없습니다. 왜 볼 수 없었는가 하면 자신에게 문제의식이 없었기 때문입니다. 군대는 그렇다 치고 정치가가 이래서는 곤란합니다. 중국전문 연구자로서 우리가 그러한 국민심리를 변화시키지 못한 점에서 역부족을 느낍니다.

또 하나 중국인의 일본관입니다. 이것은 여러가지로 말할 수 있는데, 일본인은 군대뿐만 아니라 일반시민이 군대란 이름 아래 난폭한 행동을 벌였다는 사실에 깊은 증오를 갖고 있다고 생각합니다. 우리라 해도 자신의 육친이 살해된다든지, 살해까지는 아니더라도 집이 불태우는 등 난폭을 당하는 지경에 이르면 쓰라린 생각이 그렇게 빨리 해결될 리는 없습니다. 상대의 심리를 미루어 헤아리면 이제는 정치적인 의도에서 증오가 있을 수 없다거나 일본의 인민에게는 죄가 있을 수 없다고 말해도 마음의 밑바닥에는 역시 일본인을 원망한다고 생각합니다.

이 원망은 10년이나 20년으로 해소될 수 없다고 생각합니다. 한 세대만에 해결되기는 어렵고 100년이 걸릴지도 모릅니다. 물론 지금과 같은 국교 상태에서는 점점 증오심이 강화될지도 모릅니다. 일본인 한 사람이 나쁘다고 본다면 피해를 당한 사람이 일본인 자체를 원망하는 것은 당연하겠지요.

그래서 속죄감이 문제로 되었는데 그것이 엷어지고 있습니다. 엷어지게 하려는 의식적·무의식적 움직임이 있는 것입니다. 중국에 대해서도 그렇지만 조선에 대해서는 특히 그렇지요. 한국과의 국교가 목적한 대로 되지 않은 것은 이승만 대통령이 물정을 모르는 사람인지도 모르지만 그것 때문이라고만 한다면 무리입니다. 10년, 20년이 걸려도 어려울지 모릅니다. 그렇더라도 노력은 해야 합니다. 그렇지 않으면 수치를 알지 못합니다. 민족이 수치를 알지 못하기 때문에 세계에서 (자신을) 세우지 못합니다. 다행히 미국과는 국교가 의도한 대로 되었지요. 이것은 다행이라 하더라도 미국과만 잘되고 다른 연합국과 강화할 수 없다고 하는 것은 전쟁의 처리가 불가능하다는 것입니다. 중국과의 전쟁이 계속되고 있는 것입니다. 소련과는 일단 공동선언을 발표하면서 전쟁을 종결했지만 중국과는 아직 전쟁상태가 계속되고 있습니다. 더구나 우리는 그것을 일상적으로 느끼지 못합니다. 느끼지 못할 뿐만 아니라 대만의 장 제스 정권과 강화하였으니 그것으로 좋은 게 아닌가 하는 생각이 있습니다. 이것은 본말전도입니다. 대만과의 강화에 의해 거꾸로 대륙과의 강화가 방해받은 것입니다. 쌘프란시스코 평화회의 때에 중국의 어느 쪽 정권을 선택할 것인가는 일본의 선택에 맡겨졌기 때문에 일부러 대만을 선택해버린 것입니다. 이것이 최대의 화근인 것입니다. 보류되었다면 좋았을 것입니다. 한국전쟁이 끝나고 세계가 평화롭게 되었을 때 다시 선택한다는 식으로 강화대상의 선택을 보류하면 좋았을 터이나 그것이 불가능했습니다.

그러한 정치상의 문제도 있어서 의도한 대로 되지는 않았지만 정치는 사람의 힘으로 움직여지는 것이기 때문에 국민이 일본의 입장을 잘 생각하여 노력하는 이외에 다른 방법이 없습니다. 그래도 여전히 한편으론 민족감정에서의 응어리가 남는다고 생각하지만요. 그것을 급하게 변화시켜 갈 수는 없습니다.

　마지막으로 큰 문제에 대해 답하지 않으면 안됩니다. 일본의 근대화의 요점은 서구 그대로의 모델이 밖으로부터 도입되었다는 것입니다. 그런데 중국에서는 민족적인 것을 중심으로 하여 안에서부터 강하게 제기해왔어요. 거기에 근대화가 순수하게 될 수 있는 요점이 있지요. 그것은 문화의 유형뿐만 아니라 인간의 유형이라 해도 마찬가지라고 할 수 있어요. 그것으로부터 교육의 문제에 관해 유력한 의견이 하나 나왔습니다.

　그것은 뭔가 하면 전후 일본의 교육은 민주주의 이름으로 미국의 교육제도가 밖으로부터 도입되었다, 민주주의제도 자체가 그렇지만 교육도 그 때문에 부적합한 부분을 만들어내어 여러가지 파탄을 보이고 있다, 도대체 서구적인 개인주의를 전제로 한 민주주의의 원칙을 도입한 것이 유리한 책략이었는가 어떤가, 오히려 서구적인 것의 발자국을 찍지 말고 아시아적인 원리를 기초에 두어야 하는 것이 아닌가? 이런 의견입니다.

　지금 제기된 문제는 커다랗고, 바로 저의 문제 그 자체입니다. 다만 저는 위 의견과는 약간 다른 생각을 갖고 있습니다. 인간유형으로서 저는 차별을 인정하지 않습니다. 인간은 전부 똑같다고 하는 전제에 서고 싶습니다. 피부색이 다르다든가, 얼굴이 다르다든가 하는 차이는 있을 수 있어도 인간의 내용은 공통이며 역사성에 있어서도 인간은 등질이라는 식으로 생각하고 싶습니다. 그렇다면 근대사회라는 것은 세계에 공통으로 있고 그것이 등질의 인간유형을 만들어낸다는 것을 인정해야 합니다. 동시에 문화가치도 등질입니다. 다만 문화가치는 허공에 떠 있는 것이 아니라 인간 속에 침투함으로써 현실성을 가질 수 있지요. 그런데 자유라든가 평등이라든가 하는 문화가치가 서구로부터 침투하는 과정에서 타고르가 말한 바와 같이 무력을 수반하여——맑스주의에서 말한다면 제국주의입니다만——그러한 식민지 침략에 의해 지탱되었다, 그렇기 때문에 가치 전체가 약해지고 있다고 하는 데에 문제가 있다고 생각합니다. 예를 들어 평등이라고 하더라도 유럽 속에서는 평등인지 모르지만 아시아나 아프리카의 식민지 착취를 인정한 위에서의 평등이라면 전인류적으로 관철되지 않는다, 그러면 그것을 어떻게 관철시킬 것인가 할 때에 유럽의 힘으로는 아무래도 한계가 있다는 점을 느끼고 있는 것이 아시아라고 생각합니다. 동양의 시인은 그것을 직관적으로 생각하고 있습니다. 타고르든 루 쉰(魯迅)이든 그것을 전인류적으로 관철하는 것이야말로 자신들이라고 생각하고 있습니다. 서양이 동양을 침략한다, 그것에 대한 저항이 일어난다, 이런 관계로(도전과 응전을 말함: 옮긴이) 세계가 균질화한다고 생각하는 것이 지금 유행하는 토인비 같은 사람의 생각입니다만, 여기에도 역시 서양적인 한계가 있어요. 현대의 아시아인이 생각하고 있는 것은 그게 아니라 서구적인 우월한 문화가치를 더욱 대규모적으로 실현하기 위해 서양을 한 번 더 동양에 의해 되감싸안아, 거꾸로 서양 자신을 이쪽으로부터 변혁한다는 이 문화적인 되감기, 또는 가치상의 되감기에 의해 보편성을 만들어냅니다. 동양의 힘이 서양이 만들어낸 보편적인 가치를 더욱 높이기 위해 서양을 변혁한다, 이것이 동양 대 서양의 오늘의 문제점으로 되고 있습니다. 이것은 정치상의 문제인 동시에 문화상의 문제이지요. 일본인도 그러한 구상을 갖지 않으면 안됩니다.

그 되감기를 할 때 자기 속에 독자적인 것이 있지 않으면 안됩니다. 그것은 무엇인가 묻는다면 아마도 그런 것이 실체로서 존재하지는 않을 거라고 생각합니다. 그러나 방법으로서는, 즉 주체형성의 과정으로서는 있을 수 있는 것이 아닌가 생각하기 때문에 '방법으로서의 아시아'라는 제목을 붙였지만 그것을 명확하게 규정하는 것은 저로서도 불가능합니다.

유용태 옮김

92

자본주의 세계체제의 역사와 동–동남아시아의 역사*

사또시 이께다

　이 글은 자본주의 세계체제의 형성과 아시아 지역과의 관계를 검토함으로써 자본주의 세계체제의 역사적 변형과정에 대한 새로운 시각을 제시하고자 한다. 자본주의 세계체제 이전부터 존재해왔던 아시아의 지역적 네트워크 또는 지역권이 자본주의 세계체제의 생성과 변화에 중요한 역할을 수행해왔다는 연구결과가 지난 수년간 나오고 있다. 이러한 주장들에 의하면, 아시아 지역의 역동성은 이 지역이 서구에 의해 '통합'된 이후에도 계속되고 있으며, 이러한 지역적 역동성을 이해함으로써 작게는 이 지역에 속한 각 국가들의 역사를, 크게는 자본주의 세계체제의 역사를 이해하는 데 무척 중요한 일이 된다는 것이다. 이 글은 먼저 하마시따 타께시(浜下武志)와 카와까쯔 헤이따(川勝平大)의 글을 통해 위의 연구 내용들을 소개, 검토하고 이에 대한 반응이 세계체제 연구의 견해로부터 어떻게 나오고 있는지를 설명하고자 한다.

---

* Satoshi Ikeda. 출전: "The History of the Capitalist World-System vs. the History of East-Southeast Asia," *Review* 1, Winter 1996, 49~77면.

1. 두 역사체제의 모태로서 아시아

1981년 월러스틴(Immanuel Wallerstein)의 책(1974)이 일본에서 출판된 이래로 세계체제 시각은 근대일본을 연구하는 많은 역사가들에게 커다란 영향을 주었다. 그 결과 새로운 시각이 나오게 되는데, 즉 근대 아시아의 지역경제는 유럽 중심의 세계체제와 연계를 맺은 결과로서보다 아시아 내부의 역동성의 결과로서 성장하였으며 이러한 현상은 19~20세기까지도 계속된다는 것이다. 여기에서 말하는 '아시아'는 유럽과 러시아를 제외한 유라시아 대륙을 의미한다. 이는 서아시아(이른바 중동지역에 자리잡은 터키, 아랍국가, 이스라엘, 이란, 아프가니스탄), 중앙아시아(구소련의 아시아공화국과 몽고), 남아시아(인도, 스리랑카, 파키스탄, 방글라데시, 네팔, 티베트, 부탄), 동남아시아(미얀마, 인도네시아, 필리핀, 씽가포르, 말레이시아, 브룬디, 태국, 베트남, 라오스, 캄보디아), 동아시아(중국, 남북한, 일본)를 포함한다. 많은 저자들은 '아시아'라는 단어를 아시아의 일부를 지칭하는 데 사용해왔다. 예를 들어 찬후리(Chandhuri, 1978; 1990)가 '아시아'를 말할 때 동아시아가 포함되지 않는 경우가 그것이다. 비록 찬후리 자신의 아시아(남아시아)와 그가 포함시키지 않은 아시아 간에는 보편적인 성격들이 존재하고 있는데도 말이다. 불필요한 혼동을 피하기 위해서도, 그리고 아시아 내부에 어떠한 집중성을 피하기 위해서도 우리가 아시아의 한 부분을 이야기하고 있을 경우 '아시아'의 어떤 부분을 말하고 있는지 구체적으로 지적할 필요가 있다. 이 글의 어떤 부분에서는 일본을 다른 아시아 국가들과 대조시키고 있는데, 이때 '아시아'는 일본을 포함하지 않는다.

아시아의 내적 역학을 중요시하는 연구자들은 하나의 국가나 국가경제를 분석단위로 하는 발전론자 모델을 거부한다는 점에서 세계체제의 기본시각과 일치한다. 그러나 동시에 이들은 세계체제 시각이 내포하고 있는 유럽 중심적 편견에 도전장을 던지고 있다. 소(So, 1984)와 몰더(Moulder, 1977)의 글에 나타나는 것같이, 팽창하는 유럽 세계체제가 아시아를 일방적으로 통합·흡수하는 것이 아니라, 자율적인 두개의 역사 진행의 만남으로 해석되어야 한다는 것이다. 유럽 세계체제의 형성 이전부터 오늘에 이르기까지 (그리고 아마도 자본주의 세계체제를 훨씬 넘어서는 시기에 이르기까지) 아시아 지역의 역사가 연속적으로 진행되어왔음을 인정한다는 것은 유럽 중심적 시각에 대한 도전일 뿐만 아니라, 세계체제적 시각을 진정한 전지구적 시각으로 심화시킬 수 있는 기회를 제공해준다. 또한 이러한 견해는 비유럽지역의 역사진행을 세계체제를 변형시키는 중요한 요소로서 긍정적으로 포함할 것이며, 근대사의 이해를 돕기 위해 더욱 풍부하고 지역사적 편견이 제거된 개념과 카테고리를 만들기 위해 다양한 지역의 역사적 경험을 의식적으로 통합해나갈 것이다.

통합을 전후한 시기 아시아 지역의 역사 진행의 중요성을 강조하는 연구자 중 카와까쯔(1983; 1986; 1989; 1991a; 1991b; 1994)의 독특성이 눈에 띄는데, 그는 16세기 유럽 중심적 세계체제의 형성에 대한 월러스틴의 이론에 대해 도전한다. 유럽 자본주의 세계체제 형성을 설명할 때 월러스틴(1974)은 16세기의 '긴' 시간 동안 유럽 내각지역들간에 행해지던 필수품무역에 커다란 중요성을 부여한다. 아시아와의 원거리 사치무역은 이익을 아무리 많이 남겼다 할지라도 16세기 유럽자본 축적의 중요한 근원이 되지 못했으며 따라서 유럽 세계체제를 형성하는 데 중요한 요소로 작용하지 않았다는 것이다. 이러한 월러스틴의 주장과 대조적으로 카와까쯔는 유럽과 아시아와의 원거리무역에서 유럽 세계체제가 형성되는 주요 역동성이 기원한다고 주장한다. 그의 주장을 들어보도록 하자.

카와까쯔는 그의 논지를 "14세기의 위기"(Wallerstein, 1974: 21면; 川勝, 1991b: 118~21면)에서 시작하면서 이것이 사실상 세계적 현상이었음을 보여준다. "14세기의 위기"가 결국 유럽인들——포르투갈과 스페인의 상인·고용인·성직자, 그리고 네덜란드와 영국의 상인·고용인——로 하여금 무역 진로를 아시아에까지 확장하도록 했다는 것이다. 후추·차·커피·설탕·조미료·인도 면화·중국 견·도기·자기 등의 아시아 산품이 수입되면서, 16세기에 이르면 유럽은 물질문화 구조면에서 질적인 변화를 겪게 된다. 아시아의 풍요로운 산품과의 만남은 유럽인들로 하여금 아시아와의 무역 진로를 확보하도록 노력하게 했고, 그다음에는 그러한 물품들을 스스로 자급하기 위해서 새로운 경제영역을 창조해나가기 시작했다.

중국과의 관계라는 측면에서 보면, 16세기 동안 일본은 유럽과 비슷한 상황에 놓여 있었다. 중국 등의 지역에서 생산되는 풍요롭고 우수한 산물들이 은과 교환되어 수입되고 있었다. 따라서 아시아와의 관계라는 면에서 볼 때 유럽과 일본은 16~18세기 동안 같은 형태의 무역구조를 공유하고 있었다. 즉, 유럽과 일본은 면제품·비단·차·설탕을 수입하는 대신 은(또는 화폐로 사용되는 다른 금속들)을 수출하고 있었던 것이다. 화폐 매개의 유출은 일본과 유럽 모두에 문제를 일으킨다(카와까쯔는 이를 자본주의 발전의 문제와 연결시키고 있지 않으나 각국 시장의 발전을 저해했을 가능성이 있다). 그리고 화폐유출 문제에 대한 해결방법으로 수입물품의 자급을 위한 수입 대체를 도모하기 시작한다.

그러나 유럽과 일본은 수입물품의 자급을 이루기 위해서 서로 상반된 길을 택했다. 유럽인들은 노예·귀금속·농산물·산업제품 등의 이동을 내용으로 하는, 대서양에 걸친 자유무역체제, 즉 근대세계체제를 창조해나갔던 데 반하여, 토꾸가와 일본은 국내에서 자급자족을 이루기 위해 쇄국정책을 채택했다. 일본은 자연환경이 다른 아시아 지역들과 비슷하기 때문에 그러한 수입품의 자급을 이루는 데 성공할 수 있었다고 카와까쯔는 설명한다. 바로 이 점에 있어서 아시아는 두 체제, 즉 유럽 세계체제와 일본 토꾸가와 쇄국체제의 모태라고 카와까쯔는 주장하고 있는 것이다.

2. 동-동남아시아의 지역적 세계체제

근대 아시아에 대한 새로운 연구에 또다른 주요한 공훈을 한 사람이 하마시따 타께시(浜下武志: 1985; 1986; 1988; 1989; 1990; 1991a; 1991b; 1994)이다. 그의 수많은 공헌과 도발적인 제안들 가운데서 가장 중요한 것은 한 국가단위의 역사진행과 전지구적 세계체제의 역사진행을 매개하는 지역(region)이나 지대(zone), 즉 분석의 매개층이 존재한다는 것이다(1991b: 25). 이러한 지역은 다양한 국가들과 민족들로 구성된 지역으로서 우리는 그것을 한 국가 내의 지역적 영역과 구분하여 세계영역이라 부를 수 있다. 동-동남아시아의 경우, 중국의 조공무역체제가 이러한 분석의 매개층에 해당한다.

지방·지역·세계체제라는 삼중구조는 어떤 면에서 세계체제 시각이 전개하는 이중구조, 즉 국가 또는 국가경제권의 역사적 진행을 자본주의 세계체제의 역사와 직결시키는 이중구조에 대한 동아시아 역사가의 반응이라고 할 수 있다. 근대 세계역사를 유럽 자본주의 세계체제가 아시아의 각 부분을 점차 통합해나가는 것으로 이해했던 월러스틴과는 달리, 하마시따는 근대 세계역사를 유럽 세계체제를 포함하는 많은 지역체제들 사이의 연결모습이 변화하는 시기로서 개념화하고 있다. 유럽 자본주의 세계체제의 등장 이전에도 다양한 지역적 세계체제가 서로 연계되어 전지구적인 세계체제를 만들고 있었다는 아부-룩호드(Abu-Lughod, 1989)의 의견에 하마시따는 동의한다. 이 지역적 세계체제는 그것이 유럽 세계체제에 노출된 이후에도 계속 존재했으며 근대세계의 '세계성' 또는 '전지구성'은 이러한 지역적 세계체제들간의 무역망이나 연계의 형태로 표출된다고 하마시따는 말한다. 여기서 사용한 '전지구적' 세계체제라는 용어는 이러한 지역적 체제의 총체를 의미한다. 아시아 세계체제, 러시아 세계체제, 유럽 세계체제들은 서로 교섭하면서 '전지구적'인 세계체제를 구성했으며 16세기의 '긴' 기간 동안 진행된 유럽과 아시아의 교섭, 즉 유럽의 '지역적' 세계체제와 다양하고 중첩적인 아시아의 세계체제들 간의 교섭은 이미 존재했던 이러한 교섭의 한 부분으로 인식되어야 한다는 것이다.

여기에서 세계체제라는 용어의 사용을 명확히할 필요가 있다. 하마시따는 지역적 세계체제 대신 지역경제라는 용어를 사용한다. 본인이 굳이 전자(지역적 세계체제)의 용어를 선호하는 이유는 동-동남아시아의 지역경제가 유럽의 세계체제와 몇가지 유사한 점을 가지고 있다는 데 있다. 즉 다양한 정치적 관할 영역이 계층적인 질서로 조직되고 이들간의 인적·물적 유동이 각국의 일상생활과 정치적 지배를 유지하는 데 필수적이고 핵심적인 정도까지 이르고 있는 국제체제의 모습과 유사하다는 것이다. 아시아 지역에서 세계질서는 종종 조공관계의 형태로 나타나는데(重松伸司, 1993) 이는 '동등'한 관계도 포함할 만큼 융통성이 있는 것이었다. 하마시따는 유럽 국제체제의 이념과 실천, 즉 동등한 주권국가간의 조약과 외교행위에 기반한 국제질서가 동아시아의 중국 중심적 세계질서 속에 하나의 범주로 포함되어 있었다고 주장한다(1989: 69면). 아마 아시아의 다른 지역경제권에서도 이와 비슷한 구조를 가지고 있다고 짐작되며 따라서 미래의 연구과제로서 아시아 세계체제의 통치구조, 자본축적, 사회재생산 등 그 '체제성'에 대한 검토가 중요하게 부각되는 이유가 여기에 있다. (그러나 이 경우 유럽 세계체제의 경험에 의해서 설정된 모델 속에 아시아의 경험을 적용시키는 식의 방법은 지양되어야 할 것이다.)

다른 한편 아시아 경제를 지칭하는 데 세계체제라는 용어를 사용하지 않고 그 대신 유럽 세계체제를 경제라는 용어로 사용할 수도 있을 것이다. 그러나 유럽 세계체제는 전지구적 세계체제를 자본주의 세계체제로 변화시킴으로써 인류 근대사에 독특한 발자취를 남겼기 때문에 본인은 유럽경제라는 용어보다 유럽 세계체제라는 표현을 사용하고 싶다.

더욱이 아시아 세계체제들은 지대(zone)의 성격을 띤다는 것에 유의할 필요가 있다. 시게마쯔의 정의에 따르면(重松伸司, 1993: 81면 각주 3), 지역은 영토적으로 닫힌 영역이라는 의미를 갖는 반면에, 지대는 정치·경제·행정적 경계에 의해서 울타리쳐지지 않은 항구도시·섬·바다·육지의 일부를 연결하는 연결지대를 의미한다. 또한 사꾸라이(櫻井由躬雄, 1993)와 사또오(佐藤幸男, 1993)는 아시아 무역세계가 해양무역망 지대였음을 주장하고 있다(하마시따의 동-동남아시아 해양지대에 관한 지도 참조. 1993a: 8면). 그러나 본인은 여전히 지대보다는 지역이라는 용어를 사용하고자 한다. 그 이유는 첫째, 세계체제 연구에서 지대라는 용어는 중심부·반주변·주변 지역으로 구성된 구조를 지칭하는 데 사용하고 있으며, 둘째, 동아시아의 경우 영토성이 다소 명확히 정해져 있었기 때문이다.

하마시따의 삼중구조의 개념을 받아들인다면 지역적 세계체제는 어떻게 설명될 수 있을까? 17~19세기 동안 동-동남아시아에 존재했던 경제권이 지역적 세계체제였음을 어떻게 증명할 수 있을까? 하마시따에 의하면, 한 지역이 상대적으로 자율적인 하부체제로서 전지구적 세계체제 속에 편입될 수 있는 조건으로 화폐와 다른 교환수단의 유통이라는 데서 찾을 수 있다고 말한다. 지역경제의 특징은 금·은·동의 상대가치가 서로 비슷한 비율하에 있다는 것이다(1989: 57면; 1991b: 34면). 17~19세기에 행해지던 중국 조공무역 지대는 "은이 무역결산의 매개체로서 사용되던 통합된 '은지대'를 형성하고 있었다"(1988: 17면). 그리고 18세기 중엽까지 일본은 동-동남아시아와 중앙-남아시아의 일부를 포함하는 이 무역지대에서 두 주요한 은 제공자 중 하나로서 핵심적인 역할을 수행하고 있었다(田代和生, 1976: 238면).

화폐에 의한 경제적 연계 이외에도 지역간 물적·인적 유동을 검토할 필요가 있다. 아시아 세계체제에서 무역과 이민활동에 대한 근대시기를 총괄하는 종합적인 연구는 아직 없지만, 아시아 내부무역의 중요성을 강조하는 글들은 다소 있다. 중국 조공무역 체제인 동-동남아시아의 세계 체제 속에 일본이 참여한 결과 일본과 아시아 사이에 존재하게 된 무역 관계에 대한 최근의 연구들을 살펴보도록 하자.

근대시기 일본과 아시아의 무역관계를 검토하기 이전에 토꾸가와 쇄국에 대한 카와까쯔의 견해와 이와 모순되는 최근의 연구, 즉 일본이 계속해서 중국 조공무역 체제에 참가하고 있었다는 연구에 대해 언급할 필요가 있다. 카와까쯔가 설명하는 쇄국의 모습은 쇄국의 일반적인 모습, 즉 경제적 자급자족이다(1983: 25). 쇄국의 결과 1639년 이후 일본은 무역에 있어서 급격한 감소를 가져왔다고 그는 주장한다(1983: 24~25면). 그러나 그의 이러한 견해는 쇄국하에서도 일본이 계속 아시아 무역세계와 무역관계를 맺고 있었음을 보여주는 최근의 연구들과 모순된다.

쇄국시기 일본의 대외적 관계에 대한 최근 연구에 따르면, 토꾸가와 쇼군은 자신의 통치의 정당성을 보여주기 위해 조선, 류우큐우의 왕들과 외교적 관계를 계속해서 이용하였고(일례로 Toby, 1977; 1984) 대외무역은 감소하지 않았다는 것이다. 근대시기 일본은 중국과 어떠한 공식적인 조공 관계도 맺고 있지 않았지만, 류우큐우, 조선에 대해서는 19세기까지 위성적인 조공관계를 유지하고 있었다(조선의 입장에서 보면 일본은 조공국이었다).

17세기 말에 가면 은의 유출이 멈춘다는 일반적 인식과는 달리 일본의 은 수출, 특히 수출용으로 제조된 은의 유출은 18세기 중엽까지 계속된다(田代, 1976: 238면). 17세기 후반부에 이르면 토꾸가와 정권은 은을 구리로 대체하기 시작하며 18세기 이후가 되면 구리 역시 타와라모노[俵物: 타와라모노는 나가사끼에서 수출하던 해산물 품목(말린 해삼, 말린 전복, 상어 지느러미)을 총칭하는 말이다]로 대체해나간다(山脇悌二郎, 1964: 227~46면). 이렇게 은·동·타와라모노로 이어지는 일본의 수출품목의 변화는 무역 총가치를 유지하기 위한 막부의 노력의 결과이다(田代, 1988: 154면).

이와 비슷하게 견직물의 수입량도 1639년 쇄국 이후 감소하고 있지 않다. 사실 견직물의 수입은 1660년까지 계속 증가하고 있었으며, 1710년대까지도 중국으로부터 높은 수입량을 계속 유지하고 있었다(山脇, 1964: 227~31면). 중국으로부터 견직물의 수입은 수량의 차이를 보이면서 18세기 중엽까지 계속되다가 1770년대 들어 중단된다(永積洋子, 1987: 25면). 조선으로부터의 견직물 수입(고품질의 중국 견)도 대마도의 소가(宗家)를 통해서 18세기 초까지 계속되었고 이 통로를 통한 수입량은 때때로 나가사끼를 통해 들어온 무역량을 초과하기도 했다(田代, 1981: 281~82면). 이 시기 견의 국내 생산은 일반적으로 생각해온 것같이(월러스틴, 1974: 342면) 급속히 증가하고 있지 않다. 일본 견의 품질이 중국 견과 견줄 수 있게 되고(田代, 1991: 154면) 국내의 견 생산량이 현저하게 늘어나는 것은(永積, 1987: 25면) 18세기 후반에 가서야 가능해진다.

18세기에 이르러 일본은 생사를 수입 대체하는 데 성공하지만 그래도 중국과 동남아시아의 견직물은 국내 견직물보다 높은 질 때문에 토꾸가와 말기까지 수입된다(山脇, 1964: 235면). 이와 유사하게 설탕 수입도 국내 설탕 생산이 증가하는 19세기에도 높은 수준을 유지하고 있다(岩生成一, 1966: 412면). 19세기 초까지 일본인들은 설탕 생산기술을 습득하고 있지 못했기 때문에(Daniels, 1991) 일본에서 설탕의 대체수입이 이루어지는 데는 아주 오랜 시간이 걸리게 된다. 19세기 국내 설탕 생산이 증가한 후에도 토꾸가와 정부는 나가사끼를 통해서 중국과 무역을 계속하기 위해서 국내 설탕 생산을 제한하고 있다(高村直助, 1991: 213면).

중국과 네덜란드 상인에 의해서 행해지던 나가사끼 무역 이외에(山脇, 1964; 永積, 1987 참조) 다른 무역통로도 쇄국하에서 계속 열려 있었다. 토꾸가와 정권에 의해 공인된 조선, 류우큐우 통로와 여러 번(藩: 토꾸가와 가문에 속하지 않는 영지)이 이용하던 공인되지 않은 무역통로가 그것이다(武野要子, 1979; 田代, 1981; 上原兼善, 1981). 토꾸가와 정권의 쇄국정책은 잠재적인 반(反)토꾸가와 번(藩)들이 외부무역을 통해서 이익을 얻을 수 있는 기회를 막기 위해 외부와의 무역을 통제하기 위한 방편으로 취해진 정책이라고 위의 연구들은 주장한다. 따라서 쇄국은 아시아 무역세계들로부터 일본경제를 차단하려 했던 정책이 아니었다. 남부의 몇몇번과 중국상인 사이에 비공식적인 무역행위는 계속되었으며 이는 외부무역을 통제하려는 토꾸가와 막부의 노력을 무산시켜버렸다. 토꾸가와 정권의 제재로 일본상인들은 그들의 배로 직접 무역에 참가할 수는 없었지만 수입품의 판매와 수출품의 구매를 통하여 쇄국 후에도 계속 무역에 가담(山脇, 1964: 247~66면)하고 있었다. 따라서 쇄국기간을 통하여 수입 대체가 진척 중이었는데도 모든 공식적·비공식적인 외부무역은 계속되고 있었다는 것은 명백한 사실이다.

이외에도 동-동남아시아의 지역적 세계체제 내에서 무역관계의 연속성과 그 중요성을 지지하는 일본어 출판물이 늘어나고 있다. 이시이(石井米雄)와 사꾸라이(櫻井由躬雄, 1985), 이시이(1991), 카노(加納啓良, 1991), 사꾸라이(1993) 등의 연구는 동남아시아 세계체제가 중국 조공무역 체제하에 있던 남아시아와 서아시아 무역지대와도 연결을 갖고 (혹은 그 일부분을 이루면서) 존재하고 있었음을 시사한다. 미조구찌(溝口雄三, 1993)가 편집한 책의 논문들은 아시아 세계체제 내에서 행해지던 다양한 장소와 사람들간의 상호교류를 밝히고 있다.

카와까쯔는 유럽 세계체제와 아시아의 관계가 일본의 그것과 유사하다는 점을 지적함으로써 이 시기 연구에 중요한 공헌을 하고 있다. 그러나 그의 또다른 주장, 즉 일본이 엄격한 쇄국정책을 통해서 면·견·설탕·차 등의 물품을 자급할 수 있었다고 하는 주장에는 동의하기가 힘들다. 이와 반대로 쇄국 동안 일본은 아시아 무역세계와 계속 접촉을 하고 있었음을 주장하는 하마시따 등의 이론에 동의하고 싶다. 아직 깊은 연구에까지 이르지 않았지만, 토꾸가와 정권의 수입 대체는 일본의 자본주의 발전이라는 맥락 속에서 이해되어야 한다고 생각한다. 이 시기 수입 대체를 이해하는 데 다음의 각 역사적 진행방향들을 통합해볼 필요가 있다. 1) 봉건영주의 소비규모가 쇼군의 요청으로 늘어나는 반면 농지로부터의 수입은 그 보상의 감소로 정체되어 영주들의 재정에서 소비와 수입의 격차가 커진다. 2) 번(藩)의 연간수입을 늘리기 위해 봉건영주들은 수공업과 상업활동을 촉진시켜나간다. 3) 해외에 투자기회가 제한되어 있음에도 상인들은 그들의 활동을 조직하는 데 진전을 보이고 있다. 언제 기회가 있을 때 이러한 문제들을 자세히 토론해보고 싶다.

3. 하마시따의 세가지 전제

전지구적 세계체제, 지역적 세계체제, 국가 또는 국가경제권이 각기 역사적으로 변화하는 모습을 이해하기 위해 제시되었던 삼중구조론과 더불어 하마시따가 남긴 가장 중요한 업적은 동-동남아시아에서 중국 중심의 지역적 세계체제를 확인한 것이다. 하마시따의 주장은 다음의 세가지 전제로 요약될 수 있다(하마시따가 본인만큼 다음의 전제들에 큰 중요성을 부여할지는 확실하지 않다).

1) 유럽 자본주의 세계체제의 형성 이전부터 존재했던 중국 중심의 지역적 세계체제는 근대에도 계속 존재하고 있었으며, 유럽 자본주의 세계체제로 통합된 이후에도 동-동남아시아 지역 내의 관계는 분해되지 않고 유지 또는 확대되었다.

2) 근대 동-동남아시아의 지역적 세계체제를 특징짓는 주요 역동성은 체제 주변국가들에 의한 중국 중심적 질서에 대한 도전에 기인한다.

3) 일본이나 아시아의 신흥공업사회들(NIEs)이 중국 주변부에서 경제적 성

공을 이루었다 하더라도, 장기적인 역사적 안목에서 볼 때 현재나 미래의 동-동남아시아에서 차지하는 중국의 비중은 결코 과소평가할 수 없다. 위의 첫 두 전제는 하마시따의 책 속에서 (전제의 형태로는 아니지만) 직접 거론되고 있는 것이지만 세번째 전제는 1990년 12월 빙햄턴(Binghamton)대학의 페르낭 브로델 쎈터(Fernand Braudel Center)에서 한 그의 강의에서 본인이 추출해낸 것이다.

이상의 세가지 전제들을 자세히 살펴보도록 하자. 하마시따는 동-동남아시아에서 존재했던 지역적 세계체제를 중국 조공무역 체제라고 부른다. 근대에 접어들어 이 체제가 어떻게 기능했고 또 변화했을까? 하마시따(1988: 17면)에 의하면 이 체제가 유지될 수 있었던 관건은 견직물 등 중국물품이 중국 외 지역에서 크게 요구되었고 이로 인해 같은 물품이 중국 내외에서 가격차이를 낳고 있었다는 것이다. 물품의 무역관계와 인적 이동을 기반으로 중국 중심적 정치·군사·외교질서가 존재했음을 주장하면서, 하마시따는 이를 팍스 씨니카(Pax Sinica)라 부르고 있다(1993: 35~36면).

우리가 팍스 씨니카의 존재를 인정할 경우, 서구열강이 이제까지의 정체성을 깨고 아시아에 변화를 가져오게 했다는 일반적인 지역사에 대한 인식, 또는 유럽 자본주의 세계체제가 일방적으로 이 지역을 통합하여 세계체제의 필요에 따라 변형시켜나갔다는 세계체제 시각의 내용과는 상당히 다른 동-동남아시아의 역사를 발견할 수 있다. 하마시따 등이 제시하는 견해는 동-동남아시아 세계체제의 역사적 진행의 연속성을 강조한다. 네덜란드의 동인도회사가 그 전성기(일본이 쇄국한 뒤 바로 수십년)에 일본과의 무역에서 얻는 이익이 아무리 많았다 할지라도(岩生, 1966: 391면), 16~19세기 동안 동아시아 무역에서 유럽이 차지하는 비중은 아시아 내부 간 무역과 비교하면 부수적이고 부차적인 것이었다(永積, 1991: 127면). 따라서 유럽과 아시아의 세력균형은 영국이 유럽으로부터 은과 동의 유출을 제한하고 산업혁명을 통해서 인도 면의 수입 대체를 완수할 때까지 중국의 손안에 있었다고 카와까쯔는 말한다(1991a: 192면; 1991b: 59~60면). 이때까지 유럽은 계속해서 아시아로의 은 유출문제에 직면해야 했으며 또한 아시아로부터 수입되는 물품에 대하여 자신들의 산업을 보호해야만 했다(1983: 23면).

또한 하마시따는 19세기 동안 서양열강과 동-동남아시아의 무역이 증가하고 있었음에도 불구하고 기존의 중국 조공무역 체제와 중국 중심적 질서는 근본적으로 도전받지 않았다고 주장한다(1988: 8면). 19세기 중엽부터 유럽은행들이 동-동남아시아의 재정시장에 진출하기 시작했지만 당시 유럽자본은 오히려 기존의 지역적 재정시장과 연결망을 유지하고 확대해나갔다(1991b: 39면). 더욱이 19세기 동안 늘어나는 동아시아와 유럽/미국과의 무역은 유럽과 미국 상품의 수출증가를 가져오지 않고 아시아 내부간 무역의 증가(동아시아의 남-동남아시아와의 무역을 포함)를 가져왔던 것이다. 이는 유럽과 미국이 견과 차 등의 수입품 값을 지불하기 위해서 다른 아시아 물품을 이용했기 때문이다(1985: 66면). 또한, 동남아시아에 있는 유럽 식민지에서 생산되는 광물과 농산물의 수출은 쌀·설탕 무역 등 아시아 내부무역을 확장시키는 결과를 초래하기도 했다(杉原 薰, 1980; 1985; 1991). 이러한 아시아 지역 내부에서의 쌀 무역은 유럽이 동남아시아를 식민지화한 이후에 일어나는 새로운 현상이 아니다. 중국과 동남아시아의 교류는 근대를 통해 계속되었고 동남아시아에서 중국으로의 쌀의 이동과 중국에서 동남아시아로의 사람들의 이동은 17세기 이후부터 아주 중요한 요소였기 때문이다(Reng, 1993: 107~13면; 菊池道樹, 1993: 241~43면). 더욱이 카노(1991: 53면)의 주장에 의하면 근대화를 전후하여 동남아시아와 다른 아시아 지역과의 무역량은 유럽과 미국의 무역량을 능가하고 있다는 것이다(Latham, 1994 참조).

그러나 이렇게 지속되던 중국 조공무역 체제는 세가지 내적인 발전에 의해 종말을 맞게 되었다고 하마시따는 주장한다. 첫째, 조공국들이 스스로를 중심으로 주장함으로써 중국질서를 거부했다. 둘째, 조공무역의 수익성이 감소하고 사무역의 부피가 증가함에 따라 공식적인 조공무역은 사라지게 되었다. 셋째, 이전의 조공국들이 중국의 영향에서 벗어나기 위해서 서구의 정치외교적 원칙과 방법을 채택하기 시작했다. 중국 자신도 중화주의의 성장과 함께 20세기 초 중국 중심적 질서와 조공관계를 포기하기 시작했던 것이다(浜下, 1989: 58면).

앞서 제시한 하마시따의 두번째 전제는 근대시기 동–동남아시아 지역을 이끌어간 주요 역학문제다. 베트남·조선·일본 등과 같은 주변국들이 중국 조공무역 체제라는 커다란 틀 안에 그들 자신의 또다른 소규모 조공체제를 만듦으로써 중국 중심적 질서를 변화시키려는 기도들이 동–동남아시아의 역사를 움직인 주요동력이었다고 하마시따는 주장한다 (1993b: 35~36면).

예를 들어, 중국 중심적 질서에 대한 도전의 예로서 토꾸가와 쇄국정책의 정치·군사·외교적 측면을 검토하고 있는 최근 연구들이 그것이다(荒野泰典, 1988; 荒野 외, 1992). 이러한 연구들에 의하면, 토꾸가와 정권은 중국 중심적 질서에 도전하여 일본 중심적 질서를 건설코자 하였다는 것이다. 따라서 이들은 일본 중심적 질서의 시작을 토꾸가와 초기로 보고 있다. 그러나 이러한 견해는 토꾸가와 시대 지식인의 세계관을 연구한 미따니(三谷 博, 1993)에 의해 부정된다. 17세기 한국인들이 명을 대체한 청왕조가 원래 북부 이민족이었다는 이유로 스스로를 명왕조의 정당한 후계자라고 주장한 것과는 대조적으로, 근대 초기 일본인들은 여전히 일본이 중국 주변부의 일부라고 믿고 있었다는 것이다. 서구세력, 특히 러시아가 일본 지식인들과 정치인들의 비중이 커져가는 후반기 토꾸가와에 이르러서야 일본인들은 중국 중심의 세계관으로부터 쉽게 떠날 수 있게 된다는 것이다

(鳥井裕美子, 1993 참조).

　초기 토꾸가와 시기에 일본 중심적 질서가 형성되고 있었다는 이론을 부정하는 미따니의 연구는 동-동남아시아 세계체제의 변화와 관련하여 이해할 필요가 있다. 앞서 말한 바와 같이 일본은 쇄국하에서도 중국과 그외 다른 아시아 지역의 무역세계와 계속 무역관계를 유지하고 있었다. 그리고 서구세력에 의해 쇄국정책이 포기되자 일본은 바로 동-동남아시아 방향으로 경제권을 확장하기 시작했던 것이다. 다시 말해서 일본은 동아시아에 위치한 나라였고 일본에게 있어서 동-동남아시아 세계체제와의 관계를 지속시킨다는 것은 서구세력과의 새로운 관계를 세우는 것만큼이나 중요했다. 혹은, 이러한 발전양상을 다음과 같이 설명해볼 수도 있을 것이다. 동아시아가 자본주의 세계체제로 통합되는 새로운 역사적 과정은 본래 존재해왔던 동아시아의 오랜 역사적 진행, 즉 팍스 씨니카에 대한 도전이라는 역사적 진행을 다시 불러들였던 것이다.

　이러한 팍스 씨니카에의 도전, 즉 근대 동-동남아시아를 움직였던 지역적 역학에 대한 위와 같은 이해를 기반으로 카와까쯔와 하마시따는 일본의 산업화에 담긴 의미를 재해석해나간다. 일반적으로 19세기 후반에 일어나는 일본의 산업화는 미국·러시아·영국·프랑스 등과 같은 서구열강들의 식민지화 위협에 대한 반응이었다고 이해되어왔다. 그러나 이와 달리 카와까쯔는 일본의 산업화는 17세기 이래로 아시아 물품을 자급하려 했던 일본의 노력이 확대된 것이라고 주장한다. 이러한 자급 노력은 19세기 중반까지 일본에서 수입 대체라는 형태를 띠고 추진되었지만, 이후 일본이 아시아 무역세계로 재통합됨에 따라 그때까지 드러나지 않았던 일본과 중국 사이의 아시아 내부간 경쟁을 노출시켰고 일본은 중국과 경쟁하기 위해서 그 자신을 산업화시켜야 했다는 것이다(1991a: 181~88면).

　한편, 하마시따는 일본의 산업화는 상당한 정도 동-동남아시아 시장에서 중국상인의 힘에 기인한다고 지적한다. 1859년 무역의 개방결과, 일본상인(이후에는 무역회사)은 동아시아 무역세계에 다시 들어가게 되었는데, 이때 그들이 발견한 것은 동-동남아시아 시장이 중국상인들에 의해서 장악되어 있다는 사실이었다. 중국상인들과 성공적으로 경쟁하기 위해서 일본상인들은 새로운 상품, 즉 서구식으로 제조된 물품으로 아시아 시장을 개척해야 했다(浜下, 1988: 20면; 1991a: 46~49면). 일본영사관은 일본상인과 무역회사를 지원하고 일본의 수출을 증진시키기 위해서 아시아 각국에 대한 상세한 시장정보를 제공했다(杉本, 1986; 角山 榮의 다른 논문들, 1986). 중국 (그리고 인도) 상인들의 시장장악을 무너뜨리기 위해서 일본은 타까무라(高村, 1991: 252~53면)가 말하는 "아시아형 근대상품" 즉 성냥과 비누 같은, 서구산품과 비교하면 형편없는 질이지만 값이 훨씬 싼 산업제품을 개발해야만 했다.

세번째 전제는 오늘과 내일의 중국 중심적 질서에 대한 문제에 관한 것이다. 하마시따와 카와까쯔를 위시하여 이 분야를 연구하는 대부분의 사람들은 역사가들이다. 따라서 이들은 현재문제를 논의하기를 꺼린다. 그러나 본인은 그들의 주장을 동-동남아시아의 현정치경제에 적용할 경우 어떠한 결론이 나올지 추정해보고 싶다. 20세기 후반 동-동남아시아에서 성공적인 자본축적은 학문적·정책적·일반적인 문헌들 모두에서 나타나는 인기있는 주제 중의 하나였다. 일본과 아시아 신흥공업사회들(NIEs)은 그들의 성공적인 자본주의적 발전과 함께 이들 문헌에서 관심의 촛점이 되는 반면, 중국은 차기경제에서 성장을 이룩할 수 있는 잠재력을 가진 경제권의 하나로 취급되는 것이 보통이다. 그러나 하마시따로부터 배울 수 있는 교훈은 이 지역에서 핵심적인 활동주체는 중국이었고, 팍스 씨니카에 대한 도전이 근대 이 지역의 근본적인 역사진행의 원동력이었다는 사실이다. 이러한 점은 우리가 세계체제와 동-동남아시아의 현재와 미래를 이해할 때 중국을 가볍게 볼 수 없음을 의미한다.

일본과 아시아 신흥공업사회들이 이룩한 놀라운 자본축적은 팍스 씨니카에 대한 도전이 경제영역에서 성공했다는 인상을 준다. 그러나 이것을 뒷받침해주었던 미국의 정책, 즉 서유럽국가들과 일본·남한·대만에 대해 미국이 군사적·경제적 원조, 시장개방, 기술판매 등의 정책을 확대한 가장 중요한 이유가 바로 중국 공산주의혁명이었으며, 이 점에서 미국이 1950년대와 60년대에 나타나는 '동아시아의 성장'에 중심적인 역할을 수행했다는 것을 고려할 필요가 있다. 1960년대 후반부터 이 지역에서 가속화된 자본축적을 이끈 것은 바로 일본기업망의 동-동남아시아로의 팽창이었다(Arrighi, Ikeda, Irwan, 1993). 개발도상국가들과 이들의 기업에 의해 행해진 중요한 역할은 부정될 수 없지만 이 시기 이 지역의 성장에 일본이 주도적 역할을 수행했음은 부정될 수 없을 것이다. 동-동남아시아 지역 내에서 무역과 투자의 규모가 상당한 정도로 성장하는 1970년대 후반부터 일본이 아닌 중국정부와 화교자본망이 이 지역에서 지도적 역할을 하고 있는 것으로 나타난다. 중국 중심은 이 지역의 정치경제에서 가장 중요한 요소의 하나로 되돌아오고 있다는 것이다.

이러한 발전은 이 지역뿐만 아니라 자본주의 세계체제의 미래에도 중요한 의미를 지닌다고 할 수 있다. 두개의 가능한 씨나리오, 즉 중국이 성공적으로 시장사회주의를 이룩하는 것과 자본주의화되는 씨나리오를 전개시켜보자. 시장사회주의(소득의 양극화라는 자본주의적 병폐 없이 성공적으로 자본을 축적한다는 의미에서의 시장사회주의)가 성공하고 중국이 50년 안에 반(半)주변부의 위치를 획득한다면, 중심부/반주변부/주변부라는 세계체제의 구성이 크게 변경될 것이며 중국은 국제관계에서 중요한 세력으로 등장할 것이다. 세계인구의 1/4을 차지하는 중국인들의 생활수준이 상당히 진전되면서 중국은 정치적·군사적으로 다시 한번 세계질서의 중심으로 돌아오게 될 것이다. 이는 오늘날 유럽·미국·일본 기업들이 기술과 자본을 중국에 서로 공급하려고 돌진하고 있는 결과로서 오히려 그들이 상대적으로 이 지역에서 지배력을 상실하고 있다는 것을 의미한다. 중심부 경제권에서의 물질적 풍요와 혁신의 부재라는 현세계체제의 상황하에서 중국은 상당한 규모를 가진 장래성 있는 투자기회를 제공하고 있다. 그러나 이러한 세계적 규모의 변화는 아마도 자본주의 세계체제의 종말을 의미할지 모를 일이다.

다른 한편, 중국의 실험은 중국 내에서 심각한 소득의 양극화와 함께 상당한 자본축적을 가져올 수 있다. 이럴 경우, 세계체제의 지역적 구조는 변함이 없지만 중국 내에서는 지배계급인 공산당이 자본주의를 증진시키는 핵심역할을 담당하면서 국내의 정치적 안정이 손상될 수 있다. 정치적 불안정은 대규모의 불법이민을 낳을 것이고, 이는 동-동남아시아뿐만 아니라 미국의 정치적 안정도 흔들리게 할 수 있을지 모른다.

이상에서 논의된 것 이외에도 다른 가능성이 존재함에는 의심할 바 없다. 그러나 여기서 강조하고 싶은 것은 하마시따가 지적하고 있는 것처럼, 동-동남아시아에 오랫동안 지속되어왔던 역사적 틀인 중국 중심적 질서가 오늘날 다시 존재하기 시작했으며 내일에도 존재할 것 같다는 것이다. 따라서 이 지역의 정치경제를 정확히 이해하려면 지금까지의 학문적·정책적 토론의 내용들이 재구성되어야 할 필요가 있다.

4. 세계체제 연구를 위한 교훈

지금까지 논의된 동-동남아시아 세계체제에 대한 새로운 시각들이 세계체제 연구의 발전에 어떠한 의미를 지닐까? 하마시따와 카와까쯔가 전개시키고 있는 주장들은 세계체제의 유럽 중심적 역사관에 대항한 동아시아적 시각으로의 대응이라고 할 수 있다. 이들의 시각에서 보면, 서양이 아시아를 통합하기 훨씬 이전부터 아시아와 세계체제는 서로 관계를 맺기 시작했으며, 따라서 아시아 지역의 역할은 유럽 세계체제에 의해 통합되는 수동적인 것이 아니라 유럽의 변화를 초래하는 능동적인 것으로 바꾸게 된다.

이러한 동아시아적 시각은 자본주의 세계체제의 확산과정을 통합개념에 기반해서 설명하는 세계체제 연구의 기본시각(Hopkins & Wallerstein, 1987)과 모순되는 것은 아니다. 이미 16세기부터 (혹은 그 이전에도) 전지구적인 세계체제가 존재하고 있었지만 자본주의에 기반을 둔 전지구적 세계체제의 형성은 아시아 세계체제가 (원래 유럽적인) 자본주의 세계체제로 통합되는 19세기가 되어서야 가능했다. 여기에서 동-동남아시아 세계체제를 통합한다는 것은 이 지역에서 유럽 세계체제와의 무역이 필수불가결하게 되었다는 것(혹은 이 지역이 전지구적 상품 연계고리의 한 부분이 되었다는 것)을 의미한다. 그리고 이러한 활동은 이익의 실현이나 잉여의 축적을 그 존재이유로 하는 자본주의적 기업에 의해서 행해졌다. 자본주의적 기업은 아시아 세계경제권 속에서 상인들과 그들의 연계망의 형태로 존재했으며 통합 이후 동아시아에서 자본주의 발전은 이러한 매개체들(지역적 성격이든 제국주의적·식민적·서구적 성격이든)을 자유롭게 풀어주는 형태로 진행되었다. 끝없는 자본축적의 동기하에서 이러한 매개체들의 활동이 확대되어감과 동시에 이 지역에서는 또다른 역사적 진행, 즉 국가간의 조공관계가 민족국가간의 계약관계로 변화하는 진행이 이루어지고 있었다. 그러나 이러한 통합 결과 나타나는 새로운 역사적 진행은 통합 이전부터 내려오던 기존의 역사적 진행에 의해 제한된다. 자본주의 세계체제가 전지구적인 체제로 팽창하는 과정은 그것의 지역화와 비유럽 지역의 세계화 과정이 함께 이루어지는 것이기 때문에, 이들 세계체제와 지역적 세계체제들 간의 상반된 역사적 진행에서 오는 상호영향(또는 충돌)에 관심을 모을 필요가 있다.

지역적 연계를 중요시하는 이러한 새로운 시각에서 우리는 무엇을 배울 수 있을까? 이 시점에서 지적하고 싶은 한두가지의 문제점이 있다. 첫째 문제는 세계체제의 공간적 구성과 관계되는 것이다. 브로델(Braudel)에 따르면, 세계체제 견해는 세계체제가 사건, 순환리듬, 장기 지속(longue duree)이라는 세 단계의 시간적 구성을 나타내고 있음을 인정한다. 또한 하마시따와 카와까쯔는 세계체제의 공간적 구성을 지방성(국가적 정치경제), 지역적 정치경제, 전지구적 세계체제의 삼중구조로서 설명한다. 이러한 공간적 구성은 동-동남아시아 지역뿐만 아니라 세계의 다른 지역의 근대사를 좀더 잘 이해할 수 있도록 도울 것이다.

예를 들어, 일본의 산업화는 메이지 정부가 국가의 독립을 위해 취한 수단으로 이해되어왔다. 그러나 이를 세계체제 시각에서 보면 똑같은 역사진행이 달리 이해되는데, 즉 일본의 산업화라는 역사적 진행은 일본이 지역적 핵심이 되는 과정이었으며 이러한 과정은 먼저 일본의 아시아 침략을 동아시아 지역에서 식민지 확장의 기회로 이용하려는 중심부 국가들에 의해서 지원되었고, 두번째로는 동아시아 지역에서 러시아의 팽창을 억제하기 위해 일본을 이용하려 했던 영국에 의해 지원되었다는 것이다. 이렇게 지역적 시각은 일본의 산업화에 대한 또다른 이해방법을 제공하며 민족국가와 세계체제의 역사적 진행에 대한 기존의 해석을 보완해준다. 일본의 산업화는 동아시아 지역의 역학, 즉 중국과 그 주변부 간 경쟁의 한 부분에 속한 것이었다.

이러한 지역적 시각은 국가 중심적 사고가 지배하는 기존의 근대사 이해방식에 새로운 통찰력을 제공하고 있음에 틀림없다. 세계체제 시각은 민족국가의 경험을 세계체제의 변형과정 속에 위치시킴으로써 근대사에 대한 우리의 이해에 공헌하였다. 지역적 시각은 여기에 또 하나의 분석층을 더함으로써 세계체제주의자들로 하여금 세계체제가 진행되면서 수반하는 지역적 특수성과 함께 민족국가의 역사진행이 수반하는 지역적 일반성을 모두 연구할 수 있게 해준다.

두번째 문제는 첫번째 문제와도 관련되는 것으로 통합에 관한 문제이다. 동-동남아시아 세계체제의 존재와 그 역사적 진행의 연속성은 기존의 통합에 대한 연구(Moulder, 1977; So, 1984; Koo, 1987; Dixon, 1991)에 근본적인 도전을 제기한다. 기존의 연구에 나타나는 공통된 특징 중의 하나는 지방/국가 대 세계체제라는 두 단계의 개념화이다. 그 결과 소(So, 1984)의 경우, 남중국을 중국과 동-동남아시아 세계체제에서 제외시키는 실수를 범하고 있다. 사실상 소의 이러한 접근은 중국의 남부·중부·북부 연해지역 사이에 존재했던 노동의 분업이 변화하고 있었음(宮田, 1991)을 간과한 데 원인이 있다. 소는 한가지 산업, 즉 생사(生絲)에만 촛점을 맞추어서 유럽에 대한 생사 수출을 중심으로 남중국의 변화를 설명하려 한다. 그러나 남중국에서는 생사 이외에도 다른 경제활동들, 즉 설탕을 생산하여 중국의 중부와 북부로 수출(북부로부터 콩깻묵을 수입하여 발효제로 사용)하고 중부에서 면화를 수입하여 면사와 면직을 생산하고 있었다. 동-동남아시아 여러 지역들의 통합이 있은 후(浜下, 1988: 18면) (자바에서 중국으로 설탕 수출이 증가하고 북중국의 콩깻묵이 일본으로의 주요 수출품목이 되면서) 남중국의 설탕 생산은 감소하기 시작했고, 중국의 중부지역에서 수입되는 면화 역시 인도 면화로 대체된다. 이러한 변화는 19세기 후반부터 일어나는데, 중국 북부와 중부 지역은 일본을 중심으로 한 노동분업권으로 통합되고 중국 남부 연안지역은 동남아시아의 노동분업권으로 통합된다(宮田, 1991: 124면).

소와 같이 지역경제권을 두 부분으로 분리시키는 문제는 몰더(Moulder, 1977)에게서도 나타난다(몰더의 학위논문은 월러스틴의 『근대 세계체제』 1권이 출판되는 1974년 이전에 이미 준비된 것임을 고려해야 한다). 몰더는 근대화/서구화에 왜 일본은 '성공'했고 중국은 '실패'했는가라는 예전부터 내려오던 질문을 제기하면서 두 국가간의 차이를 낳은 원인을 중심부 국가와 기업들의 활동과 같은 세계체제적 요인에서 발견하려고 한다. 그러나 중국의 '실패'와 일본의 '성공' 이후 이들 두 국가의 지역적 상호영향은 하나의 현상, 즉 동아시아가 자본주의 세계체제로 통합되는 하나의 현상의 양면임을 인정할 때 그녀의 질문 자체가 문제시될 수 있다.

더구나 기존의 통합연구는 실증주의 사회과학이 흔히 보여주는, 보편 모델을 적용할 때 일어나는 문제점을 노출하고 있는 경향이었다. 예를 들어, 딕슨(Dixon, 1991)과 쿠(Koo, 1987)의 경우, 통합은 서구 매개체에 의해서 일방적으로 이루어진 것이며 따라서 연구의 목적 역시 이에 대한 세계체제적 원인을 찾는 데 둔다. 그러나 최소한 동-동남아시아의 경우 (본인은 대부분의 아시아의 경우 그렇다고 짐작하지만) 기존의 상인망이 서양 상인들의 침투를 쉽게 허용하지 않았다는 것에 주의를 기울일 필요가 있다(동아시아에서 서양상인의 상대적 약세를 논하는 것으로는 石井寬治, 1984; 宮田道昭, 1991 참조). 사실, 통합 이전의 동-동남아시아 상인망은 통합 후에도 계속 존재하고 또한 팽창해나갔던 것이다(浜下, 1991c; Ng, 1993 참조). 따라서 동-동남아시아 지역의 통합연구에 있어서 지역적 역사진행의 연속성과 지역 내 다양한 부분들 간의 상호관계에 관심을 두어야 할 것이다.

5. 지역적 접근과 그에 입각한 연구시각

자본주의 세계체제가 대서양을 횡단하는 유럽 세계체제로 성장하는 16세기로 아시아의 역할을 소급해 올라갈 경우 세계체제 연구분야에 새로운 각도가 열릴 수 있다. 여기서 본인은 네가지 연구각도를 제시해보고자 한다. 첫째, 네덜란드에서 영국으로의 헤게모니 이전이다. 영국은 유럽에서 아시아로의 은 유출에 대한 통제권을 확보하면서 유럽 세계체제에서 헤게모니적 위치를 차지할 수 있었다(Furber, 1976; 川勝, 1991a: 192면). 17세기를 통하여 영국이 해상운송에서 독점권을 차지하게 되는 과정은 보통 유럽 내부의 역사적 진행으로 간주되어왔다(Davis, 1973: 19~31면). 그러나 유럽 외 지역과의 무역에서 세가지 주요한 물류이동——미국으로부터 은의 유입과 아시아로의 은의 유출, 아시아 산품의 유입과 유럽에서의 분배——에 대한 통제권이 이익을 산출하는 주원천이었던 것이다. 17~18세기에 걸쳐 이루어진 이러한 물류이동에 대해 영국이 그 통제권을 장악한 과정은 유럽 세계체제 내의 헤게모니가 네덜란드에서 영국으로 이전되거나 또는 재정적 중심이 암스테르담에서 런던으로 바뀌는 결정적 국면으로 볼 필요가 있다.

두번째 연구각도는 세계체제의 발전과 확장 그리고 일본의 쇄국과 자본주의 발전에 있어서 아시아의 중요성을 검토하는 가운데서 제기된다. 특히 은과 그외 다른 교환 매개물이 유럽과 일본으로부터 아시아로 유출됨으로써 유럽과 일본의 자본주의 발전에 끼친 영향을 확인해야 한다. 유럽과 일본에서 아시아로의 은 유출에 대한 하마시따와 카와까쯔의 주장을 확대시켜보면 유럽 세계체제의 역사와 쇄국하 일본의 자본주의 발전은 아시아로의 은 유출 때문에 오는 폐단을 유럽인과 일본인이 어떻게 조정하려 했는가라는 이야기로 환언할 수 있을 것이다. 이제 좀더 자세히 들어가보자.

아시아에 대한 유럽의 무역적자 결과 유럽으로부터 상당한 은의 유출이 있었고, 이는 유럽인들의 상품을 판매함으로써 만회할 수 없는 것이었다. 드 브리(De Vries, 1976: 135면)는 영국과 네덜란드의 동인도회사가 모두 그들이 구입하는 물건값의 80~90퍼센트를 정기적으로 금전과 은전으로 지불하고 있었다고 말한다. 아트만(Attman, 1986: 33면)은 "1650년에서 1750년 사이 [신대륙으로부터] 스페인과 포르투갈로 들어온 귀금속의 대부분이 유럽에서 다시 아시아로 수출되었다"고 적고 있다. 1780년에서 1800년 시기에도 이와 같은 현상은 계속되고 있었다고 그는 분석한다 (17~18세기 V. O. G.의 아시아로의 은 수출에 대해서는 Attman, 1981: 42면 참조). 통계적으로 증명하기는 어렵겠지만 교환 매개물의 상당한 유출은 시장거래의 성장을 억제할 가능성이 있다. 영국지폐의 역사는 은 유출로 발생된 문제가 얼마나 심각했으며 따라서 유럽과 아시아 간의 무역이 영국 자본주의 발전에 얼마나 결정적 역할을 했는지 보여주고 있다.

예를 들어, 18세기 영국에서 성립되는 금태환 지폐는 귀금속의 공급부족에 따르는 부담에서 벗어나려는 영국정부의 노력의 산물로서 이해될 수 있다(Hixon, 1993: 63면). 그리고 (국내 지폐발행을 위한) 영국 금본위제도의 설립은 17세기 이후 금과 은의 상대가격이 원하지 않는 방향으로 변동했던 것과 관계가 있다. 물론 런던시장에서의 이러한 가격변동은 (스페인으로부터의) 은의 공급과 (아시아 무역을 위한) 수요와의 불일치에서 온 결과였다(Feavearyear, 1963: 150~53면).

지폐체제의 창설과 더불어 유럽으로부터 아시아로 은 유출을 감소시키기 위한 영국의 노력은 아시아 식민지의 확장으로 나타난다. 18세기 영국의 인도 정복은 인도로의 은 유출을 감소시키고 인도로부터 계속 면직물을 수입하여 이를 다시 유럽대륙과 미국에 이익을 남겨 재수출할 수 있게 했다. 인도 면산품의 수입에서 오는 유럽의 은 유출문제는 18세기말부터 시작되는 이른바 면제품의 산업혁명을 통해 궁극적으로 해결된다. 다른 한편, 중국 차와 견직물의 구입으로 인한 중국으로의 은 유출문제 역시 19세기 영국이 인도에 차 농장을 경영하고 불명예스러운 아편무역에 종사하면서 해결된다(角山, 1980: 100~107, 118~24면). 이러한 해석에 따르면 유럽의 아시아 통합(18세기 인도와 19세기 중국)은 아시아 시장의 우월성으로 인해 일어났던, 유럽에서 아시아로의 은 유출에 대한 반작용의 결과로서 설명된다.

유럽 자본주의 발전에 끼친 화폐의 역할을 검토할 때, 자본주의 발전을 구조적으로 억제시켰던 가장 중요한 요소 중 하나로서 아시아로의 은 유출을 포함시킬 필요가 있다. 예를 들어, 아시아로의 은 유출은 화폐의 주된 세가지 기능이 수행되는 데 문제를 일으키게 했던 것이다. 세가지 혹은 두가지 금속본위체제하에서 금·은·동의 상대가격의 변동은 가치단위로서의 화폐를 불안정하게 했던 것이다. 은의 유실은 순환되는 화폐량의 감소뿐만 아니라 가치저장의 수단으로서 화폐의 손실을 의미했다. 따라서 이러한 견해에서 보면 아시아로의 은 유출문제가 궁극적으로 해결되는 것은 18세기 지폐체제의 창설(태환지폐에서 불환지폐로)과 19세기말 유럽국가들이 지불문제의 국제적 균형을 위해서 금본위제를 설립하면서였다는 주장이 가능하다. 금본위제는 국제적 유동자금을 팽창시켰으나 국제적 유동자금과 귀금속의 공급을 연결시켜야 하는 제한조건은 여전히 계속된다. 국제지불은행(IBS), 국제화폐기금(IMF), 재건설과 발전을 위한 국제은행(IBRD) 등과 같은 초국가적 기관과 핵심국가들의 공동조정 아래 국제 유동자금의 공급이 통제되어나가지만 귀금속과의 연결조건은 브레턴 우즈(Bretton Woods) 체제하에서 계속 유지하게 된다. 귀금속과 국제재정의 궁극적 분리는 닉슨이 불환지폐인 달러를 금과 동격화하는 선언에 의해서 마침내 이루어진다. 그 이후 국제적 유동자금과 환율의 조절은 시장의 손안에 있게 된다.

유럽 세계체제와 쇄국시기 토꾸가와 일본의 무역구조가 카와까쯔가 지적하고 있는 것처럼 유사성을 보이고 있었다고 한다면 일본 자본주의 발전과정에서 화폐체제의 변혁은 어떠한 역할을 했던 것일까? 카와까쯔에 의하면 16~17세기 일본과 중국의 무역구조는 일본으로부터 중국으로 은의 유출을 그 내용으로 했다. 이러한 은 유출은 17세기 말에 가면 중지된다고 여겨져왔다(岩生, 1966: 410~11면). 그러나 타시로(田代, 1976; 1977; 1981; 1991)의 연구는 이와 대조를 보이는데, 18세기 중엽까지 조선과 류우뀨우와의 무역을 통해서 일본의 은 유출은 심각한 수준으로 계속되고 있었다는 것이다. 토꾸가와 정권은 은(그리고 동)의 유출이 자신들의 정권기반을 잠식할지 모르는 중요한 문제라고 간주하였으며 따라서 사치품 수입의 제한이나 은과 동의 수출량을 제한함으로써 은 유출량을 통제하려는 시도가 반복해서 취해졌다(永積, 1987: 6~33면).

은 유출을 막기 위한 노력의 정점에서 토꾸가와 정권은 료[兩](금과 은 모두)의 가치를 계속 절하시킴으로써 화폐공급을 늘려나갔다. 이는 토꾸가와 재정에 이익을 주었을 뿐만 아니라 많은 경우 시장경제의 확산을 가져왔다(新保 博, 1978: 54~58면). 화폐공급을 늘리는 다른 방법은 한[藩]에 의해 시행된 지폐발행이었다(山口, 1979: 4장과 5장). 18세기 중엽부터 액면가격이 실제 은의 함유량을 훨씬 능가하는 은전인 남료이주은(南鐐二朱銀)의 유통이 금전에 대한 보충으로서 크게 증가하면서 토꾸가와 초기부터 시행되었던 세가지 금속(금·은·동)에 기반한 동전체제는 19세기 초 사실상 료[兩] 금본위제로 바뀌게 된다(新保, 1978: 59면).

또한 18세기 말 국내광산이 고갈되자 토꾸가와 정권은 금과 은을 수입함으로써 공급을 늘리려 시도하기도 한다. 중상주의 정신에 기반을 두고 해산물의 수출이 장려되고 조직된다(田代, 1988: 54면). 이와 같이 토꾸가와 화폐체제의 발전은 유럽 세계체제의 그것과 같이 일본 자본주의 발전의 한 과정으로서 설명될 수 있다.

세번째 연구각도는 16세기 이래 전지구적 세계체제가 변화하는 가운데 형성되었던 유럽 세계체제와 아시아 세계체제들과의 관계이다. 근대에 이르면 아시아와 유럽 간에 물품과 교환 매개물의 흐름이 한바퀴 돌게 된다. 근대를 대강 세 시기, 즉 첫째 16~18세기, 둘째 19~20세기 전반, 셋째 20세기 후반으로 나누어 살펴보자.

첫번째 시기에는 아시아 세계체제(특히 남아시아 세계체제와 동-동남아시아 세계체제)로부터 유럽 세계체제로 면직물·견·차·설탕 등의 물품이 유출되었고 이와 반대방향으로 은(또는 다른 화폐금속)의 유출이 있었다. 이 시기 일본은 동-동남아시아 세계체제와의 관계에서 유럽 세계체제의 그것과 비슷한 위치에 있었다. 중국으로부터 물품공급이 제한될 때 일본이 이러한 물품들(예를 들어 명청왕조의 전환기 동안 차와 자기)을 유럽 세계체제에 공급하기도 하였지만 일본은 이 시기를 통하여 대체로 외부로부터 물품유입과 은 유출을 겪고 있었다.

두번째 시기인 19~20세기 전반에는 면사와 면직물로 대표되는 산업혁명 제품이 유럽, 특히 영국으로부터 서아시아·남아시아·동남아시아로 흘러들어온다. 남아시아와 동남아시아는 생사·면화·차·향료·아편과 같은 일차산품의 원천이 된다. 남아시아 세계체제는 상당히 변형된 형태로 자본주의 세계체제 속으로 통합되고 동–동남아시아 세계체제는 이와 비슷한 과정을 겪으면서도 중요한 차이점을 보여나간다. 중국은 생사나 차와 같은 원료의 공급자가 되나 영국 면제품은 중국에서 잘 팔리지 않았던 것이다(川勝, 1981; 1985). 그 대신 (아편과 설탕과 같은) 다른 아시아 지역의 산물이 중국에 흘러들어오게 된다.

1858년 무역이 개방되었을 때 일본은 생사나 차 같은 일차산품의 공급자였고 유럽과 미국에서 생산하는 산업제품의 수요자로서 위치지어졌다. 그러나 영국 면제품은 일본에서도 역시 제한된 수요밖에 낳지 못했다. 일본은 이 시기의 후반부터 자신의 산업제품을 수출하고 일차산품을 수입함으로써 유럽이 남아시아와 동남아시아와 맺은 비슷한 관계를 동–동남–남아시아와 형성해간다.

세번째, 앞서 말한 대로 19~20세기 전반에는 아시아(일본 제외)가 반식민지투쟁과 그에 따른 정치적 독립 이후 가끔 쇄국과 금수 정책(중국과 미얀마의 경우) 또는 보호주의 정책(인도의 경우)을 채택하고 있지만, 유럽·미국·일본과 여전히 비슷한 무역구조를 유지해나간다. 그러나 20세기 후반에 이르면 이른바 동아시아의 기적을 이루게 되는데, 바로 1960년대 이래 일본, 1970년대 이래 남한·대만·홍콩·씽가포르(아시아 NIEs) 그리고 1980년대 태국·인도네시아·말레이시아·중국에서 경제적 급성장을 이룬다. 이러한 성장은 제조업의 중심지로서 이들의 등장을 그 배경으로 한다. 이들 중 몇국가, 특히 일본과 대만은 외환준비금을 비축하게 된다.

그러나 이러한 기적은 동-동남아시아와 유럽(그리고 북미) 간 관계변화의 오랜 과정을 살펴볼 때 기적이 아닌 것이다. 왜냐하면 세번째 시기 물품과 화폐(재정신용)의 이동양식이 첫번째 시기와 다를 바 없기 때문이다. 즉, 물품은 동-동남아시아에서 흘러나가고 화폐는 동-동남아시아로 들어오고 있는 것이다. 그러나 이를 달리 보면 기적이라고 할 수 있다. 왜냐하면 유럽으로 물품유출과 유럽으로부터 화폐유입이라는 오랜 양식이 다른 아시아 지역에서는 아직 성취되지 못하고 있기 때문이다.

네번째 연구각도는 20세기 후반 세계체제 내에서 새로운 자본축적의 중심지로서 동-동남아시아가 등장한다는 것이다(Arrighi, 1994). 하마시따와 카와까쯔에 따르면, 통합 이래 동-동남아시아 세계체제 (중국 조공무역 체제)의 변화는 일면 모순되고 일면 일치하는 두개의 역사진행 결과로서 이해될 수 있다. 자본주의 세계체제로의 통합과정과, 중국 중심적 질서에 대한 주변부의 도전과 같은 체제 내적인 변화과정이다. 하마시따(1993a: 6면)가 주장한 바와 같이, 19세기 말에서 2차 세계대전의 종말까지 진행된 일본의 동-동남아시아로의 영토적 팽창은 이 지역에서 스스로를 지도자로 만들기 위한 일본의 시도였으며 이를 위해 일본은 자본주의 세계체제에서 온 것들, 즉 유럽인과 미국인에게서 배운 산업화·자본축적·군사침략을 그 수단으로 채택했다는 것이다.

다른 지면에서 본인의 동료와 본인은 이른바 동아시아의 기적을 하나의 진행으로 보아야지 여러 기적들의 종합으로 보아서는 안된다고 주장한 적이 있다(Arrighi, Ikeda, Irwan, 1993). 동-동남아시아의 지역경제권은 두번째 시기에는 동아시아공영권을 이룩하려는 일본의 노력(실패했지만)으로 그리고 세번째 시기에는 일본 중심의 또는 일본이 이끌어나가는 경제발전을 통해서 유지되어왔다. 세번째 시기 후반에 가면 홍콩·씽가포르·타이완에 모여 있는 화교들의 상인망으로 인해 지역적 경제권이 강화되어갔다. 그 결과 이 지역의 구조는 세계체제 내의 삼중구조의 모습을 띠게 된다. 중심부 지대에 일본, 반주변부에 아시아 신흥공업사회들, 그리고 주변부에 씽가포르를 제외한 아세안(ASEAN) 국가들, 즉 중국·베트남이 있는 것이다. 물론 이들을 통괄하는 지역적 통일성은 여러가지 (계속 변하는) 형태로 항시 유지되어왔지만 각 지대들은 세계체제의 나머지 부분과 서로 긴밀히 연결되어 있기도 하다. 다시 말해, 동–동남아시아 세계체제는 전지구적 자본주의체제에서 절대 필요한 부분이 된 것이다.

4. 결론

이 글에서 논의된 새로운 연구들은 동–동남아시아 세계체제의 존재를 강조한다. 다른 아시아 지역의 세계체제들과 함께 이 체제는 자본주의 유럽 세계체제의 등장에 중요한 역할을 수행했다. 유럽 세계체제가 아시아 체제들을 흡수하고 지역적 체제들이 전지구적 세계체제(이 구조를 유지시키는 주된 동력이 자본의 축적이라는 점에서 자본주의라 규정) 속에 통합된 후에도 지역적 역사 진행은 계속되어나갔으며, 이는 다시 지방 정치경제와 세계체제의 변화과정을 결정짓는 데 중요한 역할을 수행했다. 이러한 지역적 시각은 세계체제의 진행과정에서 나타나는 지역적 특수성과 국가 혹은 각 지방의 역사 진행이 포함하는 지역적 일반성을 모두 검토함으로써 세계체제 연구의 범주를 확대하게 해준다.

세계체제 시각은 일찍이 맑스나 신고전주의적 연구들에서 나타나는 국가/국가경제적 접근방식이 함유하고 있는 한계를 지적하였다. 그러면서도 세계체제 시각의 적용은 각 국가의 경험을 세계체제의 진행과 곧바로 연결시키는 작업에 집중되어왔다. 필자는 지역적 시각의 소개로 인해 좀 더 넓은 범주의 연구가들이 참여하는 계기가 되어 세계체제 연구가 재활성화되는 모습을 보고 싶다(예를 들어 지역 경제문화 연구모임이라 불리는 새로운 연구작업 그룹이 지오반니 아리이(Giovanni Arrighi 지도하에 1994년 가을 페르낭 브로델 쎈터에서 창설되었다). 이제 세계적·지역적 시각을 갖춘 세계체제 연구가 더욱 진전하는 데 이 글이 공헌할 수 있기를 바란다.

김수영 옮김

참고 문헌

1) 영어 문헌

Abu-Lughod, Janet(1989), *Before European Hegemony: The World System A.D. 1250~1350*, New York: Oxford Univ. Press.

Arrighi, Giovanni(1994), "The Rise of East Asia: World-Systematic and Regional Aspects," The Fondazione Instituto Gramsci, Universita di Roma 'La Sapienza'에서 주최한 학회(로마, 10월 6~8일)에 제출된 논문으로 출판되지 않음.

Arrighi, Giovanni, Ikeda, Satoshi & Irwan, Alex(1993), "The Rise of East Asia: One Miracle or Many?" in R. A. Palat, ed., *Pacific Asia and the Future of the World-System*, Westport, CT: Greenwood, 41~65면.

Attman, Arthur(1981), *The Bullion Flow between Europe and the East, 1000~1750*, Göteborg: Kungl. Vetenskaps- och Vitterhets-Samhället.

Attman, Arthur(1986), *American Bullion in the European World Trade, 1600~1800*, Göteborg: Kungl. Vetenskaps- och Vitterhets-Samhället.

Chandhuri, Kirti N.(1978), *The Trading World of Asia and the English East India Company, 1660~1760*, Cambridge: Cambridge Univ. Press.

_____(1990), *Asia before Europe: Economy and Civilization of the Indian Ocean from the Rise of Islam to 1750*, Cambridge: Cambridge Univ. Press.

Daniels, Christian(1991), "East and Southeast Asian Trade in the 17th and

18th Centuries and Production Technology Transfer: A Case of Sugar Refining Technology," 浜下武志, 川勝平大 共編, 『アジア交易圏と日本工業化 1500~1900』, 東京: リベロボート.

Davis, Ralph(1973), *English Overseas Trade, 1500~1700*, London: Macmillan.

De Vries, Jan(1976), *Economy of Europe in an Age of Crisis, 1600~1750*, Cambridge: Cambridge Univ. Press.

Dixon, Chris(1991), *South-East Asia in the World-Economy*, Cambridge: Cambridge Univ. Press.

Feavearyear, Albert(1963), *The Pound Sterling: A History of English Money*, 2nd ed., Oxford: Clarendon.

Furber, Holden(1976), *Rival Empires of Trade in the Orient, 1600~1800*. Oxford: Oxford Univ. Press.

Hixon, William F.(1993), *Triumph of the Bankers: Money and Banking in the Eighteenth and Nineteenth Centuries*, Westport, CT: Praeger.

Hopkins, Terence K. & Wallerstein, Immanuel(1987), "Capitalism and the Incorporation of New Zones in the World-Economy," *Review* X, 5/6, Sum./Fall, 763~79면.

Koo, Hagen(1987), "The Interplay of State, Social Class and World System in East Asian Development: The Cases of South Korea and Taiwan," in F. C. Deyo, ed., *The Political Economy of the New Asian Industrialism*, Ithaca: Cornell Univ. Press, 165~81면.

Latham, Anthony H.(1994), "The Dynamics of Intra-Asian Trade, 1868~1913: The Great Entrepots of Singapore and Hong Kong," in A. J. H. Latham & 川勝平大, eds., *Japanese Industrialization and the Asian Economy*, London: Routledge, 145~93면.

Moulder, Frances V.(1977), *Japan, China and the Modern World Economy: Toward a Reinterpretation of East Asian Development ca. 1600 to ca. 1918*, Cambridge: Cambridge Univ. Press.

So, Alvin(1984), "The Process of Incorporation into the Capitalist World-System: The Case of China in the Ninetheenth Century," *Review* VIII, 1, Sum., 91~116면.

Toby, Ronald(1977), "Implication of 'Seelusion' in Early Tokugawa Diplomatic Policy: The Issue of Estabilishing Bakufu Legitimacy," in

Socio-Economic History Assn.(ed.), *In Search of a New Perspectiv on Edo History*, Tokyo: Toyo Keizai Shinposha, 21~39면.

_____(1984), *State and Diplomacy in Early Modern Japan*, Princeton: Princeton Univ. Press.

Wallerstein, Immanuel(1974), *The Modern World System, I: Capitalist Agriculture and the Origins of the European World-Economy in the Sixteenth Century*, New York: Academic Press.

2) 일본어 문헌

荒野泰典(1988), 『近世日本と東アジア』, 東京: 東京大學出版會.

荒野泰典(1992), 「地域區分論」, 荒野泰典 外 共編, 『アジアと日本』, 東京: 東京大學出版會, 1~57면.

浜下武志, 川勝平大 共編(1991), 『アジア交易圏と日本工業化 1500~1900』, 東京: リベロポート.

_____(1985), 「近代アジア貿易圏における銀流通」, 『社會經濟史學』, LI, I, 4月, 54~90면.

_____(1986), 「朝貢貿易システムト近代アジア」, 『國際政治』, No. 82, 3月, 42~55면.

_____(1988), "The Tribute Trade System and Modern Asia," *The Memories of the Toyo Bunko*, No. 46, 7~25면.

_____(1989), 「東アジア國際體係」, T. Aruga, et al., eds., 『國際政治の理論』, 東京: 東京大學出版會, 51~80면.

_____(1990), 『近代中國の國際的契機:朝貢貿易システムと近代アジア』, 東京: 東京大學出版會.

_____(1991a), 「中國の銀吸收力と朝貢貿易關係」, 浜下武志, 川勝平大 共編 (1991), 『アジア交易圏と日本工業化 1500~1900』, 東京: リベロポート.

_____(1991b), 「銀の流通からみた世界經濟のネツトワーク: 16~19世紀」, 『シリズ世界史への問 9, 世界の構造化』, 東京: 石濤書店, 21~53면.

_____(1991c), "Social Moral in 'Chinese Overseas Merchant' History: Identities of Various Types of Overseas Chinese," 『思想』, No. 801, 3月, 19~39면.

_____(1993a), 「序: 地域研究とアジア」, 溝口雄三, 浜下武志 共編, 『アジアから考

える[2]地域システム』, 東京: 東京大學出版會, 1~12면.

_____(1993b), 「東アジアにみる華夷秩序」, 『國際交流』 XVI, 2, Nov. 30, 28~36
    면.

浜下武志(1994), "The Trubute Trade System and Modern Asia," in A. J. H.
    Latham & 川勝平大, eds., *Japanes Industrialization and the Asian
    Economy*, London: Routledge, 91~107면.

石井寬治(1984), 『近代日本とイギリス資本: ジャリヂソ マテェソンお 中心 に』, 東京:
    東京大學出版會.

石井米雄 編(1991), 『東南アジアの歷史』, 東京: 歐文社.

岩生成一(1966), 『鎖國』, 東京: 中央公論社.

加納啓良(1991), 「アジア域內交易と東南アジア植民地支配」, 浜下武志, 川勝平大 共
    編, 『アジア交易圏と日本工業化 1500~1900』, 東京: リベロポート.

川勝平大(1983), 「國際交流の經濟史的接近」, 『國際交流』 XIX, 2, 1月, 20~33면.

_____ (1986), "International Competitiveness in Cotton Goods in the
    Late Nineteenth Century: British India and East Asia," W. Fisher, R.
    M. McInnis, & J. Schneider, eds., *The Emergence of World Economy,
    1500~1914*, Wiesbaden: Franz Steiner Verlag, 619~43면.

_____ (1989), 「日本産業革命のアジア的位置」, 『ワセダ政治經濟學雜誌』, No.
    297/298, 4月, 213~45면.

_____(1991a), 「日本の工業化おめぐる壓力とアジア間競争」, 川勝平大, 浜下武志
    共編, 『アジア交易圏と日本工業化 1500~1900』, 東京: リベロポート.

_____(1991b), 『日本文明と近代西歐: '鎖國' 細考』, 東京: NHKブウタス.

_____(1994), "The Emergence of Market for Cotton Goods in East Asia
    in the Early Modern Period," A. J. Latham & 川勝平大, eds., *Japanese
    Industrialization and the Asian Economy*, London: Routledge, 9~34면.

菊池道樹(1993), 「東南アジアと中國」, 溝口雄三, 浜下武志 共編, 『アジアから 考える
    [2]地域システム』, 東京: 東京大學出版會.

三谷保博(1993), 「西歐國際體制お準備した'鎖國'」, 『國際交流』 XVI, 2, 11月. 30,
    68~75면.

宮田道昭(1991), 「近代アジア間貿易と中國沿海市場圏」, 『思想』, No. 810, 12月,
    113~25면.

溝口雄三 共編(1993), 『アジアから考える[2]地域システム』, 東京: 東京大學出版會.

永積洋子(1987), 『唐船輸出入品數量一覽, 1637~1833』, 東京: 創文社.

_____(1991), 「17世紀の東アジア貿易」, 浜下武志, 川勝平大 共編, 『アジア交易圏と日本工業化 1500~1900』, 東京: リベロポート.

櫻井由躬雄(1993), 「東アジアと東南アジア」, 『國際交流』XIV, 2, 11月. 30, 45~53면.

_____ 共著(1992), 『東南アジア』, 東京: 朝日新聞社.

佐藤幸男(1993), 「アジア地域國際關係の現狀」, 溝口雄三, 浜下武志 共編, 『アジアから考える[2] 地域システム』, 東京: 東京大學出版會.

重松伸司(1993), 「ベンガル灣という世界: 14~16世紀地域交易圏」, 溝口雄三, 浜下武志 共編, 『アジアから考える[2]地域システム』, 東京: 東京大學出版會.

新保保博(1978), 『近世の物價と經濟發展』, 東京: 東京大學出版會.

杉原原熏(1980), "Patterns of Intra-Asia Trade, 1898~1913," *Osaka City University Economic Review*, No. 16, 55~76면.

_____(1985), 「アジア間貿易の形成と構造」, 『社會經濟史學』LI, 1, 4月, 17~53면.

_____(1991), 「アジア間貿易と日本の工業化」, 浜下武志, 川勝平大 共編, 『アジア交易圏と日本工業化 1500~1900』, 東京: リベロポート, 243~58면.

高村直助(1991), 「開國日本の大アジア貿易とアジア間競争」, 浜下武志, 川勝平大 共編, 『アジア交易圏と日本工業化 1500~1900』, 東京: リベロポート.

武野要子(1979), 『藩貿易史の研究』, 東京: ミネルヴァ書房.

田代和生(1976), 「徳川時代における銀輸出と貨幣殘高」, 『日本經濟の發展』, 東京: 日本經濟新聞社, 223~39면.

_____(1977), 「17世紀後期~18世紀日本銀海外輸出」, 社會經濟史學會 ed., 『あたらしい江戸時代初期おもとめて』, 東京: 東洋經濟新報社, 47~68면.

_____(1981), 『近世日朝通交貿易史の研究』, 東京: 創文社.

_____(1988), 「徳川時代の貿易」, 『日本經濟社會史 1: 經濟社會學の設立 17~18世紀』, 東京: 石濤書店, 129~70면.

_____(1991), 「17, 18世紀 東アジア域内交易における日本銀」, 浜下武志, 川勝平大 共編, 『アジア交易圏と工業化 1500~1900』, 東京: リベロポート.

鳥井裕美子(1993), 「近世日本のアシア認識」, 浜下武志 共編, 『アジアから考える[1]こさくする アジア』, 東京: 東京大學出版會, 219~52면.

角山山榮(1980), 『茶の世界史: 綠茶の文化と紅茶の社會』, 東京: 中央公論社.

_____(1986), 『日本領事報告の研究』, 東京: 同文館.

上原兼善(1981), 『鎖國と藩貿易』, 東京: 八重岳書房.

山脇悌二郎(1964), 『長崎の唐人貿易』, 東京: 吉川弘文館.

山口一夫(1979), 『貨幣の語る日本の歴史』, 東京: ソシエテ.

제2부

중국의 근대와 아시아 인식

아시아 현정세와 연대론*

류 스페이

1. 강권 지배하의 아시아의 현상과 일본의 역할

현재의 세계는 강권이 횡행하는 세계다. 아시아는 백인종의 강권이 행사되고 있는 지역이다. 백인종의 강권을 배척하려면 그들이 아시아에서 행사하고 있는 강권을 반드시 배척해야만 한다. 백인종이 아시아에 행사하고 있는 강권을 간략히 설명하면 다음과 같다.

I. 영국의 인도 지배

영국인이 인도를 대우하고 있는 것을 보자. 인도인은 자유롭게 법률을 배우는 것이 금지되어 있다. 모든 고급관리로는 오로지 영국인만 임용되고 있다. 간혹 인도인이 하급관리로 임명된다 하더라도 모두 그들의 지휘를 받아야 한다. 집회나 결사의 자유도 제한받고 있다. 인도의 지사(志士) 중에서 어쩌다 영국의 정치를 비판하는 글을 쓰기라도 하면 바로 체포하

---

* 劉師培(1884~1919): 중국의 아나키스트. 출전:『天義』11·12 합책(1907. 11).

여 투옥해버린다. 고대인도의 위인들에 대한 사적(史蹟)도 인도인들이 알지 못하도록 하여 과거에 대한 회고의 염(念)조차 없애버리려고 하고 있다(예를 들어 인도의 고대 호걸 중에 푸리드비 라주 자한[鉢羅陀巴特耶][1]이라는 인물은 몽골을 축출하고 인도의 전통적 문물을 복구하였다. 그는 최근 영국인이 설립한 학교에서 가르치는 인도사에서 완전히 삭제되거나 모반자로 묘사되고 있다. 이것은 러시아가 폴란드 문자를 사용하지 못하게 한 것과 비슷하다. 이것은 내가 어떤 인도인으로부터 직접 들은 사실이다). 또 영국과 보어인(脫人)의 전쟁(보어전쟁)이 발생하자 영국은 자치권을 미끼로 인도인을 회유하여 영국을 도와 보어인과 싸우게 했다. 보어인을 패배시킨 후에는 또 인도인의 자치권을 박탈하려 하고 있다. 여기에 인도인이 분노하자 군대를 동원하여 반란에 대비하고 있다. 이상이 최근 인도가 당하고 있는 고통이다.

II. 프랑스의 베트남 지배

베트남이 당하고 있는 학정(虐政)은 베트남(越南)의 모씨[2]가 쓴 『월남망국사』에 모두 적혀 있다. 그는 나에게 다음과 같이 말하였다.

그 책에서 서술한 프랑스인의 학정은 대략적인 것만 열거한 것에 지나지 않는다. 현재 프랑스인의 학정이 갈수록 심해지면서 베트남인이 받는 고통도 역시 날로 심각해지고 있다. 들판을 선혈로 물들이면서 죽어간 베트남인의 수는

---

1) 鉢羅陀巴特耶: 표기방법상 약간의 의문이 있지만 네루의 『인도의 발견』에서 "인기 있는 영웅으로 지금까지도 노래나 이야기에서 유명하다……"고 한 푸리드비 라주 자한을 지칭하는 것으로 생각된다. 그는 12세기 후반 아프가니스탄으로부터 침입한 샤하부 웃딘을 단 한번에 '철저히 격파'했지만 그 뒤 패배하였다(小島晋治 譯 解說, 「劉師培 '亞洲現世論'」, 『中國』 제99호, 1972에 의거. 이하 역주는 이 小島晋治의 각주나 설명에서 번역한 것임).
2) 판 보이차우.

전국에 걸쳐 헤아릴 수조차 없다. 프랑스인은 베트남인을 징집하여 군대를 조직하고 있지만 베트남 병사들에게는 병기와 화약을 많이 지급하지 않으며, 병영이나 진지에서는 베트남인과 프랑스인을 격리시켜놓고 있다. 또 베트남의 상공업은 황폐한 채로 방치되어 베트남인이 생계를 유지할 길이 없어졌다. 더구나 구식 과거제도의 폐해를 이용하여 인민을 우롱하고 있다. 학교교육도 프랑스에게 복종시키는 것을 취지로 삼고 있다. 간행되고 있는 잡지나 신문은 모두 프랑스인의 감독을 받고 있으며 프랑스에 아첨하는 데 능한 베트남인이 편집을 담당하고 있다. 모든 집회와 출판은 프랑스의 명령에 따라야 한다. 형법은 특히 참혹하여 억울하게 죽은 자가 부지기수다.

그는 또 말하였다. "강권 아래에서 우리나라의 인민들은 모두 비참한 죽음에 직면해 있다." 이렇게 말하고 있을 정도이니 그 인민들이 받고 있는 고통이 어느 정도이겠는가? 이것이 최근 베트남의 고통이다.

III. 일본의 조선 지배

일본은 조선에서 국왕을 퇴위시키고 군대를 해산하였으며 모든 관리의 임용에 일본인도 함께 임명하여 일본의 국권을 확장하려 하고 있다. 그리고 의병을 폭도로 간주하여 잔혹하게 학살하고 있다는 소식이 매일같이 들린다. 아울러 자강회(自强會)도 해산시켰다. 전국에 일본의 경찰과 관리를 배치하여 결사를 금지하고 있음은 말할 것도 없고 서신의 자유조차 침해하고 있다. 그리고 조선인 토오꾜오 유학생에 대해서도 죄수나 포로와 같이 대우하고 감시하고 있다. 조선의 모씨에 의하면 조선이 유사 이래로 비록 몽골의 침략을 받은 적이 있기는 하지만 현재 일본의 침략보다 혹독한 적은 아직 없었다고 한다. 참으로 타당한 말이다. 이것이 최근 조선의 고통이다.

IV. 미국의 필리핀 지배

미국인은 필리핀인에게 의원 선거권을 주면서 그들을 지배하여 필리핀에는 자치라는 허명은 있다. 그러나 필리핀인 스스로의 말에 의하면 모든 통치권은 미국총독의 손에 완전히 장악되어 있다고 한다. 또 필리핀인의 생활수준이 미국인보다 훨씬 낮은데도 미국인과 똑같이 납세케 하고 있다. 필리핀인이 다른 나라로 이주했다 하더라도 조직을 결성하거나 출판하려고 할 경우에는 거기서도 미국인이 엄격하게 감독한다. 이것이 최근 필리핀인의 고통이다.

이외에도 미얀마가 영국에 의해 멸망되고 샴(타이)은 프랑스에 의해서 영토를 잠식당했다. 페르시아는 영국과 러시아 두 나라가 노리는 대상이 되고 있다. 영국이 그 남쪽을 엿보고 러시아가 북쪽을 침략하고 있다. 철도와 은행권은 모두 두 나라에 의해 장악되었다. 중국 역시 열강이 경쟁하는 무대가 되었다. 러시아가 북만주를 점령하였고 영국이 티베트를 침략하고 있으며 독일은 산뚱을, 프랑스는 양광(廣東과 廣西)과 윈난(雲南)을 노리고 있다. 최근에는 철도와 광산, 그리고 항운의 절반이 백인의 소유가 되었다. 일본도 기회를 이용하여 남만주를 침략하고 은근히 푸젠성을 노리며 세력범위를 확장하려고 하고 있어 중국이 과분(瓜分)될 위기가 눈앞에 박두해 있다. 북아시아는 완전히 러시아에 의해 점령되었고 서남부 항구의 절반이 영국에 속하게 되었다. 그러니 최근 아시아의 모든 지역에 백인의 강권이 행사되고 있음을 어떻게 의심할 수 있겠는가?

최근 아시아의 정세를 볼 때 모든 약종(弱種: 약소민족)은 깊은 멸망의 위기에 처하여 가련하기 짝이 없는데, 오직 일본정부만은 전체 아시아의 공통의 적(公敵)이 되고 있다. 현재 백인종의 국가들은 아시아 속령(屬領: 식민지)의 모반을 염려하고 있다. 또 일본이 그 속령을 삼키려고 하지 않을까 염려하고 있다. 그리하여 일본의 병력을 이용하여 자국의 아시아 속령을 제압하려고 획책하고 있다. 예를 들어 영일(英日)협약은 영국인이 일본과 연합하여 인도를 제압하려는 것을 목적으로 하고 있고, 프일(佛日)협약은 프랑스가 일본과 연합하여 베트남을 제압하는 것을 목적으로 하고 있다. 또한 프일·러일(露日)의 두 협약 역시 프랑스와 러시아가 일본과 연합하여 중국을 과분(瓜分)하려는 전조이다. 이것은 영러(英露)협약이 페르시아를 과분한 사전 포석이었던 것과 같은 것이다. 결국 열강은 일본의 도움을 받아 아시아에서의 세력을 공고히하려고 한다. 한편 일본 역시 기꺼이 열강과 서로 연합하여 인도와 인도차이나에서의 상업(무역)을 확장하고 조선과 남만주에 대한 지배권을 공고히 보전하려 하고 있다. 최근에는 또 미국과 사이가 나빠지자 필리핀을 병탄하려고 하고 있다(작년에는 미국인이 필리핀섬을 일본에 매각하려 한다는 설도 있었다. 최근에는 미국이 필리핀에 육군을 증파하려고 하고 있다). 이것은 일본이 아시아에서 조선의 적일 뿐 아니라 인도·베트남·중국·필리핀의 공통의 적임을 말하는 것이다. 조선(국왕)이 밀사를 파견하자, 각국의 언론이 이것을 통렬히 공격하였다. 일본의 백작 오오꾸마 시게노부(大隈重信)는 인도인에게 영국에 복종하라고 연설하였다. 이보다 더 심하게 강권을 과시하고 공리(公理)를 흐리게 할 수는 없을 것이다. 따라서 아시아의 평화를 보장하고 아시아 약소민족의 독립을 도모하려면 무엇보다 백인종의 강권을 배척해야 하지만, 일본이 강권으로 우리 아시아인을 능멸하는 것도 또한 동시에 배척해야 한다. 제국주의는 현재 세계의 해충이다.

2. 아시아의 각성

아시아의 현정세로 미래의 아시아 약소민족의 성쇠를 예측해보자. 나는 약소민족이 상호연대하면 틀림없이 강권을 배척할 능력을 갖게 될 것으로 예측하고 있다. 더구나 약소민족이 강권을 배척하는 날은 곧 강족의 정부가 전복되는 날이며, 동시에 세계평화의 서광이 비치는 날이 될 것이다. 믿지 못하겠다면 아시아 약소민족이 실제로 발흥하고 있다는 증거를 열거해보겠다. 그것은 아래와 같다.

첫째, 인민이 독립의 염원을 가지고 있다.

현재 아시아 민족 중에서는 필리핀인이 가장 강하고, 오래전부터 독립정신을 가지고 있었다는 것은 다시 더 말할 필요가 없을 것이다. 필리핀 이외의 약소민족들에 대해서도 대강 살펴본다.

I. 인도

인도인이 독립을 도모해온 지 금년까지 이미 5년이 되었다.[3] 독립을 고취하는 신문과 잡지도 50여종이나 된다. 또 지사(志士) 오로빈도 고시(哀毗告斯, 1872~1950)는 윤그타르(母國之萬歲)라는 신문을 발행하여 영국인의 횡포를 배격하고 있다. 또 종교학자들도 서서히 떨쳐 일어나고 있다(최근에 불교도 登摩巴羅는 摩阿菩提會를 창립하여 국민종교를 통일시키려고 하였다.[4] 또 어떤 형제 두 사람은 아메리카에 불교를 포교하여 그 세력이 대단히 성하게 되었다. 또 학자 鉢羅耆씨는 哀利逢大學을 설립하여 인도인들로부터 무관의 제왕이라고 칭해지고 있다. 그외에도 고대사를 편찬하여 국민의 독립사상을 격발시키려는 사람도 있다). 영미에 거주하는 독립 지사 중에서는 자신의 모든 재산을 기부한 바라문(筏利門)이 있고 영국의 폭정을 남김없이 폭로한 자르마(加爾馬) 부인도 있다(바라문은 영국 런던에서 법률을 공부하고 영국 학교의 교사가 되었다가 뒤에 인도로 돌

---

3) 인도의 국민회의가 처음으로 '자치(自治)'를 표방한 것은 1905년 이래 벵갈 분할 반대투쟁의 일환으로 개최된 1906년의 캘커타대회다. "독립을 도모해온 지 올해로 5년이 경과하였다"는 서술의 근거는 불명.

4) 이 부분에 해당하는 인명과 회의명칭은 확인할 수 없었다. 근대 인도의 힌두교 개혁가 슈리 라마크리셰나 파라마한사 내지는 그의 제자 비베카난다의 활동을 말하는 것일지도 모른다.

아와 관리가 되었으며 현재는 관직을 버리고 런던에서 거주하고 있는데 잡지를 창간하였다. 그는 독립운동을 하거나 공부하고자 하는 대부분의 인도 독립지사들에게 거금을 지원하였으며, 자신의 주택 일부도 영국에 유학하고 있는 고향사람들에게 제공하였다. 자르마에 대해서는 앞의 책을 참조하라. 그녀는 최근에 또 유럽에서 미국으로 가는 도중에 연설을 하여 영국인의 횡포를 세계에 선포하였다. 이들은 모두 위인들이다). 토오꾜오 유학생 중에도 역시 몰래 큰일을 도모하려고 실학(實學: 化學을 지칭한 것 같다)을 배워서 폭동과 암살을 실행하려는 학생이 있다. 인도 국내에서는 국민회의가 조직되어 있는데 5개의 지부로 나뉘어 있으며 회원이 40여만에 달한다고 한다. 그중 명백히 혁명을 목적으로 하는 것은 대체로 두 파로 나눠진다. 일파는 폭도의 힘에 의하여 정부를 전복하려는 것이고 또다른 일파는 인민을 동원하는 정책을 채택하여 납세거부, 동맹파업, 병역거부 및 관리의 직무거부 등을 실행하려는 것이다(어떤 인도인의 말에 의하면 인도의 하급관리에는 대부분 토착 인도인이 종사하고 있고 병졸 역시 인도인이 다수라고 한다. 만약 인도인이 동맹하여 관직거부 및 병역거부를 실행한다면 영국인이 인도를 통치할 방법이 사라져 곧 무정부적 현상이 나타날지도 모른다고 한다. 그 말은 매우 타당한 말이다).

그외에도 군대 내에서 운동하는 자도 그 수를 헤아릴 수 없이 많다. 그렇기 때문에 몇개월 사이에 철도노동자들의 파업, 원주민의 폭동, 사병들의 반란이 일어나 영국인들의 폭정을 좌절시킬 수 있을 것이다. 어떤 인도인의 말에 의하면 인도의 서쪽에는 부탄(巴爾丹)이라는 독립국이 있는데 그 국민은 용맹하고 지혜롭다고 한다. 또 북쪽의 시크(西克什)인은 비록 영국에 이용되고 있기는 하지만 성질이 용감하여 만약 항영(抗英)운동에 참가하게 되면 영국의 무서운 적이 될 것이라고 한다. 구르카(廓爾喀)인 역시 전투를 잘한다고 한다. 만약 그들을 조금만 교육하면 독립도 결코 어렵지 않을 것이라고 한다. 인도인은 성실하고 남을 속일 줄 모르기 때문에 모군의 말이 거짓이 아닐 것이다. 이상이 인도가 독립하려 하는 증거들이다.

II. 베트남

베트남에서는 나라가 망한 후 이미 11년에 걸쳐서 독립지사들이 무력저항을 계속하고 있다. 최근 내가 아는 베트남인의 말에 의하면 현재 일본에 유학하고 있는 30명의 베트남 학생은 모두 체포를 피하여 망명하였으며, 몸과 재산을 바쳐 광복을 도모하고 있는 인물들이라 한다. 프랑스인이 그들을 대단히 경계하고 있으며, 이들 때문에 프일협약이 결성되었다고 한다. 그러나 베트남인의 인식이 제고되면서 비밀리에 신문이나 잡지를 발행하는 자, 조직을 결성하는 자, 또는 몰래 유학하는 자 등이 있어서 프랑스인도 이 모든 것들을 금지할 수는 없을 것이다. 현재 친프랑스적 입장을 취하고 있는 사람은 국민 중 1/10에 지나지 않으며 그것도 모두 프랑스인들로부터 밥을 벌어먹는 사람들이다. 노동계나 중산계층 이상의 사회인들은 모두 반프랑스를 도모하고 있다. 애석하게도 전함이나 무기가 없어 프랑스와 대적할 수 없다. 그러나 프랑스가 징집한 병사 중에는 베트남인이 다수를 점하고 있다. 현재 독립을 도모함에 있어서도 이들을 이용하려고 한다고 한다. 지난해에는 어떤 군인이 거짓으로 친프랑스를 가장하여 몰래 프랑스 군영을 탈취하려고 의사(義士)들과 서로 연락하였다고 한다. 모의의 초동단계에서 사건이 탄로나고 말았고 이 때문에 그후 프랑스는 베트남 군인들을 엄중하게 감시하고 있어서 거사를 일으키기가 쉽지 않게 되었다. 그러나 일단 기회가 오면 이러한 세력들은 모두 프랑스의 적이 되어 모반할 것이다. 그렇게만 되면 순식간에 프랑스인을 축출하는 것도 어렵지 않을 것이다. 모군의 이러한 말에서도 베트남인의 프랑스에 대한 분노가 얼마나 깊은지 충분히 알 수 있다. 또 최근 런던으로부터 온 전보는 다음과 같은 내용을 전하고 있다. "최근 영국령 인도에서는 원주민들이 반란을 일으키려고 하고 있고 그 영향이 프랑스령 인도차이나에도 미쳐 역시 반란의 조짐이 생겨났다. 그들은 의회의 설립을 요구할 뿐 아니라 한발 나아가 정치적 자치를 요구하기 시작하였다." 현지의 신문은 프랑스가 만약 원주민의 요구를 수락하지 않으면 원주민의 운동은 더욱 더 험악하게 될지도 모른다고 하고 있다. 프랑스 신문 역시 "프랑스령 인도차이나의 통킹(東京)지역에는 원주민들 사이에 커다란 불만이 고조되어 있고 다수의 유력 원주민들이 폭동을 부추기고 있다. 현재 프랑스 법원(경찰—옮긴이)은 이들을 철저히 체포하려 하고 있다"고 한다. 이러한 두 가지 사실로 볼 때 베트남에서는 곧 반란이 일어날 것으로 예상된다. 이상은 베트남이 독립을 이루려 하고 있는 증거이다.

III. 조선

조선의 인구는 2천만이고 국민들 중 식자층이 많다. 인민은 농업을 근본으로 하고 있다. 한 조선인의 말에 의하면 현재 자강회는 비록 해산되었지만 회원들이 각지에 산재하여 여전히 운동에 전력하고 있다고 한다. 의기(義旗)는 전국 8도에 두루 휘날리고 있고, 모두 반일을 목표로 하고 있으며, 유학자와 군인이 다수를 차지하고 있다고 한다. 또 토오꾜오에 있는 약 700명의 유학생도 대부분 반일을 강력하게 주장하고 있다(이 말은 아무래도 조선인의 과장이라고 생각되며, 확실하지 않다. 그러한 사실이 확실하다면 조선이 어떻게 외국에 아첨하고 망국에까지 이르렀을 것인가). 또 국내에서 신봉되고 있는 종교 중에 천도교라는 것이 있는데 그 취지가 평등에 가깝고 은밀히 독립자강의 목표를 가지고 있다. 비밀리에 출판된 서적과 신문도 나날이 증가하고 있다. 그외에 미국에 유학하고 있는 사람들이 '대동보국회(大同保國會)'를 조직하였는데 상하이에도 분회를 설립하였다. 그들은 모두 비밀리에 독립을 도모하고 있다. 이외에도 암살을 기도하는 자, 비밀리에 주장을 선전하는 자도 있었으나 애석하게도 일본인들에 의해 발각되어 도중에 저지된 경우가 많았다. 그러나 이후에라도 단체를 결합하여 세력을 확장한다면 일본인들을 두려워할 것이 없을 것이다. 또 최근의 언론보도에 의하면 한국인의 폭동은 매일같이 일어나고 있다. 이것으로써 조선인민이 일본인의 지배에 굴복하지 않으려고 하는 것을 확실히 알 수 있다. 이것이 조선이 독립하고자 하는 증거다.

이외에도 페르시아에서는 비록 의회가 개설되었지만 수도는 여전히 더욱더 소란스러워지고 있고 전(前)수상은 암살되었으며 국왕 역시 살해되었다고 한다.[5] 중국인민도 민족주의를 주장하는 자가 있는가 하면 공화주의를 주장하는 자도 있어, 암살과 폭동이 계속해서 발생하고 있다. 대체로 현재 열강의 침략과 지배를 받고 있는 아시아의 약소민족들은 이미 그 속박을 벗어나려고 생각하고 있고 군주와 관료들의 지배를 받고 있는 경우에도 학정을 벗어나서 민기(民氣)를 신장하려 하고 있다. 이러한 사실들은 모두 아시아의 약소민족들이 억압을 감수하지 않으려고 하는 증거다.

둘째, 점차 사회주의를 이해하게 되었다.

최근 아시아 약소민족은 모든 재원을 열강에게 빼앗겨버려 민생은 날이 갈수록 처참할 만큼 곤궁한 지경에 빠져들고 있다. 인민은 생계를 도모할 방법이 없어지자 사회주의로 향하지 않을 수 없게 되었다. 최근 인도의 지사들이 한폭의 그림을 그렸는데 인도를 5개 지역으로 획분하여놓고 땅에 금전을 뿌려서 영국인이 약탈하는 상태를 묘사하여 인도의 국민들에게 엄숙히 경고하였다. 한 조선인은 나에게 일본이 조선의 재정을 정리한다는 구실로 모든 재원을 약탈하려 한다고 하였다. 전국 인민의 재정이 고갈되어가는 것도 여기에서 비롯된 것이라고 말하였다. 베트남인 역시 다음과 같이 말하였다: "프랑스는 베트남을 통치함에 있어 무엇보다 징세를 가장 중시하여 가옥·가축·선박이나 수레 등에도 과세했을 뿐 아니라

---

5) 본문의 "국왕 역시 살해되었다"고 한 내용은 사실이 아니며 부정확한 정보를 기초로 씌어진 것으로 보인다.

아래로는 연회·결혼·장제(葬祭)에도 역시 조세를 부과하였다. 또 인구와 토지에 대해서 강제 기부금을 징수했을 뿐 아니라 경찰서 비용까지 납세토록 하였다." 중국인민 역시 배상금과 청조의 허울뿐인 신정(新政)을 명분으로 한 징세의 증가로 물가가 폭등하고 민중은 더욱더 빈궁해지고 있으며, 특히 만주에서의 생활이 가장 곤란하다. 이것은 아시아 전역이 오늘날에 이르러 재정이 고갈되고 민중이 곤궁해진 상황을 나타내는 것이다. 이로 말미암아 사회주의가 서서히 흥기하고 있다. 인도의 캘커타(카르자타성)에서는 최근 영국인 하딩(哈疊)의 운동으로 사회민주동맹이라는 사회주의 단체가 설립되었다. 또 재영 인도인 중에도 역시 사회주의 신문이나 잡지를 간행하고 있고 토오꾜오 유학생들도 역시 사회주의를 연구하고 맑스, 푸르동의 학설에 심취되어 있다. 자르마 부인은 마침내 만국사회당대회(1907년의 제2인터내셔널의 슈투트가르트Stuttgart 대회)에도 출석하였다.[6] 이러한 사실들로부터 인도인 운동의 일반적인 상황을 알 수 있다. 조선과 베트남의 국민 지식수준은 낮다. 그러나 토오꾜오에 거주하는 그 나라들의 학생에게 사회주의를 이야기하면 모두 기꺼이 찬성한다. 사회주의의 진흥은 이들이 그 효시가 될 것이다. 중국인 중에는 평균지권(平均地權)을 주창하는 사람이 있고, 토오꾜오에서 사회주의 신문이나 잡지를 간행하고 있는 사람도 있다. 프랑스 빠리에서 간행되는 『신세기(新世紀)』 역시 이러한 취지를 가지고 있다. 또 페르시아·중국·조선에서의 암살사건도 역시 무정부주의자의 존재를 암시하는 것이다. 이러한 사실들을 통해 보았을 때 수년 안에 사회주의와 무정부주의는 반드시 아시아에서 큰 세력을

---

6) 『天義』 8~10 합책호(1907. 10)에 실린 「婦人界와 萬國社會黨大會의 關係」에는 슈투트가르트 대회의 제2일째 "인도의 소작농민의 부인인 자르마──사회당의 대의원의 자격이 아니고 영국에 의해서 명예고문으로 추대된 인물──가 이날 등단하여 연설하고, 영국의 인도에 대한 시책의 비리를 통격하고" 연설이 끝나자 인도의 삼색기를 펼쳐서 참가자들에게 시위하였다는 기사가 실려 있다.

가지게 될 것이다. 이것은 참으로 아시아를 위해서 큰 다행이라고 우리들은 예측할 수 있다.

셋째, 대동(大同)주의가 점차 밝아오고 있다.

조선과 베트남은 본래 중국의 판도였으며 문자와 예속(禮俗)도 서로 비슷하다. 그리하여 그 국민도 항상 중국과 화친할 수 있었다. 샴이나 일본의 문화도 그 원류는 중국으로 소급된다. 이 때문에 동아시아는 결합하기 쉬운 것이다. 인도는 불교의 발상지로서 불교는 그곳으로부터 동아시아로 전파되어 이미 수천년을 경과하였다. 그후 이슬람교(회교)가 아라비아로부터 수입되어 페르시아와 인도에 전파되었다. 또 페르시아―아리아인(이란인)이 아랍의 침략을 받고 난 후에는 유민이 각지로 분산되었는데 지금은 인도에 분산되어 거주하고 있다. 그리고 이슬람교와 힌두교(印度婆羅門教)는 인도로부터 동남아시아의 여러 군도로 파급되었다. 지금 인도 및 필리핀인 사이에는 모두 영어가 사용되고 있다. 이러한 까닭에 서부아시아와 남아시아는 쉽게 결합할 수 있다. 결합하기가 쉽기 때문에 그 국민들 사이에 점차 대동주의가 밝아오고 있는 것이다. 현재 인도인·일본인·중국인 중에서 아메리카 대륙에 거주하는 자들은 그곳의 노동조합[工黨]으로부터 배척당하면서 서서히 자체조직을 결성할 필요성을 깨닫게 되었다. 또 남아프리카에서 영국인이 중국 노동자[華工]들에게 강제로 주책(注册: 지문등록)을 강요하고 있는 것에 대해서 인도의 어떤 변호사(간디를 지칭한 것―옮긴이)가 백인의 몰상식함에 분개하여 영국인이 중국인을 전쟁포로와 같이 본다고 주장하고 만약 중국인이 요구하면 법률적으로 최선을 다하여 변호해줄 것이며 사례금을 받지 않겠다고 하였다.[7] 일본에 머무르고

---

7) 『天義』8~10 합책호에는 트랜스발의 화교가 기고한 「트랜스발 성의 화교 학대의 참상(南非洲杜省虐待華僑之慘狀)」이 실려 있다. 거기에는 1905년 중국인(및 인도인) 노동자[苦力]의 모집을 시작한 것을 계기로 이전부터 그곳에서 상업에 종사하고 있던 회교 ―보어진쟁 전에 약 3천명――에 대해서도 '노동자와 구분하기 위한 것'이

있는 인도인 중에는 중국과 인도의 연합이 유리함을 알고 있는 사람의 수가 특히 더 많다. 이것은 인도인이 대동주의를 잘 알고 있는 증거다. 재미 조선인들이 창립한 대동보국회는 (그 취지가) 대체로 국가주의와 비슷하다. 그 회칙의 제1조를 보면 "본회는 같은 민족을 보호하고 강토를 보호하며 권리를 보호하는 것을 가장 긴급한 의무로 삼으므로 회의명칭을 대동보국회라 한다"고 하였다. 그 회칙의 제6조에서는 외국인민도 참가할 수 있다고 하고 있으므로 대동이라는 말이 헛말이 아님을 알 수 있다. 또 조선의 어떤 사람이 나에게 "현재의 이른바 평화란 모두 유럽의 평화다. 따라서 제국주의자들은 모두 죄악에 깊이 빠져 있으므로 우리는 마땅히 온 힘을 다해 배척해야 한다"고 말하였다. 베트남의 어떤 이도 또 "아시아의 같은 종족들로 구성된 국가들이 만약 서로 연합한다면 백인을 배척하는 데 도움이 될 수 있다"고 말하였다. 이것은 조선인과 베트남인이 대동주의를 잘 알고 있는 증거다. 중국의 국민들은 비록 항상 민족주의와 국가주의라는 두가지의 주의를 지지하고 있지만 세계주의를 지지하는 자도 또한 적지 않다. 그러므로 아시아의 약소민족들이 국가주의로부터 대동의 단결로 나아갈 날이 멀지 않다. 이것은 우리가 예측할 수 있는 사실이다(만약 일본의 각 정당이 日淸, 日韓, 日印의 협회나 公司를 창설한다면 그것은 세력을 확장하려는 목적에서 그럴 것이 분명하므로 이것은 우리들의 공동의 적일 뿐, 대동주의와는 다른 것이다).

　이상에서 열거한 것으로부터 모든 아시아의 약소민족이 진보했음을 증

라는 이유로 '거주지, 음주, 마차·자동차의 승차, 공공 화장실의 사용, 번화가를 걷는 것, 백인여성과의 결혼, 공원·극장·식당·호텔의 이용' 등에 대해서 22개항으로 된 신규정(신아시아법)을 강제하는 등 '경천동지(驚天動地)'의 모욕이 가해지고 있음이 분노에 찬 글로 표현되고 있다. 그리고 인격을 가진 자라면 도저히 따를 수 없는 이 차별에 대해서 중화회관에 모인 화교는 인도의 '변호사' 간디(1893년 이래 남아프리카에서 변호사로 있었다)를 초빙하여 연설회를 갖고 '신아시아법'에 의한 지문등록 강제 반대투쟁을 벌였다. 이 때문에 간디는 징역 2월을 언도받았다.

명할 수 있는 것이다. 만약 아시아 약소민족이 열강에 굴복하지 않으려는 정신을 가지고 사회주의나 무정부주의를 실행하고 대동단결한다면 강권에 저항할 날이 반드시 올 것이다. 특별히 내가 주장하고자 하는 것은 다음과 같은 것이다.

3. 아시아 약소민족 해방의 길

1) 아시아 약소민족이 독립을 얻지 못하면 강족(強族)의 정부를 전복할 수 없다. 2) 아시아 약소민족이 강국의 민당(民黨)과 연합하지 않으면 독립을 얻을 수 없다. 그 이유는 아래와 같다.

어떻게 아시아 약소민족이 독립을 얻지 못하면 강족의 정부를 전복할 수 없다고 말할 수 있는가? 현재 구미 각국에서 정부와 부민(富民)의 세력은 날로 증대되는데 인민은 더욱더 빈곤해지고 있는 까닭은 무엇인가? 그것은 제국주의가 성행하고 있기 때문이다. 제국주의가 발달한 원인은 대체로 정부와 자본가가 다른 나라의 금전을 갈취하려고, 한편으로는 그 무지하고 허약한 자국민에게 이익을 주면서 다른 한편으로는 국민을 위력으로 제압하고 있기 때문이다. 즉, 식민이라는 이름하에 정부와 자본가의 재산을 확대하고 있기 때문이다. 그러나 그 결과는 약소민족의 국민에게 해로울 뿐만 아니라 직접 본국의 인민에게도 해로운 결과를 가져온다. 왜냐하면 만약 각국의 정부가 제국주의를 확장하려고 하면 반드시 군사력을 무엇보다 중시해야 하고 군사력을 증대시키려면 국민이 부담하는 세금을 배로 증액하지 않을 수 없다. 또 군사력을 증강하려면 국민에게 무리한 증세를 강제해야 할 뿐 아니라 자본가와 결탁하여 그들에게 평민의 권리를 박탈할 수 있는 권리를 줌으로써 은밀히 그 이득을 취하지 않을 수 없다. 최근 일본의 실제상황이 이러한 일반적인 사실을 증명한나. 이것이

제국주의는 자국의 인민에게도 해로운 첫번째 이유이다.

또 식민지가 증가하면 본국의 자본가들은 시장을 확장할 수 있게 된다. 투기를 잘하거나 교묘히 독점을 할 경우에는 얻는 이익이 배로 증가하게 될 것이다. 그리하여 부민의 숫자는 날로 증가할 것이지만 빈부가 불평등한 상황도 역시 수반되어 나타날 것이다. 부민의 자본이 증가하게 되면 평민의 사업은 하나하나 겸병되고 말 것이다. 또 시장을 확장하기 위해서 모든 공장이 하나같이 식민지에 내다 팔 물건만 제조하게 되어 국민의 필수품은 도리어 경시될 것이다. 그 결과 노동자로 전락하는 인민이 날로 증가하고 물가는 앙등하여 빈민의 생활은 더욱더 곤궁하게 될 것이다. 맑스의 『공산당 선언』[8]을 보면 유럽 자본가들의 세력은 신대륙 발견 이후에 증대되었다고 한다. 크로포트킨 역시 부민의 시장확장이 평민에게 끼친 영향이 대단히 크다고 하였다(『무정부주의의 철학』을 보라). 이런 지적은 참으로 타당하다. 이것이 제국주의가 자국의 인민에게도 해롭다고 하는 두번째 이유이다.

또 제국주의가 성행하고 있는 국가에서는 한편으로는 약소민족을 정복하기 위해 군사력을 증강시키고, 동시에 그 위력을 사용하여 자국의 인민도 탄압한다. 그들은 전승의 위엄과 국민의 마음속에 각인된 공적과 충렬을 이용하여 정부 만능을 과시하고, 정부에 저항할 뜻을 가진 자로 하여금 그 위엄에 눌려 복종하지 않을 수 없도록 한다. 이것은 결국 진시황이나 한무제가 영토를 확장하는 데 사용했던 오래된 계략이다. 예컨대 유럽의 소국들을 러시아나 독일과 같이 강대한 국가와 비교해볼 때 그 인민의 자유를 기준으로 비교해보면 나라의 규모가 적으면 적을수록 국민은 더욱더 안락하고 국가가 강하면 강할수록 국민은 더욱 곤궁하다. 이것으로 제국주의는 실로 정부가 서민을 억압하려는 예고편임을 알 수 있다. 이것

---

8) 『天義』16~19 합책호에 民鳴 譯, 『共産黨宣言』의 전문이 실려 있다. 幸德秋水의 번역을 중역한 것으로 중국 최초의 소개였다.

이 제국주의가 자국의 국민에게 해로운 세번째 이유다.

그것이 자국의 인민에게도 해로운 까닭에 강국의 인민 중에서 약간이나마 민생의 고통을 살펴 알고 있는 자는 모두 제국주의에 반대하고 있다. 제국주의는 단지 인민에게 해로울 뿐 아니라 또 정부와 자본가의 학정을 도와 민당의 반항력을 좌절시킬 수 있기 때문이다. 구미 각국의 사회당 내지 무정부당의 세력은 중국이나 페르시아의 민당에 비교해볼 때 훨씬 진보해 있다. 그러나 결국 국가를 전복시키지 못하고 있는 것은 국가의 세력이 강성하기 때문인 것이다. 국가의 세력은 제국주의를 실행함으로써 강성해진다. 만약 아시아의 모든 약소민족이 독립을 도모하여, 인도가 영국에 반항하고 베트남이 프랑스에 저항하고 중앙아시아가 러시아에 반항하고 필리핀이 미국에 반항하며 조선이 일본에 반항하고 중국의 산뚱과 윈난·꽝뚱 및 만주의 인민도 또한 동시에 일어나 독일·프랑스·러시아 등에 저항할 경우, 아시아의 식민지를 정부와 자본가의 보고라고 보고 있는 저들 열강이 식민지를 분리 독립시키려는 그러한 움직임을 결코 좌시하지는 않을 것이며, 반드시 정당치 못한 군대와 무력을 동원하는 정책을 쓰게 될 것이다. 일단 그들이 군대와 무력을 동원하는 정책을 채택하게 되면 세금을 증가시켜야 하므로 국민의 생업을 곤궁하게 만들 것이다. 정벌전쟁의 화가 매년 이어진다면 그 나라의 국민들은 곤궁에 처하여 원망을 하게 될 것이며 원망은 분노를 낳을 것이다. 사회당과 무정부당이 그 기회를 이용하여 여러 세력을 결합하여 정부와 자본가에게 반항한다면 평화시기와 비교해서 효과를 거두기가 쉬울 것이다. 또 국토를 비워놓고 많은 군대가 식민지 인민을 정복하려고 멀리 나아가 있으면 민당은 군사력이 허약한 틈을 이용하여 일어날 것이다. 민당을 막으려고 하면 원정대를 도로 철수할 수밖에 없다. 결국 약소민족의 목적은 달성될 것이다. 설사 정부와 자본가의 세력이 순식간에 전복되지는 않는다 하더라도 아시아의 식민지가 강권의 압제에서 벗어나게 되면 강대국의 권위가 실추되어 전국의 인민은 정부를 두려워할 필요가 없음을 분명히 깨닫게 되고 반항심을 갖게될 것이다. 또 전국의 부민(富民)이 시장을 확장할 권리를 잃게 되면 자본가의 세력 또한 틀림없이 전보다 훨씬 약화될 것이다. 새롭게 성장한 민당이 세력을 잃은 정부와 자본가에 저항한다면 그 저항력은 틀림없이 경쟁에 승리할 정도가 될 것이다. 따라서 아시아의 식민지가 분리 독립하는것과 강대국의 정부가 전복되는 것은 직접적인 관련을 가지고 있다. 식민지가 아직 반란을 일으키지 않고 있는 시기에는 정부와 자본가의 세력이민당을 좌절시키고도 남을 것이다. 그러나 식민지가 반란을 일으킨 후에는 도리어 정부와 자본가가 쉽게 민당에 의해 전복될 수 있다. 그러므로아시아 약소민족의 독립은 강대민족이 아시아에서 자행하는 강권에 대한항거일 뿐 아니라 강대국이 자국의 민당에게 행사하는 강권도 약화시킬수 있는 것이다. 여기에 이르면 세계적으로 팽배한 억압적 정치[人治]는사라질 수 있을 것이다. 이것이 약소민족의 독립이 끼치는 영향이다.

또 똘스또이는 중국인에게 보낸 편지에서 "유럽의 인민들은 추위와 굶주림 때문에 동방의 농업국을 약탈하여 그들의 의식을 해결하려고 하지않을 수 없다"고 썼다. 이 말을 근거로 했을 때 백인종의 인민들은 정부와자본가의 압박에서 벗어날 경우 동아시아를 침략하고자 하지 않을 것이분명하다.

아시아의 약소민족이 강대국의 민당과 연대하지 않으면 독립할 수 없다고 하는 것은 무슨 말인가? 지금 아시아의 약소민족은 강국 정부에 반항할 만한 실력이 부족하다. 여기서 그 속박을 벗어나려면 반드시 적극적인방법과 소극적인 방법 두가지를 모두 다 사용해야만 한다. 적극적인 방법이란 실력을 양성하고 암살, 납세거부[抗稅], 동맹파업[罷工] 및 폭동을 실행하는 것이다. 소극적 방법이란 열강의 민당과 상호연대하여 그 나라 정부의 권위를 실추시키고 그 실력을 약화시키는 것이다. 최근 구미와 일본의 민당 중에는 사회주의나 무정부주의를 지지하고 있는 자들이 있는데,

그 특징은 두가지다. 하나는 세계주의이고 또 하나는 비군비주의(非軍備主義)다. 둘 다 본국 정부의 침략주의에 반대하는 것이다. 세계주의를 주장하기 때문에 영국 독립노동당의 당수 하딩(哈疊)은 인도를 돌며 극렬한 연설로 인도인을 선동하였다. 또 사회민당(사회민주동맹)의 하인드만[9]도 인도문제를 해결하기 위해 스스로 인도 원조를 자임하고 전력을 다하고 있다. 또 간행하고 있는 신문('細亞斯第斯'라는 이름이다. 1884년에 창간된 주간지 *Justice*를 지칭한 것—옮긴이)을 인도로 반입하여 사회주의를 전파하였는데, 정부가 몰수해도 좌절하지 않았다. 일본의 사회당도 조선에 대한 본국 정부의 무도함에 분격하여 일본이 조선의 국왕을 퇴위시킨 그날 당에서 비밀회의를 개최하고 조선을 도울 방법을 토의하였다. 최근에도 여전히 그들은 조선인들과 친밀한 관계를 가지고 있다. 또 일본 사회당의 모군은 나에게 조선인이 만약 일본의 폭력에서 벗어나고자 한다면 일본의 사회운동이 그곳까지 확장되기를 기다려야만 비로소 성공할 수 있을 것이라고 말하였다. 이 말에는 비록 다소간 편견이 들어 있지만[10] 일본 사회당이 조선에 대해 깊은 연민을 가지고 있음을 증명한다. 세계주의를 지지하기 때문에 약자를 돕고 강자를 약화시키는 것을 천직으로 삼고 있는 것이다. 결국 자국 식민지의 독립에 대해서도 또한 깊은 동정을 나타내고 있는 것이다.

사회주의자나 무정부주의자는 비군비주의의 운동을 추진하는 데 더

---

9) 당시 영국에서는 극히 소수였던 맑스주의의 입장에 섰던 사회주의자. 보어전쟁은 극렬히 반대했지만 제1차 세계대전 때에는 조국방위를 지지하는 입장에 섰다.

10) 石母田正이 幸德秋水의 「病間放語」에 대해서 이미 지적하고 있듯이(『續歷史와 民族의 發見』), 이 시기 일본의 사회주의자·무정부주의자는 대체로 "아시아 민족의 사회혁명을 주장하는 데 급급하여 식민지 또는 반식민지의 상태에 놓인 민족들의 제국주의로부터의 독립이라고 하는, 第1義的 과제"를 정확히 인식하지 못하였다. 본문의 '편견이……'는 이러한 사실에 대해 류 스페이가 직감적 위화감을 표현한 것이라고 생각된다.

욱더 많은 힘을 기울이고 있다. 저들은 군국주의로 다수 인민들의 생명을 이용하여 소수 유력자들을 보위하려고 하고 있으며, 또다른 나라의 무수한 동포들을 해치고 소수 권력자들의 영광을 증대시키려 하고 있다. 그 때문에 독일·스위스·일본의 민당은 한결같이 모두 비군비주의를 주장하며 인민에게 병역 거부를 호소하고 있다. 프랑스인 에르베(愛爾威: 프랑스의 사회주의자로서 초기에는 반애국주의를 열렬히 주장했지만 후에는 파시즘에 접근하였다—옮긴이)는 이것을 더욱 강력히 주장하고 있는데 그는 법정진술에서 다음과 같이 말하였다: "현재 조국이라 하는 것은 타인을 손상하여 자신을 이롭게 하려는 것이며 그 결과 사회적 불평등이 심화되었다." 또 "만약 프랑스와 독일이 다른 나라와 충돌하게 되면 사지로 나아가는 자는 민이고 이익은 그 나라 수도인 베를린과 빠리의 부귀한 자들에게 돌아가게 된다"라고도 말하였다. 또 "국외전쟁은 양국의 평민들이 피차 같은 입장에 있는 평민동료들을 죽이는 것일 뿐이며, 저들 부귀한 자들은 승패와 상관없이 모두 평안하고 무고하다"고 말하였다(이상은 2년 전의 일이다).[11] 그는 최근 또 격문을 발포하였는데 대략 다음과 같이 말하였다: "예비병 제군! 다른 나라의 노동자를 죽이지 마시오. 만약 군대를 국경 밖으로 내보내려 하더라도 제군은 결단코 응하지 말아야 합니다. 무릇 전쟁이란 것은 모두 죄악이기 때문입니다. 지휘관들이 전투명령을 내린다 하더라도 제군은 노동자들의 총동맹파업의 대열에 참가하고 군인이란 직업을 버리시오." 그 격문의 내용이 이와 같은데, 프랑스인 중에는 동조자가 수천명이나 되며 남유럽과 스위스에도 그 영향이 미치고 있다. 이것은 곧 비군비주의자는 본국이 식민지를 정복하는 것에 대해서도 역시 극력 반대하고 있

---

11) 『新世紀』 18, 19호(1907. 10. 19; 1907. 10. 26)는 '愛爾衛反對祖國主義'라는 제목으로 그의 사진과 그의 1905년 엘베 법정에서의 진술을 상세하게 기록하고 있다. 류스페이와 허 전(何震)은 『天義』의 여러 글에서 이 기사를 자주 인용하고 있는 것으로 보아 큰 영향을 받았다고 생각된다.

음을 보여준다. 또 최근에 개최된 사회당과 무정부당의 두 대회를 보더라도 세계주의와 비군비주의가 점차 확대되고 있음을 알 수 있다. 금년의 사회당대회(제2인터내셔널의 슈투트가르트 대회)에서 식민지 문제가 의제로 되었다. 이 문제를 둘러싸고 대략 2개의 분파로 나누어졌다. 일파는 식민지도 역시 사회진화의 한 요소이므로 사회당의 임무는 오직 식민지 정책에 있어서 정의와 자유의 기준을 확립하는 것이라는 것이다. 다른 일파는 식민정책이란 곧 한 국민이 다른 민족을 통치하는 것이므로 사회당은 어떠한 식민지 정책도 당연히 배척해야 한다는 것이었다.[12] 그때 한 영국인(耶拉第夫娛禿)은 영국의 남아프리카공화국 정복과 미국의 필리핀 지배를 격렬하게 공격하였다. 아울러 비군비주의를 제의하고 또 각국의 사회당은 본국의 육해군 예산안에 대해서 극력 반대해야 한다고 말하였다. 에르베도 독일인 베벨(百拜爾)의 말을 통박하면서 "국가가 만약 전쟁을 일으키면 인민은 당연히 총동맹파업을 실행하여야 한다"고 말하였다. 무정

---

12) 슈투트가르트 대회에서 네덜란드의 사회주의자 판 콜을 위원장으로 하는 식민지 문제에 관한 소위원회는 다수결(10 대 8)로 "제2인터내셔널은 원칙적으로 항상 모든 식민지 정책을 부정하는 것이 아니며, 사회주의 제도하에서는 문명의 진보를 촉진하는 일도 있을 수 있다"는 결의안을 채택하였다. 이러한 발상의 근저에는 대회에서의 베른슈타인의 연설("문명국의 인민에 의한 미개인민의 지도는 필요하다――『자본론』 제3권에는 '토지는 한 민족 인민의 것이 아니라 인류의 것이라고 하고 각 민족의 인민은 인류의 진보를 위하여 사용해야 한다'고 서술하고 있지 않은가?")에서 전형적으로 나타나는 사상, 즉 18세기의 계몽사상과 같이 유럽문명을 인류 전체의 기준으로 삼는 합리주의적, 유럽 중심적 보편주의, 진보주의가 그 근저에 있었다. 이 초안은 레데불, 카우츠키 등의 독일 사회민주당의 소수파와 영국과 프랑스의 소수파, 러시아와 폴란드 등의 사회주의자들로부터 강력한 반대에 부딪혀 결국 128 대 108표(기권 10표)로 부결되었다. 레닌은 이 대회의 동향에 대해 언급하여 "광범한 식민지 정책이 채택된 결과"로서 "유럽 노동운동의 하나의 부정적 특징이 이렇게 나타났다"고 서술하였다(「슈투트가르트의 국제사회주의자대회」, 『레닌 전집』). 『天義』, 『新世紀』는 이 논쟁에 대해 주목하고 명백히 모든 식민지 소유를 부정하는 주장에 공감하는 입장에서 몇개의 논쟁을 소개하고 있다.

부당대회(1907년의 암스테르담 대회)에서도 비군비주의가 의제로 채택되었으며 "총동맹파업 때에는 군대도 발포명령을 거부해야 하며 노동자들도 군사무기의 제조를 반대해야 한다"고 주장하였다. 이러한 것들은 모두 세계주의와 비군비주의가 확산되고 있는 증거다. 이것은 강국 정부에게는 불리하겠지만 약소민족의 인민들에게는 큰 도움이 될 것이다. 더구나『공산당 선언』이 발표된 이후에는 만국 노동자들의 단결이 서서히 실현되고 있다. 금년의 무정부당대회의 결의안에서도 역시 만국의 동지들이 무정부주의 단체를 결성할 것과 그 단체들의 연합을 결성하기를 희망한다고 하였다. 사회당 및 무정부당이 모두 약소민족들과의 연대를 환영하고 있는 것이다. 또 그 당들의 최근의 세력도 옛날과는 다르다. 구미의 여러 나라에서는 영국·독일·북아메리카에서 동맹파업이 시도되고, 스페인·포르투갈·프랑스·이딸리아 및 남아메리카에서는 암살이, 그리고 러시아에서는 폭동과 암살 등이 매일같이 일어나고 있다는 소문이 들린다. 일본의 민당 역시 사회주의로부터 무정부주의로 나아가 직접 행동론을 주창하고 총동맹파업을 실천하려 하고 있다고 한다. 특히 암살론자들은 더욱 격렬하다고 한다(올해 여름 일본인들은 아메리카에서 철필판으로『革命』이란 신문을 간행하여 천황 암살을 제창하고 천황은 일본족이 아니라고 말하며 동맹파업을 주창했다. 일본정부는 이 신문의 반입을 금지하였다. 11월 3일 일황의 생일이 다가오자 재미 일본인은 암살주의를 주창하는 편지를 발송하였다. 그곳의 영사 및 천황에게 편지를 발송하여 천황은 원숭이 종족이며 천황이 국민을 대하는 태도는 러시아의 짜르와 같이 공정하지 못하다고 하였다. 이 글은 수백 단어에 달하는 일문으로 된 편지였다. 또 미국에 유학하고 있는 일본인 중에는 무정부당에 가입한 자가 다수인데 모 대학에 그 수가 가장 많다고 한다). 이러한 사실들은 강대국의 민당이 오랫동안 그 정부로부터 두려움의 대상이 되어왔음을 잘 보여주는 것이다. 만약 현재 아시아의 각 약소민족이 사회주의와 무정부주의를 잘 이해하고 나아가 그 두 당과 서로 연대한 위에, 독립을 선포하기 전에 강국에 거주하는 자로 하여금 비군국주의를 고취시켜 본국의 군대를 해산하게 하고 약소민족의 독립심을 견고하게 한다면 강국도 두려워할 필요가 없을 것이다. 독립을 선포하면 강대국은 많은 병력을 파견하여 진압하려 할 것이다. 그때에도 역시 그 강국의 민당과 연대하여 군사물자의 수송을 방해하고 집단적 병영탈주(동맹파업)의 사상을 군대 속에 불어넣는다. 그리하여 당의 세력이 충분히 강력하게 되면 그들과 호응하여 대책을 강구하면서 각 식민지의 민당이 동시에 난을 일으킨다. 그렇게 되면 영국·프랑스·독일·미국·일본의 각 정부는 내란을 진압하는 데 바빠 원정을 할 수 없을 것이다. 북만주와 중앙아시아의 인민들도 역시 러시아와 동아시아의 민당의 도움을 얻어 자유를 획득한다. 그렇다면 동아시아의 강권은 완전히 소멸될 것이다. 이것이 아시아가 독립하기 위한 책략이다.

또 에르베는 법정에서 다음과 같이 진술하였다. "만약 독일정부가 군대를 파견하여 폴란드의 혁명을 진압하려 한다면 우리 혁명당은 반드시 러시아와 폴란드 인민을 원조하여 독일과 싸울 것이다." 또 러일전쟁 때 러시아 인민들은 총동맹파업을 실행하려 하였다. 러시아 황제는 독일과 협약을 맺고 양국 정부의 힘을 합쳐 그것을 진압하려 하였다. 그러나 독일의 민당도 러시아 인민들과 정보를 교환하며 독일이 만약 러시아를 돕는다면 민당은 국내에서 소요를 일으킬 것이라고 말하였다. 프랑스·스페인의 무정부당도 역시 서로 호응하였으므로 프랑스(독일의 誤記일 것이다—옮긴이) 정부에서는 그것을 중지하였다. 이것은 민당이 자국 정부가 다른 나라의 혁명을 억압하는 것을 반대하고 있음을 나타낸다. 다른 나라에 대해서도 그렇다면 식민지의 혁명에 대해서는 또 어떻겠는가? 에르베가 한 말이나 독일인민의 뜻을 볼 때 아시아의 각 약소민족이 실제로 강권을 배척할 혁명을 일으킬 경우 분명히 강국의 민당으로부터 도움을 받게 될 것임을 알 수 있다. 독일황제 빌헬름 2세는 다음과 같이 말하였다. "현새의 성부는 만국을 연합하여 대동맹을 이룰 수 없다. 그러나 무정부당은 만국 인민을 연합하여 하나의 단체를 결성할 수 있다." 이 말 역시 한 나라에 변란이 발생하면 다른 나라에서 호응할 조짐이 있음을 말한 것이다. 그래서 에르베는 법정진술에서 또 이렇게 말하였다. "전쟁이 발생하면 우리들은 바로 일어나 혁명을 일으켜 사회의 대개혁을 도모할 것이다." 식민지의 독립도 역시 민당이 혁명할 호기가 된다. 그러므로 강대국의 민당들은 아시아 약소민족의 독립에 대해서 동정을 나타내지 않을 수 없는 것이다.

또 생각해보건대 최근 비군비주의는 단지 구미 각국에서만 실현될 가능성이 있는 것이 아니라 일본에서도 실현될 가능성이 있다. 대저 러일·프일·영일의 각 협약의 취지는 인도·베트남·북만주 등지에서 반란이 일어나면 일본이 반드시 출병하여 진압한다고 하는 것이다. 결국 아시아의 식민지가 독립하는 과정에서는 식민모국의 억압을 받아야 할 뿐 아니라 일본군대에 의해서도 유린당하게 되어 있다. 일본의 군대가 없어지지 않는 한 아시아 약소민족의 독립은 막대한 장애물에 부닥칠 수밖에 없다. 이것이야말로 참으로 아시아에서 유일한 큰 병통이다. 다행히 최근 일본의 민당도 점차 비군비주의를 제창하면서 간행물을 통해서 이러한 취지를 크게 선전하고 있다. 그리고 오오스기 사까에(大杉榮) 등은 마침내 이 때문에 투옥되었다. 현재 병사들 중에는 이미 그 영향을 받고 탈영 도주하는 자가 나타나고 있다(1907년 3월 홋까이도오 아사히까와에서 일어난, 병사 37명이 상관의 학대에 항의하여 탈영한 사건을 가리키는 것 같다—옮긴이). 앞으로 이 주장의 영향이 더욱 확산된다면 아시아의 식민지에 적지 않은 도움이 될 것이다.

이상에서 살펴본 바와 같이 만약 아시아 식민지의 인민과 구미 및 일본의 민당이 상호연대하게 될 경우, 민당의 혁명은 식민지 독립의 기회가 되고 식민지의 독립은 또 민당 혁명의 기회가 된다. 아시아 인민이 이 사실을 이해하고 이러한 방책을 실행하게 된다면 전세계적으로 식민지에 행해지고 있는 강권이나 인민을 속박하고 있는 정치는 모두 동시에 전복되어 인류의 자유가 실현될 수 있을 것이다. 홍인종(인디언)과 흑인종도 간접적이나마 그 혜택을 받아 강족의 침략에서 벗어날 것이다. 인류 최대의 행복은 여기에 있다! 내가 아시아 약소민족에게 바라는 것은 오직 두가지뿐이다.

첫째, 동시에 독립하는 것이다.

현재 강국 정부는 서로 협약을 맺고 한 나라의 식민지에서 반란이 발생하면 그 나라와 공수동맹을 맺고 있는 나라도 병력을 파견하여 도우려고 하고 있다. 아시아의 약소민족이 한 나라 인민의 힘만으로 다수 강국의 정부에 반항하려면 세력이 모자랄 것임에 틀림없다. 만약 동시에 함께 궐기한다면 영국군은 인도에서 피곤하게 되어 일본을 도와 조선에 원정하지는 결코 못할 것이며, 일본군은 조선에서 피곤하게 되어 영국이나 프랑스를 도와 베트남이나 인도에 원정할 수 없을 것이다. 그리고 만약 중국이나 페르시아 등과 같이 평화로운 시대에는 혁명을 두려워하기만 하다가 (기회를 놓쳐) 과분될 위기에 처한 나라들도 이때에 의병을 일으킨다면, 강국의 정부는 병력이 부족하여 무력간섭 정책을 채택할 수 없을 것이다. 이것이 약소민족들이 알아야 할 첫번째이다.

둘째, 정부를 세우지 않는 것이다.

최근 아시아의 약소민족은 지배정부의 억압을 받거나 혹은 다른 나라 정부의 침략을 받는 등 이미 막대한 곤란을 경험하였다. 그런데 만약 혁명 후에도 여전히 정부를 수립하게 되면 비록 공화정체를 채택한다 하더라도 프랑스나 미국의 전례를 좇는 것에 불과하다. 그것은 폭력으로써 폭력을 교체하는 것[以暴易暴]일 뿐이다. 또 각국이 병립하게 되면 필연적으로 국제문제가 생기고 분쟁이 일어날 것이므로 영원한 평화를 보장할 수 없을 것이 분명하다. 더구나 독립을 시도하면서 정부를 수립하려는 견해를 가지고 있을 경우 강국 민당의 도움도 받을 수 없을 것이다. 따라서 약소민족은 독립 이후에 반드시 무정부제도를 채택하여 인민의 대동사상을 이용하거나 또는 바쿠닌의 연방주의나 크로포트킨의 자유연합설을 채택하여 서민의 행복이 영원히 유지될 수 있도록 해야 한다. 이것이 약소민족이 알아야 할 두번째의 것이다.

또 정부의 작용(역할)은 대외적인 것에 불과하다. 그러나 아시아의 피압박 약소민족이 실제로 독립하게 되면 강국 정부 역시 점차 소멸될 것이다. 따라서 외환을 두려워할 필요가 없을 것이다. 이것이 정부가 불필요한 이유이다.

이러한 방책을 실행하여 강권 배척의 목적을 이루고, 동시에 공산무정부(共産無政府)의 목적도 달성하기를 염원한다. 이것은 아시아의 큰 행복이며 또한 세계인민의 큰 행복이다.

박제균 옮김

신아시아주의*

리 따자오

1

일본 토오꾜오에서 발간된 『중앙공론』(1917년 4월호) 첫머리에 「대아시아주의란 무엇인가?」라는 제목의 논문이 실려 있다. 그 논문은 서양문명의 정신을 분석하여, 대내적으로 집중된 자본주의에 의지해 노동계급을 약탈하며 대외적으로 국민의 폭력주의에 의지해 타국의 토지를 약탈하는 것이라고 하였다. 사실대로 말하면 서양의 문명은 약탈문명이며 서양의 주의(主義)는 약탈주의다. 우리 아시아인은 그것에 대하여 마땅히 정당방위를 해야 하며, 문화·정치면에서 모두 독립·자주의 기초를 닦아 저 서양에 대항하고 저 백인에 맞서며, 아시아를 인정하되 아시아인을 인정하지 않는 비아시아 세력을 아시아에서 배제할 뿐만 아니라 아시아를 아시아인의 아시아로 만들어야 한다. 오늘날 아시아인은 세계 도처에서 배

---

* 李大釗(1889~1927): 중국 北京大 교수. 중국공산당 창당의 주역. 출전: 「大亞細亞主義」, 『甲寅』日刊, 1917. 4. 18과 「大亞細亞主義與新亞細亞主義」, 『國民雜誌』, 1919. 2. 1을 각각 옮겼다. 번역 서본은 『李大釗 文集』, 北京 1984임.

척당하고 혐오를 받고 있으며 백인이 말하는 이른바 '세계'는 황인이 살고 있는 아시아를 포함하지 않는다. 백인이 말하는 이른바 '인도(人道)'는 아시아에 살고 있는 황인을 (사람으로) 대우하지 않는다. 이제까지의 일본외교는 모두 영국을 위해 극동을 지키는 파수견(把守犬) 노릇을 하는 것이었다. 그러므로 (일본은) 지금 당장 각성하여 정치·문화·종교·사상·경제면에서 중국·인도와 함께 천연의 연락을 맺어 대아시아주의를 건립하는 것이 유일한 이상이요 유일한 창조라는 것이 그 논문의 요지이다. 나는 이상과 같은 내용의 글을 읽고 느낀 바가 있다.

그 논문의 주장은 비록 현재 세계대동(大同)이 진운(進運)하는 하나의 줄기가 될 수 있을지라도, 나로서는 그 주장을 특별히 유감으로 생각한다. 사실의 문제로 말하면 나도 그것을 회피하거나 감히 부인할 수 없다. 대(大)서양주의에 대하여 대(大)아시아주의의 기치를 내걸어 저항하는 것은 역시 당연한 반응에 속할 것이다. 그러나 나는 진정코 중국이 없으면 아시아가 있을 수 없다고 생각하며 우리 중국인이 진정으로 자립할 수 없다면 아시아인은 세계 속에 존립할 수 없다고 생각한다. 따라서 요행히 어떤 한 나라가 있어 설사 자립하여 아시아의 주인공이 된다 하더라도 끝내는 반드시 구미열강의 화살이 집중되는 과녁이 되어 전멸의 화를 입게 될 것이다. 우리 중국은 아시아 대륙에 자리잡고 있으며 그 판도가 이처럼 광활하고 그 인구가 이처럼 많으며 그 세력이 전아시아의 문명을 대표할 만하거니와 이는 우리 스스로 자찬하는 바가 아니라 실로 세상이 공인한 바이다. 그러므로 대아시아주의자는 마땅히 중화국가의 재건과 중화민족의 부활을 절대적인 관건으로 삼아야 한다.

일본국민이 대아시아주의의 이상을 건립할 각오를 갖고 있다면 먼저 우리 중화가 아시아 대국의 주춧돌임을 인정하고 만일 외래세력이 함부로 (중화를) 능욕한다면 그를 도와 함께 능욕해서는 안될 뿐만 아니라 같은 아시아(同洲), 같은 황인종(同種)의 우의를 생각하여 상부상조하고 세계의 진정한 도의를 지키며 세계의 확실한 평화를 보장해야 한다. 만일 (일본이) 대아시아주의의 기치를 가장하여 자신의 제국주의를 분식(粉飾)하며, 극동의 패권을 몰아내고 다른 대륙인의 약탈을 금지하면서도 일본 스스로 약탈하거나, 다른 대륙인의 능욕을 거부하면서도 일본 스스로 나서서 능욕한다면 그 결과는 반드시 백인의 시기를 불러일으켜 끝내는 전아시아의 동포들에게 화를 뒤집어씌우게 될 것이다. 그러므로 대아시아주의를 주창하는 것은 아시아의 대세를 유지할 수 없을 뿐만 아니라 그 존망의 위기를 촉진하는 것이니 결코 아시아인이 나아갈 바가 아니다. 이 점을 일본인은 깊이 주의하기 바란다.

우리 국민이 대아시아주의를 건립할 이상을 갖고 있다면 우선 마땅히 아시아에 대한 우리의 책임과 지위를 자각하고 아시아를 우리 중국인의 아시아로 여기며, 신문명을 창조하고 신국가를 건립하여 세계 속에 존립하게 함으로써 서양의 문명민족과 서로 대립하게 해야 한다. 우리는 세계 인류에 대하여 어떠한 침략과 압박행위도 바라지 않으니, 이는 곧 힘이 허용하는 바가 우리의 이상이 허용하는 바가 아니란 뜻이다. 이것은 우리 조상의 역사를 살펴보면 알 수 있다. 우리는 다만 우리 민족이나 우리 국가가 타인의 침략과 압박을 받지 않기를 바라며 이 바람이 충족되고 이 책임이 끝나면 여기서 더욱 나아가 관인박대(寬仁博大)의 정신으로 아시아의 여러 형제나라를 감화시키고, 그들로 하여금 진실로 독립자치의 영역으로 들어가 타인의 학대를 면하고 타인의 속박에서 벗어나도록 해야 한다. 진정한 대아시아주의란 그 의의가 이와 같은 데에 있는 것이니, 우리 역시 이 목적을 향한 맹렬한 노력이 세계의 인도(人道)에 해가 되지 않고 아시아의 대국(大局)에도 유익하기를 원한다. 그렇지 않은 것이라면 우리나라 사람이 결코 더불어 알고자 하는 바가 아니다.

그밖에 우리가 구미 각국에 바라는 것은, 종족에 대한 편협한 견해는 빨리 버리고 세계 인도의 내용을 확충하여 유색인종에 대하여 일시동인

(一視同仁)하여 이런저런 국경이나 경계에 따라 존비귀천의 차별을 두지 말라는 것이다. 그러면 미래의 세계적 혁명은 피할 수 있고 황·백전쟁의 화는 실현되지 않을 것이다. 따라서 대아시아주의는 완전히 역사상 과거 환상의 산물이 될 것이다. 동·서의 선각자들은 동·서 인종의 조화에 노력하여 서로간의 원한을 제거하기 바란다.

2

근래 일본에는 '대아시아주의'를 주창하는 한 무리의 사람들이 있다. 우리 아시아인은 이 말을 들으면 오히려 매우 걱정된다. 대아시아주의를 주창하는 사람으로는 타께베 톤고(建部遯吳), 오오따니 코오즈이(大谷光瑞), 토꾸또미 소호오(德富蘇峰), 코데라 켄기찌(小寺謙吉) 등이 있다. 우리는 반드시 그들이 주창하는 대아시아주의를 명확하게 인식하고 그런 후에 판단을 내리고 비평을 가해야 한다.

첫째, '대아시아주의'는 중국병탄주의(中國幷呑主義)의 은어임을 알아야 한다. 중국의 운명은 전적으로 열강의 세력균형에 의지하여 비로소 유지될 수 있는데, 이것은 조금도 거리낄 필요가 없는 말이다. 일본이 만일 중국을 단독병탄[獨呑]하려고 생각한다면 우선 이와 같은 균등한 세력을 물리쳐버리지 않으면 안된다. 이리저리 궁리해본 끝에 바로 대아시아주의란 말을 생각해낸 것이다. 이 말은 표면상으로는 같은 황인종이고 같은 문자를 사용한다는[同種同文] 점에서 친숙한 용어이지만 실제로는 오히려 그 말 속에 일종의 단독병탄의 의사가 포장되어 있다.

둘째, '대아시아주의'는 대일본주의의 다른 이름임을 알아야 한다. 일본인은 아시아 고립주의라는 말을 빌려서 구미인의 차량을 막고 구미인이 동방에서 세력을 확장하지 못하게 하려고 한다. 아시아 민족은 모두 일본인의 지휘를 받고 아시아의 문제는 모두 일본인이 해결하며, 일본은 아시아의 맹주가 되고 아시아는 일본의 무대가 된다. 그때가 되면 아시아는 구미인의 아시아가 아니며 아시아인의 아시아도 아니며 실로 일본인의 아시아인 것이다. 이렇게 보면 이 '대아시아주의'는 평화주의가 아니라 침략주의이며, 민족자결주의가 아니라 약소민족을 병탄하는 제국주의이며, 아시아의 민족주의가 아니라 일본의 군국주의이며, 세계조직에 적응하는 조직이 아니라 세계조직을 파괴하는 하나의 씨앗일 따름이다.

　우리는 정말로 동종동문(同種同文)의 관계를 생각해 이웃나라의 명달(明達)에게 충고의 말을 몇마디 하지 않을 수 없다. 이번 유럽전쟁(1차 세계대전)은 전세계를 진동시키고 사람을 죽이기를 몇년간이나 하였는데 이것은 다름아닌 '대……주의' 때문이 아닌가? 남이 대슬라브주의를 주창하면 나는 대게르만주의를 주창하고 남이 대아시아주의를 주창하면 나는 대유럽주의를 주창한다. 사람의 욕심은 크지만 그 누구도 내 욕심만 못한 법이다. 이렇게 주창하면 저렇게 대응하니 결국에는 반드시 전쟁이 일어나게 되고 하나의 '대'자를 놓고 다투게 된 셈이다. 그런데 마침내 이 '대……주의'는 맞붙은 양대(兩大)주의 쌍방이 서로 부상을 입혀 죽은 것이 아니라 수많은 작은 세력들의 호조(互助) 앞에 패하였으니 저 독일의 패배가 바로 가장 좋은 교훈이다. 일본인이 대아시아주의를 주창하는 것은 아시아의 약소국이 환영하는 바이며 구미의 열강이 원하는 바인지 한번 생각해보라. 반드시 안으로는 같은 아시아간에 전쟁을 일으키고 밖으로는 세계의 시기(猜忌)를 불러올 터이니 이 어찌 자살정책이 아닌가?

　만일 이 주의가 구미인의 황인종 멸시에 대한 반향이라고 한다면 이번 평화회의의 결과를 왜 다시 보지 못하는가? 구미인이 공리(公理)를 무시하고 우리 동방민족을 잡아 희생으로 삼으려 한다면 우리는 그때 연합하여 그들에게 저항해도 늦지 않다. 아시아인을 배척하는 문제는 정당한 해결도 없었고 평등한 대우도 받지 못했으니 진정 아시아인의 공동문제는 마땅히 우리 아시아인의 전력을 모아 해결해야 한다. 공리를 위해서라면 전쟁을 일으킨다 해도 조금도 아까워하지 않겠다! 이런 점에서 생각해보지 않고 함부로 '대아시아주의'를 주창한다는 것은 실로 극히 위험하다. 이 위험은 일본을 위태롭게 할 뿐만 아니라 아시아 전민족을 위태롭게 하고 나아가 전세계의 평화를 위협할 만한 것이다. 이러한 위험을 방지하는 책임은 일본 이외의 동아시아 민족과 세계인류에게 있으며, 일본의 진짜 선량한 국민들도 일부의 책임을 나누어 져야 한다.

세계 대세를 보건대 미주(美洲)는 앞으로 반드시 하나의 미주연방(美洲聯邦)을 형성할 것이고 유럽은 유럽연방을 형성할 것이니 우리 아시아주도 마땅히 그와 비슷한 조직을 형성해야 한다. 이들 조직은 모두 세계연방의 기초이다. 아시아인은 일종의 신아시아주의를 함께 주창하여 일부 일본인이 주창하는 '대아시아주의'를 대신해야 한다. 이 신아시아주의는 우끼따 카즈따미(浮田和民)씨가 말하는 바와 다르다. 우끼따는 중일연맹을 기초로 삼아 현상을 유지하자고 주장하였으나 나는 민족해방을 기초로 삼아 현상의 근본개조를 주장한다. 남에게 병탄된 아시아의 민족은 모두 해방하고 민족자결주의를 실행해야 하며, 그런 후에 하나의 대연합을 결성하여 구미의 연합과 함께 세 세력이 정립(鼎立)함으로써 공동으로 세계연방을 완성하고 인류의 행복을 더욱 증진해야 한다.

유용태 옮김

대아시아주의*

쑨 원

여러분! 오늘 여러분의 이와 같은 열렬한 환영을 받고 보니 나는 정말 대단히 감격스럽습니다. 오늘 여러분들이 하나의 문제를 정하여 나에게 강연을 요청하였는데 그것은 '대아시아주의'입니다. 우리가 이 문제를 말하려면 우선 먼저 우리 아시아가 대체 어떤 곳인지를 분명히 알아야 합니다. 나는 우리 아시아가 가장 오래된 문화의 발상지로서 수천년 이전에 우리 아시아인은 이미 매우 수준 높은 문화를 이룩했고, 유럽에서 가장 오래된 국가인 그리스·로마 같은 옛 국가의 문화는 모두 우리 아시아(원문은 歐洲, 亞洲의 오식으로 보임―옮긴이)가 과거의 문화를 전해준 것이라고 생각합니다. 우리 아시아는 종전에 철학적 문화, 종교적 문화, 윤리적 문화, 그리고 공업적 문화를 갖고 있었는데 이들 문화는 모두 유사 이래 세계적으로 대단히 유명한 것이며 근대세계상의 최신의 각종 문화는 모두 우리의 이러한 옛 문화로부터 발생하여 나온 것입니다. 근 몇백년 이래 비로소 아시아 각 민족은 점점 위축되었고 유럽 각국은 점점 강성해졌습니다. 유럽

---

* 孫文(1866~1925): 중국의 혁명가. 출전: 上海民國日報, 1924. 12. 8.

의 각 민족이 발양하고 각 국가가 강성한 후 그들의 세력은 점점 동양을 침입하여 우리 아시아 각 민족과 각 국가를 하나씩하나씩 소멸시키거나 아니면 하나씩하나씩 압제하여 30년 이내에 우리 아시아 전체는 한개의 완전한 독립국가도 없게 될 것이라고 말할 수 있습니다. 그런 시기에 이르러 세계 조류는 극단으로 갔다고 말할 수 있겠는데 비(否)괘가 극에 이르면 태(泰)괘가 오고[否極泰來](『주역』에서 泰는 天·地의 交互로 만물이 형통하는 것을 의미하며 否는 天·地의 不交로 만물이 불통하는 것을 의미한다—옮긴이) 사물이 극에 이르면 반드시 되돌아가는 법[物極必反]이니 아시아가 쇠약해져 이처럼 극단으로 갔지만 다른 한편으로는 하나의 전기가 발생할 것입니다. 그 전기가 아시아 부흥의 기점입니다. 아시아가 쇠약해졌으되 30년이 되기 전에 다시 부흥할 것이라는 그 요점은 대체 어디에 있겠습니까? 바로 일본에 있습니다. 30년이 되기 전에 외국과 맺은 모든 불평등조약을 폐지하였으니 일본이 불평등조약을 폐지한 그날이 바로 우리 전아시아 민족중흥의 날인 것입니다. 일본은 불평등조약을 폐지한 이후 아시아의 선두 독립국가가 되었지만 아시아의 다른 유명국가들, 가령 중국·인도·페르시아·아프가니스탄·아리비아·터키는 독립국가가 아니며 유럽이 마음대로 분할하여 유럽의 식민지로 되었습니다. 30년 전에 일본도 유럽의 한 식민지였으나, 일본국민은 깊은 근심으로 국왕께 어려움을 말하고 나라를 일으킬 감각을 갖고서 발분하여 유럽인과 분투함으로써, 모든 불평등조약을 폐지하고 일본을 독립국가로 변화시켰습니다. 일본이 동아시아에서 독립한 후 아시아의 모든 각 국가와 각 민족은 또다른 하나의 큰 희망을 갖게 되었습니다. 일본이 불평등조약을 폐지하고 독립할 수 있었으니 그들도 당연히 그렇게 할 수 있을 것으로 생각하고, 여기서부터 용기가 생겨나 각종 독립운동을 전개하여 유럽인의 속박에서 벗어나 유럽의 식민지가 되지 않도록 하고 아시아의 주인공이 되려 했습니다. 이러한 사상은 근 30년 이래의 사상이며 대단히 낙관적인 사상입니다.

30년 전에 우리 아시아 전체의 민족사상은, (지금과) 크게 달랐으니 유럽의 문화가 저렇듯 진보하였고 과학이 저렇듯 진보하였으며 공업상의 제조도 저렇듯 진보하였고 무기 또한 우수하며 병력 또한 강성하니 우리 아시아는 그들보다 뛰어난 것이 없다고 생각한다든지, 아시아는 결코 유럽에 저항할 수 없으며 유럽의 압박을 벗어날 수 없으니 유럽인의 노예가 되는 수밖에 없다고 생각하였습니다. 이러한 사상은 30년 이전의 사상이며 대단히 비관적인 사상으로서 일본이 불평등조약을 폐지한 이후 일본이 비록 독립국가가 되었다 해도 일본과 매우 근접한 민족이나 국가는 그 영향을 크게 받았어야 했지만 그 영향은 일시에 전아시아에 전달될 수 없었고 아시아 전체의 민족에서 아직 별반 큰 반향을 불러일으키지 못했습니다.

다시 10년이 경과된 후 러일전쟁이 발생하여 일본이 러시아에 전승하였고 일본인이 러시아인에 전승하였는데, 이것은 아시아 민족이 최근 수백년 동안 처음으로 유럽인과 싸워 이긴 것이며 이 전쟁의 영향은 곧 전아시아에 전달되어 아시아 전체 민족으로 하여금 미친 듯이 기뻐하게 하고 매우 커다란 희망을 갖게 만들었습니다. 이것은 내가 직접 목격한 사실이며 오늘 이에 관해 여러분과 간략히 얘기하고자 합니다.

러일전쟁이 개시되던 그해 나는 유럽에 있었습니다. 어느날 토오고오 (東鄕) 대장이 러시아 해군을 크게 물리쳤습니다. 유럽에서 블라디보스또끄로 가던 함대가 일본해에서 타도되어 전군이 몰살되었다는 얘기를 들었는데, 이 소식이 유럽에 전해지자 유럽 전체는 부모가 돌아가신 것처럼 슬퍼하였습니다. 영국은 비록 일본과 동맹을 맺고 있어서 이 소식을 접한 영국인사들은 기뻐서 몸을 뒤흔들어 좋아했으나 대부분 결국에는 일본이 이렇게 큰 대승을 거둔 것이 백인의 행복은 아니라고 여겼습니다. 이것이 바로 영국말로 "피는 물보다 진하다"라는 생각입니다. 얼마 후 나는 유럽에서 배를 타고 아시아로 돌아왔는데 수에즈 운하를 지날 때 수많은 토착인이 나를 보러 왔습니다. 그들은 대개 아랍인이었는데 한눈에 내가 황색인임을 알아차리고 즉시 매우 반갑고 다급하게 나한테 와서 물었습니다. "당신은 일본인입니까, 아닙니까?" 내가 대답했지요. "아닙니다. 나는 중국인입니다. 당신들에게 무슨 일이 있나요? 왜들 이렇게 즐거워하는 거지요?" 그들이 대답했습니다. "우리는 대단히 좋은 소식을 하나 접했는데, 듣자 하니 일본이 러시아 함대를 섬멸했다는데 이 소식이 확실한 것인지 아닌지 혹시 모르십니까? 그뿐만 아니라 우리는 운하의 양안에 살고 있는데 러시아의 부상병들이 배편으로 줄줄이 돌아가는 것을 보았지요. 이것은 분명 러시아가 크게 패배한 상황을 말해줍니다. 전에 우리 동방 유색민족은 꼼짝없이 서방민족에 압박당하여 고통받고 고개를 쳐들고 살 수 있는 날이 없었는데, 이번에 일본이 러시아를 격파한 것을 우리는 동방민족이 서방민족을 격파한 것으로 봅니다. 일본인의 승리를 우리 자신의 승리로 생각합니다. 이것은 마땅히 크게 기뻐해야 할 일이고 그래서 우리는 이렇게 기뻐하고 있는 것입니다." 이와 같은 식으로 본다면 일본이 러시아에 전승한 것은 아시아 전체 민족에게 영향을 끼친 것 아닙니까? 그러한 영향은 매우 큰 것이 아닙니까? 그때 일본이 러시아와 싸워 이긴 소식을 듣고서도 동방에 거주하는 아시아인 가운데 혹자는 크게 중요하다고 여기지 않고 크게 기뻐하지 않았을지도 모르겠으나, 서방에 거주하는 아시아인은 유럽인과 인접하여 아침저녁으로 서로 대면하고서 매일같이 그들의 압박을 받고 매일 고통을 느끼는데, 그들이 받는 압박은 동방인보다 훨씬 크며 그들이 받는 고통은 동방인보다 훨씬 더 심각합니다. 그래서 그들이 이번 전승소식을 듣고 나타내는 기쁨은 우리 동방인보다 훨씬 큰 것입니다. 일본이 러시아에 전승한 날로부터 아시아 전체 민족은 즉시 유럽을 타파하려는 기대를 갖고 독립운동을 시작하게 되었습니다. 그리하여 이집트에 독립운동이 발생하고 페르시아·터키에 독립운동이 발생하고 아프가니스탄·아라비아에 독립운동이 일어났으며 인도인들도 그로부터 독립운동을 하게 되었습니다. 따라서 일본이 러시아와 싸워 이긴 결과 아시아 민족 독립의 대희망이 생겨난 것입니다. 이러한 희망이 생겨난 이래 오늘에 이르기까지 20년이 채 못 되었으나 이집트의 독립이 현실로 되었고 터키의 완전독립도 현실이 되었으며 페르시아·아프가니스탄·아라비아의 독립도 현실이 되었습니다. 뿐만 아니라 최근 인도의 독립운동도 날로 발전하고 있으니 이러한 독립의 사실은 곧 아시아 민족사상이 최근에 진보한 증거입니다. 이러한 진보적 사상이 발달하여 아시아 전체 민족이 연락할 수 있어야 비로소 아시아 전체 민족의 독립운동이 성공할 수 있습니다.

근대 아시아 동쪽의 각 민족은 서로간에 모두 매우 친밀한 교류와 감정을 갖고 있어서 그들 모두 연대할 수 있습니다. 아시아 동쪽에서 최대의 민족은 중국과 일본이며 중국·일본이 바로 이러한 운동의 원동력입니다. 이러한 원동력이 (그와 같은) 결과를 가져온 뒤에도 우리 중국인은 지금 (그것을) 모르고 있으며 당신네 일본인도 모르고 있습니다. 그래서 중국과 일본 간에는 현재 아직 커다란 연대가 없습니다. 장래 조류의 추세로 보아 우리는 아시아 동방의 각 민족들 사이에서도 반드시 연대할 것입니다.

동·서 양방민족이 이러한 조류를 발생시킨 소이와 이러한 사실을 실현하려는 까닭은 우리 아시아의 종전의 지위를 회복하려는 것입니다. 이러한 조류는 구미인이 보기에 대단히 분명한 것이기 때문에 미국의 어떠한 학자는 이미 한 저서에서 유색인종의 흥기를 전론(專論)한 바 있습니다. 그 책의 내용은 일본이 러시아를 이긴 것은 황인이 백인을 이긴 것이라 하고 장래 이러한 조류가 확장된 후 유색인종은 모두 연대하여 백인을 곤란하게 만들 수 있을 것이며, 이것은 백인의 화(禍)이므로 백인은 마땅히 예방을 강구해야 한다는 것입니다. 그는 그후 또 하나의 책을 써서 민중해방사업의 모든 운동은 문화에 대한 반역적 운동이라고 비난했습니다.

그의 주장에 따르면 유럽의 민중해방운동은 본래 문화적 반역으로 간주했으나 아시아의 민중해방운동에 대해서는 간단히 반역적 활동으로 간주할 수밖에 없습니다. 이러한 사상은 구미의 모든 특수계급 인사들이 비슷하게 갖고 있는 생각이므로, 그들은 이미 소수인을 이용해 유럽과 자기 본국의 다수인을 압제하였고 이제 이러한 해독을 아시아로 확산시켜 우리 12억 민족을 압제하고 우리 12억인의 대다수를 그들 소수인의 노예로 만들어버렸습니다. 이것은 정말로 대단히 참혹하고 가슴이 미어지는 통한의 사정입니다. 그리고 이 미국학자의 논조는 아시아 민족의 각성은 세계 문화에 대한 반역이라고 간주합니다. 여기서 알 수 있듯이 유럽인은 스스로 문화전파의 정통으로, 문화의 주인공으로 자처하면서 유럽인 이외의 사람들이 문화를 만들어내고 독립사상을 갖게 되는 것은 반역으로 간주해버립니다. 그렇기 때문에 유럽의 문화와 동양의 문화를 서로 비교하여 유럽의 문화는 정의·인도에 합치하는 문화이며 아시아의 문화는 정의·인도에 맞지 않는 문화라고 생각해버립니다. 최근 수백년의 문화만 가지고 말하자면 유럽의 물질문명은 극히 발달했고 우리 동방의 물질문명은 진보하지 못했으니 표면상의 관찰로 비교하면 유럽이 아시아보다 뛰어난 것은 당연한 것입니다. 그러나 근본상의 해부를 해보면 유럽의 근 100년은 어떤 문화입니까? 그것은 과학의 문화이고, 공리(功利)를 중시하는 문화입니다. 이런 문화가 인류사회에 응용되는 것은 단지 눈에 보이는 물질문명뿐입니다. 비행기와 포탄, 총과 대포가 있을 뿐이니 이는 오로지 이러한 무력(武力)의 문화를 가지고 우리 아시아를 압박하기 때문에 우리 아시아는 더욱 진보할 수 없습니다. 이와 같이 무력만을 이용해 사람을 압박하는 문화는 우리 중국의 옛말을 빌려 표현하자면 "패도가 멋대로 이루어지는 것[橫行覇道]"입니다. 그러므로 유럽의 문화는 패도의 문화입니다. 그러나 우리 동양은 그동안 줄곧 패도의 문화를 경시해왔고 이 패도의 문화보다 좋은 또 하나의 문화를 갖고 있습니다. 이 문화의 본질은 인의·도덕입니다. 이러한 인의·도덕의 문화를 가지고는 사람을 감화시키지 사람을 압박하지 않습니다. 사람에게 덕을 그리워하지 두려워하게 만들지 않습니다. 이처럼 사람으로 하여금 덕을 그리워하는 문화를 우리 중국의 옛말을 빌려 표현하면 "왕도를 실행하는 것[行王道]"입니다. 따라서 아시아의 문화는 바로 왕도의 문화입니다.

유럽의 물질문명이 발달하여 패도가 크게 행한 이후 세계 각국의 도덕은 날로 퇴보하였으며 아시아의 고상한 도덕도 이로 인해 발전할 수 없게 되었습니다. 그러나 근래 구미학자는 동양문화에 주의할 것을 말하고 있으며 동양의 물질문명이 비록 서방만 못하나 동양의 도덕은 서방보다 더 높다는 것을 점차 알아가고 있습니다. 패도의 문화와 왕도의 문화를 비교해 말하면 결국 어느 쪽이 정의와 인도에 합치하고, 어느 쪽이 민족과 국가에 유리한지 여러분들은 스스로 증명할 수 있을 것입니다. 나도 하나의 예를 들어 설명할 수 있습니다. 가령 500년 이전부터 2천년을 거슬러 올라간 기간까지 중국은 세계정상의 국가였고 중국의 지위는 현재의 영국·미국과 같았습니다. 영국·미국의 현재의 강성은 열강(列强)이고 중국의 종전의 강성은 독강(獨强)이었습니다. 중국이 홀로 강성(獨强)했을 때 각 약소민족과 국가는 모두 중국을 상방(上邦)으로 모시고 중국에 와서 조공하려고 했습니다. 중국으로 하여금 그들을 번속(藩屬)으로 받아들이게 하고 중국에 가서 조공하는 것을 영광으로 여기고 조공할 수 없는 것을 치욕으로 여겼습니다. 당시 중국에 와서 조공하는 것은 아시아 각국만이 아니었고 유럽, 아프리카, 남양 각국도 먼 길을 마다하지 않고 왔습니다. 중국이 종전에 그렇게 많은 국가와 그처럼 멀리 있는 민족으로 하여금 와서 조공케 하는 데는 어떤 방법을 사용했을까요? 해군이나 육군의 패도를 가지고 그들을 강박하여 조공케 하였습니까? 아닙니다. 중국은 완전히 왕도를 가지고 그들을 감화시켰습니다. 그들은 중국의 덕을 그리워하며 기꺼이 진심으로 원하여 조공한 것입니다. 그들은 일단 중국왕도의 감화를 받으면 중국에 한차례 와서 조공하고 마는 것이 아니라 자자손손 조공하러 오려고 합니다. 이러한 사실은 최근에 이르기까지도 증거를 가지고 있습니다. 예컨대 인도 북방에 2개의 작은 나라가 있는데 하나는 부탄이라 하고 또 하나는 네팔이라고 합니다. 이 두 국가는 비록 작지만 그 민족은 매우 강성하고 매우 용맹스러워 싸움을 잘합니다. 현재 영국이 인도를 통치하고 있는데 항상 네팔에 가서 구르카(廓爾喀: Gurkhas는 네팔 중부의 도시명. 구르카인은 네팔 최대의 종족임—옮긴이)인을 병사로 모집해다가 인도를 억눌러 복종시킵니다. 영국은 매우 커다란 인도를 멸망시키고 식민지로 만들었습니다. 하지만 감히 네팔을 경시하지 못하고 매년 네팔에 수당을 지급하고서야 비로소 정치 조사관을 파견하여 주재케 할 수 있습니다. 영국은 현재 세계 최강의 국가인데 이와 같이 네팔을 공경(恭敬)하고 있으니 네팔은 아시아의 강국임을 알 수 있습니다. 이러한 강국 네팔은 영국에 대하여 어떤 모습을 보였습니까? 영국은 100여년 동안 강성했고 영국이 인도를 멸망시킨 것도 100년이 다돼가는데 네팔은 영국의 식민지와 가까이 닿아 있는 지 이렇게 오래되었으나 영국에 진공(進貢)하러 가지 않을 뿐만 아니라 거꾸로 영국의 수당을 받고 있습니다. 네팔은 중국에 대해서는 또 어떠했습니까? 중국의 국가지위는 현재 일락장천(一落丈千)하여 영국의 일개 식민지를 따라가지 못합니다. 네팔로부터 극히 멀리 떨어져 있고 한복판에 매우 커다란 티베트(西藏)가 가로놓여 있으나 네팔은 지금도 중국을 상방(上邦)으로 모시고 있습니다. 민국 원년에도 중국에 와서 공물을 바쳤는데 근래 교통이 불편하여 다시 오지 못했습니다. 네팔이 중국과 영국을 이처럼 구별하는 것이 여러분이 보기에 이상합니까? 네팔민족의 중국과 영국에 대한 태도만 가지고 말하면 중국의 동방문명과 영국의 서방문명을 비교할 수 있습니다. 중국의 국세가 비록 쇠락한 지 수백년이 되었으나 왕도의 문화로 인하여 네팔은 여전히 중국을 상방으로 여기고 있는 것이며 영국은 현재 비록 매우 강성하고 매우 좋은 물질문명을 갖고 있으나 네팔은 이를 아랑곳하지 않습니다. 여기에서 네팔은 진정으로 중국의 문화를 받아들였고 네팔은 중국의 문화를 진정한 문화로 간주하지만 영국의 물질문명을 문명이 아니라 단지 패도로 간주하고 있음을 알 수 있습니다.

우리는 지금 대아시아주의에 대하여 말하고 있는데 지금까지 살펴본 결과 이것은 결국 어떤 문제입니까? 간단히 말하면 문화문제이며 동방문화와 서방문화의 비교 및 충돌 문제입니다.

동방의 문화는 왕도이고 서방의 문화는 패도입니다. 왕도는 인의와 도덕을 주장한다고 말했고 패도는 공리와 강권(功利强權)을 주장한다고 말했습니다. 인의와 도덕은 정의와 공리(正義公理)를 가지고 사람을 감화시키며 공리와 강권은 총과 대포를 가지고 사람을 압박한다고 했습니다. 감화를 받은 사람은 주국(主國)이 쇠락한 지 수백년이 되어도 아직 잊지 않고 있으며 네팔 같은 나라는 지금도 기꺼이 진심으로 원하여 중국을 상방으로 모시고자 합니다. 압박을 받은 사람은 주국이 대단히 강성한 때에도 벗어날 궁리를 합니다. 가령 영국이 이집트를 정복하였고, 인도를 멸망시켰으니 이때의 영국은 매우 강성한데도 이집트와 인도는 시시각각 영국으로부터 벗어나려고 하였고 시시각각 독립운동을 하였습니다. 그러나 영국의 강대한 무력의 압제하에 처해 있어 잠시 성공할 수 없었지만 만일 영국이 잠시 쇠약해지면 이집트와 인도는 채 5년도 기다릴 필요가 없이 곧바로 영국정부를 타도하고 자기의 독립지위를 회복할 것입니다.

강연을 여기까지 들으면 여러분은 당연히 동서문화의 우열을 알 수 있을 것입니다. 우리가 현재 이 새로운 세계에 처하여 우리의 대아시아주의를 실현하려면 무엇을 가지고 기초를 삼아야 하겠습니까? 마땅히 우리 고유의 문화를 가지고 기초를 삼아야 합니다. 바로 도덕과 인의를 말합니다. 인의와 도덕이 바로 우리 대아시아주의의 훌륭한 기초입니다. 우리는 이러한 좋은 기초를 갖고 있으니 다른 한편 유럽의 과학을 배워 공업을 진흥하고 무기를 개량해야 합니다. 그러나 우리가 공업을 진흥하고 무기를 개량하고 유럽을 배우는 것은 유럽을 배워 다른 나라를 소멸하고 다른 나라를 압박하고자 함이 결코 아닙니다. 우리는 유럽을 배워 자위하려는 것입니다. 근래 아시아 국가로서 유럽의 무공(武功)문화를 배운 나라로는 일본이 가장 완전한 듯합니다. 일본의 해군제조(製造)와 해군운용(運用)은 유럽인에 의지하지 않아도 됩니다. 일본의 육군제조와 육군운용도 스스로 해결할 수 있습니다. 그러니 일본은 아시아 동방의 완전한 독립국가입니다. 우리 아시아에는 또 하나의 국가가 있는데 1차 대전 당시 동맹국의 한편에 가입하여 돌이킬 수 없을 정도로 패배하였고 이미 과분(瓜分)되었습니다. 1차 대전 후에는 유럽인을 따라잡았고 현재 하나의 완전한 독립국가가 되었습니다. 이 나라가 바로 터키입니다. 현재 아시아에는 단지 2개의 커다란 독립국가가 있을 뿐입니다. 동편에 있는 것이 일본이고 서편에 있는 것이 터키입니다. 일본과 터키야말로 아시아의 동서에 위치한 두개의 울타리입니다. 현재 페르시아·아프가니스탄·아라비아도 유럽을 배우고 있으며 무비(武備)를 매우 잘 운영하여 유럽도 감히 이들 민족을 경시하지 못합니다. 네팔민족에 대해서는 영국인이 감히 경시하지 못하며 자연 매우 좋은 무비를 갖추었습니다. 중국은 현재 매우 많은 무비를 갖추었으며 일단 통일된 후에는 곧 극히 큰 세력을 형성할 것입니다. 우리가 대아시아주의를 말하고 아시아 민족의 지위를 회복하려면 인의와 도덕으로 기초를 삼고 각 나라와 민족을 연합해야 합니다. 그러면 아시아 전체 민족은 곧 대단한 세력을 갖게 될 것입니다. 그런데 유럽인에 대하여 인의를 가지고 그들을 감화시키려면 아시아에 거주하는 유럽인에게 그들이 도적질해간 권리를 평화적으로 반환토록 해야 합니다. 그것은 마치 호랑이와 싸워 호피를 얻으려는 것[與虎謀皮]과 같아서 반드시 완전하게는 할 수 없습니다. 우리가 주권을 완전히 회복하려면 무력에 호소해야 합니다. 다시 무력에 관해 말하자면 일본은 일찍이 대단히 완비된 무력을 갖추었고 터키도 최근에 매우 완비된 무력을 갖추었습니다. 기타 페르시아·아프가니스탄·아라비아·구르카 민족들은 모두 줄곧 잘 싸워왔습니다. 인구수가 4억이나 되는 중국인은 줄곧 평화를 애호해왔지만 생사존망의 관계로 인해 이제는 부득이 종래의 주장을 버리고 무비를 말하지 않을 수 없게 되었고, 이제는 곧바로 극히 커다란 무력을 갖출 수 있을 것입니다. 아시아 민족 전체가 연합하여 이와 같은 고유의 무력을 가지고 유럽인과 목숨을 걸고 싸운다면 반드시 승리할 것이며 패배하지는 않을 것입니다. 한편 유럽과 아시아의 인구수를 비교해보면 중국인이 4억, 인도인이 3억 5천만이고 버마·안남·태국인 등을 합치면 수천만명이며 또 일본인이 수천만명입니다. 기타 각 약소민족을 합치면 수천만명이 됩니다. 우리 아시아의 인구는 전세계 인구의 3/4을 차지합니다. 유럽인은 4억명에 불과하고 우리 아시아 전체 인구는 12억명이나 되는데 4억의 소수인이 12억의 다수인을 압박하고 있으니 이것은 정의·인도와 크게 상용(相容)할 수 없습니다.

정의와 인도에 역행하는 행위는 끝내 실패로 돌아갈 것입니다. 뿐만 아니라 그들 4억 인구 중에는 근래에 우리의 감화를 받은 사람도 있습니다. 현재 세계문화의 조류가 영국과 미국에 있는데, 거기서는 소수인이 인의와 도덕을 제창하고 있습니다. 그 야만의 나라에서도 이러한 제창이 있으니 이것으로 볼 때 서방의 공리와 강권 문화가 곧 동방의 인의와 도덕 문화에 복종할 것임을 알 수 있습니다. 패도는 왕도에 복종하게 마련이며 세계의 문화는 날로 광명을 향해 나아가게 마련입니다. 현재 유럽에는 하나의 새로운 국가가 있는데 이 국가는 유럽 전체 백인의 배척을 받고 있습니다. 유럽인은 이 새 국가를 가까이하려 하지 않습니다. 우리 아시아의 많은 사람들도 구미의 악선전을 받아서 구미인과 똑같은 눈으로 변해버렸습니다. 이 새 국가가 어느 나라이겠습니까? 바로 러시아입니다. 러시아는 현재 유럽인과 분가(分家)하려고 합니다. 그들은 왜 이렇게 하려고 할

까요? 그들은 왕도를 주장하고 패도를 주장하지 않기 때문입니다. 그들은 인의와 도덕을 말하되 공리와 강권을 말하지 않으며 힘을 다해 공도(公道)를 주도하고 소수가 다수를 압박하는 것을 찬성하지 않습니다. 이와 같은 상황은 러시아의 최근의 신문화가 우리 동방의 구문화와 아주 잘 합치한다는 것을 의미하며 바로 그렇기 때문에 그들은 동방과는 제휴하되 서방과는 분가하려 하는 것입니다. 유럽은 러시아의 새로운 주장이 자신과 조화할 수 없기 때문에 러시아의 이러한 주장이 성공하여 자기의 패도를 타파할 것을 두려워합니다. 그래서 러시아를 인의와 정도(正道)라 말하지 않고 반대로 세계의 반역이라고 무고합니다.

우리는 대아시아주의를 이야기하였는데 이상 살펴본 결과 궁극적으로는 어떤 문제를 해결하려고 하는 것입니까? 그것은 아시아의 고통받는 민족을 위해 어떻게 해야 비로소 유럽의 강성한 민족에 저항할 수 있는가 하는 문제입니다. 간단히 말하면 압박받는 민족을 위해 불평등을 타파하는 문제입니다. 압박받는 민족은 아시아에만 있는 것이 아니며 유럽 안에도 있습니다. 패도를 행하는 국가는 외주(外洲)·외국(外國)의 민족만을 압박하지 않고 본주(本洲)·본국 내의 민족도 똑같이 압박합니다. 우리가 말하는 대아시아주의는 왕도를 기초로 삼아 불평등을 타파하는 것입니다. 미국학자는 모든 민중해방운동에 대하여 문화적 반역이라고 간주하였기 때문에 우리가 현재 불평등한 문화의 타파를 제기한 것은 패도의 문화에 대한 반역입니다. 이것은 모든 민중의 평화적 해방의 문화입니다. 일본민족은 이미 유럽패도의 문화를 이룩했고 또 아시아 왕도의 본질도 갖고 있습니다. 이제부터는 세계 앞날의 문화에 대하여 서방패도의 주구가될 것인지 아니면 동방왕도의 간성이 될 것인지 여러분 일본인 스스로 잘 살펴 신중히 선택하십시오!

유용태 옮김

중일전쟁과 아시아주의*

왕 징웨이

1. 중국과 동아

중일전쟁이 계속 진행되던 때에 일본 여론계에 '동아협동체' 주장이 있었고, 일본정부도 12월 22일 성명에서 '동아 신질서 건설'을 말했는데, 그 정의 및 내용은 아직 분명하지 않지만, 나는 그 논거로부터 두가지의 요점을 얻을 수 있었다. 하나는 침략주의의 배제이고 다른 하나는 공산주의의 배제이다. 침략주의는 서구로부터 온 것으로, 경제적 침략을 골간으로 하고 군사적 침략으로써 그것을 보완한다. 1840년 아편전쟁 이후 중국은 불평등조약에 속박당하여 '차식민지(次植民地)'의 지위로 떨어진 이래 100여년이 지났다. 공산주의 역시 서구로부터 왔고, 중국에 침입한 지 20년이 채 안되었지만 그 계급투쟁설은 중국인을 서로 싸워 소멸하게 했다. 침략주의는 비유하자면 오래된 고질병으로서 중국을 떨치고 일어나지 못하게 하였다. 공산주의는 비유하자면 급성질환으로서 중국을 순식간에

* 汪精衛(1883~1944): 중국국민당 원로. 출전: 「中國與東亞」,『中央公論』 625호, 1939. 10과 中華日報, 1939. 7. 10. 번역 저본은『汪精衛國民政府成立』, 上海 1984임.

죽게 만들었다. 일본은 메이지유신 이래 국력을 다해 침략주의가 국내에 들어오지 못하게 막았고, 공산주의는 침입하였지만 사회조직이 이미 건전해져서 뿌리내리지 못했다. 하지만 중국은 침략주의와 공산주의의 화를 입었으므로, 동아(東亞)의 일부분이 그 화를 입고 따라서 동아 전체가 장차 화를 입고 결국 일본도 면하지 못할 것이니, 이른바 '동아협동체'니 '동아 신질서'는 실로 여기에 착안하여 자유·독립의 정신으로 침략주의와 공산주의를 배제함으로써 동아에 화를 미치지 못하게 하고자 한 것이다.

그러나, 중국 여론계는 동아협동체 및 동아 신질서 건설에 대해 흥취를 느끼지 못할 뿐만 아니라 오히려 두려워하고 있다. 왜 그런가? 이에 대해 중국인은 스스로 (왜 그런지를) 검토할 뿐만 아니라, 일본 여론계의 주의를 요구해야 한다. 현재 중국인의 가장 큰 우려는 일본이 중국을 멸망시키려 한다는 데 있다. 침략주의도 두렵고 공산주의도 두렵지만, 일본이 중국을 멸망시키려는 욕심은 더욱 두렵다는 것이다. 극단적으로 말하면, 침략주의와 공산주의국가와 결합하여 일본에 대항할지언정 일본과는 결합하지 않겠다는 것이다. 중국인은, 일본이 공산주의를 배제한다는 것은 잘 알고 있지만, 일본이 침략주의를 배제한다는 것은 잘 모른다. 중국인은 일본 역시 침략주의자라고 보고 특히 중국에 대한 침략이 가장 심하다고 보고 있다. 중국인들이 이런 견해를 가지고 있으므로, 동아협동체나 동아 신질서 건설에 대해 중국 멸망의 대명사(代名詞)라고만 생각하고서 두려워하고 비난하는 것이다.

일본 여론계가 이런 내 말을 들으면, 중국인이 일본 여론계의 동향에 주의하지 않는다고 생각하며 경악할 것이다. 중일전쟁 발발 이래 일본국민은 동아의 전도에 대해 매우 걱정하여, 중일 양국의 전쟁 결과 침략주의와 공산주의를 도움으로써 동아가 더욱 어려운 지경에 빠진다고 생각하였기 때문에, 드디어는 동아협동체와 동아 신질서 건설을 구호로 하여 중국인들과 동심 협력하여 동아를 개조하도록 하고 있는 것이다. 그런데도 중국인은 이러한 추세를 정확히 고찰하지 못하고 이처럼 오해하고 있는 것이다. 일본 여론계는 이를 비난하고 있는데, 나는 이러한 비난을 받아들이고 싶지만, 그전에 우선 일본 여론계에 대해 한마디하고자 한다. 옛사람들의 말 중에 "입장을 바꾸면 모두 이해하게 된다"라는 말이 있다. 일본은 강국이고 일본인이 강국의 백성으로서 동아를 진일보 개조하려 함은 당연한 일이다. 중국인은 현재 망국의 우려 때문에 틈이 없으니, 동아에 대한 염려에 생각이 미치겠는가? 진 혜제(晉惠帝)는 신하에게 "흉년이 무엇인가?"라고 물으니 신하가 "곡식이 없는 것입니다"라고 답했다. 이에 황제는 "어째서 (곡식 대신) 고기죽을 먹지 않느냐?"라고 했다 한다. 중국인이 망국을 걱정하는 것은 곡식이 없을 것을 걱정하는 것과 같고, 동아의 개조를 말하는 것은 고기죽을 먹는 것과 같은 일이다. 이 점을 일본 여론계는 한번 생각해보기 바란다.

일본은 동아의 선진국으로서 일본이 동아 개조에 있어서 지도권과 의무를 가지고 있음은 중국인도 잘 알고 있다. 중국은 동아에서 땅이 넓고 인구가 많으며 역사가 유구한 국가로서 동아의 개조에 역시 분담할 책임이 있다. 이 점도 중국인은 잘 알고 있다. 중국이 걱정하는 바는, 어떻게 그 책임을 분담할 수 있는가라는 점에 있다. 바꾸어 말해서 중국이 멸망하면 책임의 분담을 논할 수 없고 멸망하지 않더라도 주권이 견제당하고 독립과 자유가 완전치 못하니 책임분담의 능력은 쇠약해질 것이라는 점이다. 따라서 중국이 생존을 구하는 것은 독립과 자유를 구하는 것이고, 중국을 위한 것이면서 동시에 동아를 위한 것이다. 이 점에 대해 일본 여론계의 절실한 이해를 바란다. 중국 여론계가 주의해야 할 점은, 중국의 생존과 독립·자유는 침략주의와 공산주의가 사라진 후에야 비로소 완전무결해진다는 점이다. 중국이 이 목적을 달성하기 위해서는 일본과 협력하고 중국에서 각국의 합법적 권익을 존중하며 각국과의 우의를 유지해야 한다. 그러나 침략주의와 공산주의의 존재를 용납해서는 안되며 침략주의와 공산주의를 이용하려는 의도가 개재되어서도 안된다. 이렇게 해야만 책임분담의 실질을 다할 수 있게 된다. 요컨대, 일본이 중국의 책임분담을 바란다면 중국의 독립과 자유를 침범해서는 안되며, 중국이 독립과 자유를 침해받지 않으려면, 일본과의 공동목적을 홀시해서는 안된다. 이렇게 각자가 노력하고 서로를 이해해야만 비로소 동아 개조의 대업은 달성될 수 있다.

중국국민당 총리 쑨 원(孫文) 선생의 대아주주의(大亞洲主義)와 최근의 중국국민당 육전(六全)대회선언(1939. 8. 30)은 중국과 동아의 관계 및 중국인이 힘써야 할 부분에 대해 명확히 지시하고 있으니, 이를 근거로 스스로 힘쓰고 서로 힘써야 할 것이며, 또 이를 일본 여론계에 권하는 바이다.

2. 중일관계에 대한 나의 근본관념과 전진목표

쑨 원 선생은 말했다: "중국혁명의 성공은 일본의 양해를 기다려야 한다." 이 언급의 의의는 중대하다. 일본은 동아의 강국으로서 경제·군사·문화에서 착착 앞으로 나아가, 최근 몇십년간 일본 없이는 동아도 없다고 할 수 있을 정도이다. 중국은 모든 면에서 낙후되어 있지만, 땅이 넓고 인구가 많으며 유구한 역사를 가진 동아의 국가이다. 중국이 강성해진다면, 일본은 중국의 강성이 일본에 어떠한 영향을 줄 것인가, 즉 일본에게 유익할지 해로울지를 반드시 알아야 한다. 유익하다면 일본은 당연히 중국의 강성을 바랄 것이요, 중국과 벗이 되기를 바랄 것이다. 유해하다면 중국이 강성하게 될 근거를 소멸시켜야 할 것이요, 중국과 적이 되어야 할 것이다. (하지만) 이제 막 강성을 도모하려는 중국이 이미 강성해 있는 일본과 적이 된다면, 승부는 묻지 않아도 알 것이다.

상황이 이러하기 때문에, 중국혁명이 성공하려면 일본으로 하여금 중국혁명의 성공이 일본에 유리함을 알게 해야 한다. 이것은 권모술수나 책략이 아니라 진심에서 우러나온 말이다. 어떻게 해야 일본에 유리한가? 중국과 일본의 외교방침이 일치하고 군사방침이 일치하며 더 나아가 평등·호혜의 원칙에 근거하여 경제합작을 도모한다면, 중국의 강성은 일본에 유리하지 해롭지 않을 것이다. 이것은 중국의 주권을 손상시키는가? 절대 그렇지 않다. 이해가 일치하기 때문에 국가와 국가가 상호결합하는 것은 결코 주권을 손상시키는 것이 아니다. 이것은 제3국의 정당한 권익을 손상시키는가? 절대 그렇지 않다. 중일의 결합은 공존공생과 공동발달을 위해서이므로, 제3국의 정당한 권익을 배척할 뜻은 조금도 없다.

1924년, 쑨 원 선생은 광주(廣州)에서 '국민정부건국대강(國民政府建國大綱)'을 직접 제정하였는데, 중일관계에 관해서는 위에서 언급한 방침에 따라 진행할 것을 말했다. 1925년 쑨 원 선생 서거 후 나는 선생의 유지(遺志)를 계승하여 국민정부를 주도하면서, 위의 방침에 따라 최선을 다할 뿐 조금도 변화시키려 하지 않았다. 그러나 1928년에는 그러지 못했다. 제남사건(濟南事件)은 중일관계 악화의 시초가 되었다. 하지만 원한은 풀어야지 맺어서는 안된다. 중국은 이때 힘을 다해 인내하고 해명하여 중일관계가 호전되도록 했어야 했다. 그러나 불행히도 국민정부는 그러지 못했고 중일관계를 더욱 악화시켰다. 이로 인해 9·18사변이 발생한 것이다.

내가 이런 말을 하는 것은, 당시 국민정부를 책임지던 사람을 비난하려는 것이 아니다. 나도 국민당원이고 국민정부와 관계 있는 사람으로서 이러한 착오에 대해 당연히 책임을 분담해야 한다. 그러나 나는 당시 망명객이었고 국민정부의 수배를 받고 해외를 떠돌던 사람이었다. 1932년 1월 28일에야 난징(南京)에 돌아와 행정원장(行政院長)을 맡고 얼마 후 외교부장을 겸임하면서 나는 '일면저항(一面抵抗) 일면교섭(一面交涉)'을 제창하여 당시 '직접교섭 반대'의 논조를 시정하였고, 직접 송호정전협정(淞

滬停戰協定)과 당고정전협정(塘沽停戰協定)을 체결했다. 당시의 나의 의도
는, '원한은 풀어야지 맺어서는 안된다[寃仇宜解不宜結]'는 생각에 근거하
여 국부적·잠정적 안정에서 더 나아가 전국적·영구적 화평을 도모하려
고 한 것이다. 나의 주장은 4년(1932~35) 동안 이루어지지 못했다. 하지만
남에게 책임을 전가하려는 것이 아니라 단지 나 자신의 재능과 능력이 못
미쳐서 바람대로 일이 되지 않았음을 자인할 뿐이다.

　　그러나 나는 하나의 논조에는 반대를 해야겠다. 이 논조는 당시의 이
른바 주전파(主戰派)의 논조인데, 이제 막 강성을 도모하려던 중국으로서
이미 강성해 있는 일본과 전쟁한 결과가 어떠했을 것인지를 묻고 싶다. 이
는 국가와 민족을 아이들 장난으로 여기는 것이 아닌가?

　　나는 당초 장 제스 선생이 나와 같은 생각인 줄 알았다. 나는 1931년
12월 장 제스가 국민정부 주석(主席)을 사임한 후 국민에 알리는 글을 보
고서, '장 제스가 나와 같은 마음이구나'라고 생각하고 성심성의껏 그와
합작했다. 그러나 4년 동안 나는 차차 그렇지 않다는 것을 깨닫게 되었다.
큰 병을 앓고 난 후 1935년 11월 1일 저격마저 당하여 건강상의 문제로
1936년 1년 동안 외국에 있다가 서안사변(西安事變)이 발생해서야 돌아오
게 되었는데, 상황은 크게 변해 있었다. 나는 당시 공산당 토벌[剿共]사업
이 중단되어서는 안된다고 굳게 믿고 있었다. 왜냐하면 공산당은 코민테
른(第三國際)이 있음을 알 뿐 중국이 있음은 알지 못하고서, 코민테른의
비밀명령을 받아 계급투쟁의 간판을 내리고 항일의 간판을 내걸고서 수
년간 성장해온 민족의식을 이용하여 중일간의 전쟁을 도발하였기 때문이
다. 이는 절대로 있어서는 안되는 일이었다. 당시 나의 언론방침은 이 점에
촛점을 맞추었으니, 독자들은 이를 확인할 수 있다. 하지만, 노구교사건(蘆
溝橋事件) 발생 이후로는 전쟁을 저지할 수 없음을 깨달았다. 그러나 한시
라도 국면의 전환을 생각하지 않은 적이 없었다. 또 공산당의 음모에 대해
서 저지해야겠다고 생각하지 않은 적이 한시라도 없었다. 최후의 최후에

176

이르러 마침내(1938) 12월 18일 충칭(重慶)을 떠나 29일 화평건의(和平建議)를 발표한 것이다.

나의 화평건의는 일본 코노에(近衛) 내각의 성명에 호응하여 발표한 것이다. 나는 왜 호응했는가? 나는 여전히 이전부터 일관된 생각을 가지고 있었으니, 일본과의 원한은 풀어야지 맺어서는 안되었다. 일년 반 동안의 전쟁을 통해서 일본의 국력과 중국의 민족의식은 충분히 표현되었고, 또 일본이 성명을 발표해서 중국에 대해 침략의 야심이 없다고 말하면서 손을 내밀며 공동목적하에 긴밀히 합작하자고 하는데, 중국은 어째서 마치 형제들이 싸우고 나서 서로 끌어안고 크게 울듯이 일본과 우호적인 관계를 회복할 수 없는가? 만일 장 제스가 중일관계가 새로운 전기를 맞았음을 인식하여 결연히 코노에성명의 대의(大義)에 찬성을 표한다면, 화평의 길은 이미 열린 것이다. 나아가 이른바 3원칙에 근거하여 각종 구체적 조건을 합의하여 피차에 이익을 기한다면, 동아의 영구화평의 기초는 확정된다. 이후 공동생존과 공동발달은 쉽게 이룰 수 있다. 불행히도 장 제스는 그러지 않고 오히려 폐쇄적인 태도로 일본의 제의에 대응하였고, 극단적인 압박과 탄압 수단으로 나라 안과 당(黨) 안의 일체의 화평 건의에 대응하였다. 이 때문에 6개월 동안 정세가 악화되고 수습하지 못하게 되었으니, 실로 원통하다.

선린우호·공동방공(共同防共)·경제제휴의 3원칙은 코노에성명을 통해 윤곽이 명백해졌는데, 몇년 전에도 일본은 이러한 제의를 한 적이 있다. 1935년 11월 20일, 일본 아리요시(有吉) 대사는 장 제스와 회견하고 3원칙을 중일관계 개선의 기초로서 제출하였다. 장 제스는 찬성을 표시했고, 또 반대제안이 없음을 표시했다. 그후 갑자기 번복했다. 그 이유를 다음과 같이 들었다. 1) 당시 자신(장 제스)은 군사위원장이지 행정원장이 아니므로 자신의 말에 책임질 수 없다. 2) 당시 개인 자격으로 회담한 것이지 공식적인 회담이 아니었다. 3) 이른바 찬성이라는 것은 3원칙을 토론하자는 데 찬성한 것이지 3원칙 자체를 찬성한 것은 아니다. 4) 이른바 반대제안이 없다는 것은 3원칙의 실시를 두고 말한 것이지 무조건적인 찬성은 아니었다. 이는 1936년 일년 동안 중일관계가 끊임없이 벽에 부딪힌 원인이 되었고, 1937년 중일전쟁이 폭발한 원인이 되었다. 당시 외교회담 기록을 읽어보면 한탄만 나올 뿐이다. 1937년 12월부터 1938년 1월의 트라우트만 조정 때 일본정부의 화평조건은 역시 3원칙이 아니었던가? 이 부분에 대해서는 「예를 들면(擧一個例)」이란 글에서 이미 말했으므로 재론할 필요는 없다. 코노에성명은 종래의 일관된 주장에 대해 계통적으로 서술하였고 또 중국이 우려하는 점에 대해서도 일일이 해명하였다. 예컨대 공동방공에 관해서 중국은 공동방공을 빌미로 한 군사·내정의 간섭을 우려하고 있었으므로, 코노에성명에서는 일본·독일·이딸리아 방공협정의 정신에 준하여 중일 방공협정을 체결한다고 했다. 경제제휴에 관해서는 중국이 (중일간의) 정치적 분규가 해결되지 않은 것을 우려하였기 때문에 성명에서는 중국의 주권과 행정의 독립·안전을 존중한다고 했고, 또 중국에서 경제적인 독점을 실행하고자 하는 것이 아니며 중국에서의 제3국의 이익의 제한을 바라는 것도 아님을 밝혔다. 이렇게 정중하고도 명백한 성명이 있었으니, 3원칙의 실행은 결코 중국의 자유와 독립에 해를 끼치는 것이 아니다. 뿐만 아니라, 공동방공과 경제제휴의 주요목적은 공산당의 도발과 경제적 침략이라는 양대 해독을 동아에서 절멸하는 데 있으므로 중국과 일본의 책임은 매우 중대하다. 일본은 이미 중국의 책임분담을 희망했는데, 충분한 자유와 독립을 가져야만 이 중대한 책임을 분담할 능력을 중국이 가지게 된다는 것은 자명하다. 그러므로, 우리가 이 성명에 찬동하는 것은 결코 안일을 구해서가 아니라 동아의 백년대계를 위한 것이다. 따라서 이 성명에 대해 굳게 마음을 닫을 이유가 없는 것이다.

장 제스 통제하의 언론은 걸핏하면 일본이 중국을 멸망시키려 하고 이른바 3원칙이라는 것도 일종의 구실에 불과하다고 선전한다. 결코 그렇지 않다. 첫째, 일본이 진정으로 중국을 멸망시키려면 전력으로 계속 작전을 하면 그만이지 구태여 구실을 만들 필요가 없다. 둘째, 3원칙은 이미 몇 년 전에 제기되었고, 또 코노에성명 이후로는 확실한 국책으로 정해졌고 일본의 여론도 일치하고 있는데, 어째서 이를 구실이라고만 생각하는가? 셋째, 중일 양국은 만일 공동으로 노력할 목표가 없다면 이해충돌로 인해 물과 불의 관계가 되겠지만 공동의 목표가 있다면 이해가 일치하여 충돌 발생의 근거가 사라질 것이다. 이렇게 걸려 있는 문제가 중대하거늘 어찌 단순히 구실이라고만 할 수 있겠는가? 넷째, 수년간 중일관계가 개선되지 못하고 점차 악화된 것은 순환론에 빠졌기 때문이다. 일본이 중국의 배일 (排日)이 9·18사변의 원인이라고 말하면 중국은 일본의 침략이 배일의 기원이라고 말한다. 일본은 중국이 이이제이(以夷制夷) 정책을 포기해야만 중일관계가 호전된다고 말하면, 중국은 일본이 중국에 대한 야심을 포기해야만 중일관계가 호전된다고 말한다. 이러한 순환론은 상호기대와 상호비난으로 인해 더욱 악화되게 마련이다. 만일 중국과 일본이 공동목표를 가지고서 동시에 노력하면서, 우선 자신에게 기대하고 나중에 타인에 기대하며 우선 자기를 비난하고 나중에 타인을 비난한다면, 진보도 빠르고 성공도 쉬워질 것이다. 그리고 그렇게 한다면, 중일간의 과거 분규가 해결될 뿐만 아니라 현재의 전쟁도 종결되고 보상받을 수 있으며, 장래의 공동생존·공동발달의 대도(大道)도 크게 열릴 것이다.

그렇다면, 어째서 화의를 거절하고 항전을 계속할 필요가 있겠는가? 우리는 반드시 알아야 한다. 항전 이래 군대와 인민은 이미 민족의식이 절대로 마멸하지 않음을 충분히 보여주었다는 것을. 그러나, 동시에 우리는 알아야 한다, 이러한 민족의식은 현재 공산당에 이용당하고 있다는 것을. 민족의식을 이용하여 민족의식의 엄호하에 민족을 소멸시키고 국가를 멸망시키는 것은 공산당에 있어 당연하다. 왜냐하면 그들은 근본적으로 국가와 민족의 존재를 알지 못하기 때문이다. 그들은 단지 코민테른의 명령에 따라 중국을 희생시킬 줄만 알기 때문이다. 희생되는 지역이 클수록 좋고, 희생되는 인원이 많을수록 좋고, 희생의 시간이 길수록 좋다고 그들은 생각한다. 중국이 남김없이 희생되면 일본도 적지 않은 타격을 입는다. 이는 코민테른의 입장에서 보면 일거양득(一擧兩得)인 것이다. 더욱이 장 제스를 사로잡아 간판으로 삼고 1927년 이래의 '공산당 토벌'의 원한을 분출하려 하고, 또 원한을 분출하고 나서는 당연히 코민테른이라는 고향으로 돌아가려 함에랴. 그렇기 때문에 여러 차례 화평을 회복할 기회를 얻고서도 철저항전[抗戰到底]만을 외치는 것은, 중국은 영원히 화평을 얻을 수 없으니 코민테른을 위해 '끝까지 항전'해야 한다고 주장하는 것과 같다. 요컨대 공산당의 죄악은 의화단(義和團) 이상이고, 공산당에 이용당하는 자는 그 죄악이 강의(剛毅)[1] 이상이다. 제아무리 충용한 군대, 충용한 인민이라 하더라도 기껏해야 섭사성(聶士成)[2]의 아류밖에는 되지 못한다. 자기를 희생해 나라를 위하겠다는 마음만으로는 눈앞의 악운[劫運]을 만회할 수 없으니, 유곤일(劉坤一)·장지동(張之洞)이 동남지역의 보장[保障東南]을 추구한 것[3]이나 이홍장(李鴻章)이 죽음을 무릅쓰고 뻬이징에 들어가 8개국 연합군의 무기 아래에서 화의를 성립시킨 것[4]을 배우는 것이 더

---

1) 淸末의 대관료. 軍機大臣과 工部尙書協辦大學士를 역임. 義和團 運動 때 각국 駐北京使館을 공격할 것을 주장하였다. 8개국 연합군의 공격 때에 西太后를 따라 피난가는 도중 병사.
2) 淸末의 장령. 1894년 청일전쟁시 전투에 가담. 1900년 의화단을 잔혹하게 진압하였고, 나중에는 8개국 연합군에도 저항, 天津 八里台에서 전사.
3) 1900년 6월 8개국 연합군이 뻬이징을 공격할 당시 영국의 주도하에 盛宣懷와 兩江總督 劉坤一, 湖廣總督 張之洞 등은 각국 駐上海 영사들과 협의를 거쳐, 상하이에서 '東南保護條款'을 체결함. 상하이는 각국이 공동으로 '보호'하고 長江 및 蘇州·杭州의 내지는 각성 督撫의 '보호'하에 둔다고 규정하였다. 東南互保運動이라고도 한다. 兩廣總督 李鴻章과 山東巡撫 袁世凱도 참가하였다.
4) 1900년 8개국 연합군이 뻬이징을 점령한 후 이홍장은 全權大使에 임명되어 돌궐과 함께 청정부를 대표하여 '辛丑條約'을 체결함.

낫다. 그러면 혹 얼마간 (중국의 곤란을) 구할 수 있을지도 모른다.

현재 두가지 길이 우리 앞에 놓여 있다고 생각한다. 하나의 길은 장 제스와 함께 철저항전을 소리 높이 외치는 것이다. 장 제스의 현재의 병력으로는 일본에 저항할 수도 없을 뿐만 아니라 공산당을 제압하지도 못한다. 또한 장 제스의 현재의 환경에서는 공산당과 같이 가고 싶지 않아도 그럴 수 없으니, 계속 이렇게 나간다면 전체 국가와 민족을 장 제스와 함께 공산당의 희생양으로 만들 뿐이다. 또다른 하나의 길은, 쑨 원 선생의 유지를 재차 천명하고 실행하여, 일본에 대해 '원한은 풀어야지 맺어서는 안된다'는 근본적 대의에 근거하여 적을 친구로 바꾸는 데 노력하는 것이다. 그것을 위해 먼저 중일화평을 회복하고 그다음에 동아화평을 회복하여야 한다. 이 두가지 길 중 첫번째 길은 망국멸종의 길이고 두번째 길은 중국과 동아부흥의 길이다. 나는 중국과 동아의 부흥을 향한 길로 갈 것을, 동지와 전국의 각당 각파 및 무당파의 뜻있는 인사들을 단결시켜 공동으로 이 길을 갈 것을 결심하였다.

백영서 옮김

떠오르는 대중화 경제문화권 구상*

쑹 따칭

1. 환태평양 한자문명권

20세기에 동방문화는 환태평양 분지, 특히 아시아·태평양 지역에서 부흥의 물결이 일어나 하나의 거대한 환태평양 O자형 한자문명권을 형성하였는데, 이를 '한자문화권' 또는 '유교문화권'이라 부르기도 하고, 혹은 '중국문화 영향권'으로 부른다. O자형의 환태평양 한자문명권과 중국 본토의 3대 원문화권(元文化圈)이 서로 섞여서 형성된 것이 곧 환태평양 한자문화권 GIS-O모형이다.

먼저 첫째로, 중국 본토는 환태평양 한자문화권 중에 원문화권이다. 한자문명은 중국인이 세계문명에 일대 공헌을 한 것이며, '제5대 발명'으로 일컬어진다. 중국문화는 중화민족이 인류문명에 행한 가장 위대한 공헌이다. 중국문화는 1~2만년의 발육기와 8천년의 창조기를 거쳐 20세기에 이미 3대 문화권을 형성하였고, 우리는 이것을 '중국 대문화권 GIS모형'이

---

* 宋大慶. 출전:『中國時代: 21世紀大豫言』, 貴州: 人民出版社 1993.

182

라고 부르고자 하는데, G자형 고원문화권, I자형 대하문화대(大河文化帶)와 S자형 해양문화권이 그것이다.

G자형 고원문화권은 중국의 주변지역에 분포하는데 북방의 초원과 그곳의 초원문화, 황토고원과 그곳의 황토문화·서부문화, 쓰촨(四川)분지와 그곳의 파촉(巴蜀)문화, 신장(新疆)분지와 그곳의 남·북강(南·北疆)문화, 칭하이호(靑海)·신장(新疆)고원과 그곳의 고원문화, 서남의 윈난(雲南)·꾸이저우(貴州)지역 고원과 그곳의 고원문화 및 다민족문화를 포괄한다. 이 문화권은 중국문화의 주요한 발생권일 뿐만 아니라 한족과 55개 소수 민족 대부분이 살고 있는 다민족 문화권으로, 세계에서 흔히 볼 수 없는 다민족 문화권을 형성하였다. 현재 이곳에서는 다시 국제무역 붐이 일어 아시아와 유럽을 다시 연결하는 비단길과 남방(서남) 비단길을 중흥시키며 G자형의 환중국경제권과 G자형 고원경제문화권을 조성하고 있다.

I자형 대하문화대는 중국의 중부와 동부 지역에 분포하며, 동북평원과 그곳의 랴오허강(遼河)문화, 화북평원과 그곳의 황허(黃河)문화, 화동평원과 그곳의 화이허(淮河)문화·양쯔강(長江)문화와 타이후호(太湖)문화, 화난 구릉지와 그곳의 주강(珠江)문화대 등을 포괄한다. 이 문화대는 중국문화의 주요한 발생권일 뿐만 아니라 중국의 주요 문화권이며 전통 문화권으로, 중국의 주체민족인 한족(漢族), 중국에서 주도적인 문화적 지위를 누렸던 기타 문화유파, 그리고 외부로부터 중원으로 들어온 각파의 문화들이 모두 이곳에서 정화되어 세계에서 그 유래를 찾아볼 수 없는 대하문화권을 형성하였으며, 이곳은 세계문화의 주요 발생지가 되었다. 현재 헤이룽강·랴오허강·하이허강·황허·화이허·양쯔강·타이후호·주강에서는 I자형의 대하[大江]경제대가 형성되어 중국의 대동맥을 구축하고 있으며, 이것이 현재 중국의 I자형의 대하경제문화대이다.

S자형 해양문화권은 중국의 환태평양 연안지역에 분포하며, 이 문화권은 랴오뚱반도와 그곳의 발해문화권, 산뚱반도와 그곳의 황해문화권, 화

이허·하이허강과 그곳의 환동해문화권, 민해(閩海)문화권, 광동·광서·해남(粵桂瓊)의 환남해문화권과 아울러 대만 환해(環海)문화권, 그리고 해남(海南) 환해문화권을 포괄한다. 이곳은 중국문화뿐만 아니라 세계 해양문화의 주요한 발생권이며, 나아가 당대 중국의 주요 문화권이다. 오늘날, 이곳에서는 환발해 대경제권과 환황해 대경제권, 그리고 환동해 대경제권 및 환남해 대경제권이 형성 중에 있다. 뿐만 아니라 환중국 대경제권, 환서태평양 대경제권, 아시아·태평양 경제권도 이곳에서 형성되고 있다. 이로 말미암아 이곳에 S자형 환중국 및 아시아·태평양 경제권이 형성된 것이다. 중국 GIS 3대 문화권은 태평양·인도양·아시아−유럽 등 3대 경제권과 근접해 있다. 따라서 중국 원문화권은 아시아·태평양 경제의 중계권이자 중추권이다.

둘째로 환서태평양 지구는 환태평양 한자문화권의 아(亞)문화권이다. 환태평양 지역은 동아시아와 동남아를 주요 지역으로 삼는 당대 세계문화의 중심지역 중의 하나다. 이곳은 과거부터 현재까지 계속적으로 '중국문명 영향권'이며, '한자문화권'이기 때문에 이곳을 '동아유교공업문명지구'라고 부르고 있다.

대S자형의 환대서양 세계경제 고속성장대는 진정한 의미에서 한자 아(亞)문화권이다. 한자와 중국문화는 2천여년 전에 일본에 전해져 일본의 문명화와 전반적인 한화(漢化)를 완성시켰으며, 일본은 지금까지도 한자를 사용하고 유교를 존중하는 국가인데, 현재 1,926개의 통용한자를 사용하고 있다. '아시아의 네마리 용' 중에 대만·홍콩이 한자 원문화권에 속할 뿐만 아니라 한국과 씽가포르도 한자 원문화권에 가장 접근해 있는 아한자문화권이다. 한국의 국기와 국가휘장이 모두 중국의 태극그림이며, 오늘날 한국도 일본과 마찬가지로 한글과 한자가 혼합된 한자를 사용하고 있다. 한국은 1961년 '상용 한자표' 1,300개를 반포하였고, 1972년에는 중학생 한자 1,781개를 다시 규정했다. 1992년 1월 22일, 한국의 중앙일보는

"문화유산을 계승하기 위하여 반드시 한자교육을 진행하여야 한다"라고 호소하고 있다. "한자는 우리가 오랫동안 사용해온 기록수단으로 우리 선조의 사상과 감정·가치가 모두 한자에 침투되어 있다. 따라서 만약 한자와 한문에 대한 기초학력을 배양하지 않으면 선조의 문화유산을 계승하는 것은 결국 불가능하게 될 것이다"라고 하고 있다.

씽가포르 또한 동남아 아한자문화권 중에서 가장 '한화'된 국가이다. 씽가포르인 3/4은 화교의 후예로, 한자는 줄곧 씽가포르의 관방(官方)언어로 영어와 경쟁해왔다. 1969년 씽가포르의 교육부가 공포한 간소화한 한자는 중국의 그것과 형태와 모양이 같다. 더욱 재미있는 것은 1992년 중국에서 "간체자로 쓰면서도 번체자 알기"를 통해 번체자 익히기 열풍이 일어났을 때, 씽가포르인들은 크게 화를 내며 인민일보 해외판의 번체화에 대하여 강력하게 비판하였고, 이에 인민일보 해외판은 이같은 간청을 받아들여 즉각 다시 번체자를 간체자로 돌림으로써 중국의 번체화에 대한 열기를 식혔다. 이것은 씽가포르인들의 고향의 한자와 한자문화에 대한 사랑과 보호심이 결코 중국인에 못지않아 참으로 "동향인의 눈물이 고이게" 만들고 있음을 보여준다.

베트남 또한 동남아의 주요한 대국인데 예로부터 한자국가로 한자를 국가의 서면(書面)문자로 사용해왔고, 이와 같은 현상은 계속 20세기까지 이어지고 있다. 동남아인의 대다수는 고대 중국의 남방지역의 해상민족의 후예로 오늘날에도 3,300여만의 중국인이 동남아에 거주하는데 이들은 동남아 경제를 좌우하는 '화교세력'일 뿐만 아니라 직접 중국 한자문명의 아문화권을 구축하였다. 이외에도 동남아 각국은 모두 중국과 극히 문화적으로 친밀한 유대관계가 있다. 예를 들면 중국인이 일찍이 인도차이나뿐만 아니라 인도네시아·필리핀에 건국한 적이 있고, 이광요(李光耀)와 아키라 부인 등 동남아의 저명한 인사들은 모두 중국인의 후예다.

S자형의 동아동남아·환태평양 대경제대는 동서방 문명의 충이로서 징

차 중국문화와 서방문명이 고도로 융합해나갈 때 이전보다 더욱 발전할 것일 뿐만 아니라 새로운 동방문명을 창출할 것이다. 직접적으로는 한자 기술이나 한자 컴퓨터·한자문명 등을 표출해낼 것이며, 이런 일들이 진행될 때 세계는 그들을 '한자문화권'으로 부를 것이다.

서태평양 한자문화권은 환중국경제권·남해경제권·화남경제권·황해경제권·환일본해경제권과 동북아경제권 등의 중심에 해당하는 지역이다. 그들과 중국 원문화권은 서로 복합되어 하나의 '아시아태평양한자경제문화권'을 형성 중에 있고, 장차 세계문명의 중심을 이룰 것이다.

셋째로, 환태평양 지역은 환태평양 한자문화권의 범문화권이다. O자형의 범환태평양문화권은 대O자형 환태평양 분지와 중국 원문화권·아태문화권이 서로 복합되어 조성되었다.

전지구상에 약 12억 중국인이 주로 서태평양 해안에 거주하며, 5,500만 해외화교가 주로 O자형의 태평양 연해에 거주한다. 미국에는 164만 화교가 거주하며 지금 고도의 발달된 미국문명을 창조하고 있는데, 앞으로 중국문명을 캐나다를 포괄하여 그곳에 멀리 전파할 것이다. 남미의 고대문화 특히 인디언문화, 잉카문명 및 마야문명은 중국문명과 직접적인 인연이 있다. 이것은 이미 공인된 것이며, 따라서 남미 본토문화 또한 아한자문화다. 대양주에서도 1987년 오스트레일리아 외교부 부서기장 새덕륵(賽德勒)은 "오스트레일리아는 세계경제의 중심이 아태지구에 있을 뿐만 아니라 21세기에는 중국인(한자)의 문명이 대두될 것이기 때문에 장차 중국어를 제1외국어로 삼을 것이다"라고 선포하였다.

한자가 영어·프랑스어·스페인어 그리고 러시아어와 함께 유엔의 5종의 통용문자로 되고, 그것이 유럽과 미국·태평양 지역에서 유행하는 것은 중국문화의 부흥의 반영이다. 그러나 중국문화의 부흥도 중국식일 것이다. 그것은 서방문명이나 라틴문명, 동남아문화와 대양주문화를 배척하지 않고, 이와는 정반대로 기타 문화와 공존하고 함께 번영할 것이다.

오늘날 중국인은 대태평양 주변에 거주하며 일종의 동서방문화를 융합하여 일체화한 참신한 대문명을 창조해나가고 있다. 신동방문명·신중화문명·신태평양문명이 그것으로, 이들은 환태평양경제권과 아태경제권·아주경제구의 추동 아래 직접 21세기의 중국시대를 열기 위한 가장 기본적인 경제와 문화 구조를 이미 건립하였다. 21세기에는 환태평양 지역에 한자문화가 유행할 것이고, 그것과 서방문화·라틴문화·아랍문화·남미문화와 동아문화·아프리카 문화·오스트레일리아 문화가 함께 21세기 인류문명의 대번영을 조성할 것이다. 21세기는 중국문명 시대이며, O자형 환태평양 한자문화권은 바로 이것의 한 모범이다.

2. 환중국 대경제권

세계는 평면을 향해 나아가고 있다. 식민과 확장을 속성으로 삼던 20세기의 지연(地緣)정치학 시대는 점점 사라져가고, 과학과 기술·경제를 속성으로 하는 지연경제학 시대가 다가오기 시작하고 있으며, 인재경쟁이나 전지구적 범위의 경쟁이 제국적 전쟁과 무력경쟁을 대치해나가고 있다. 날로 통합을 향해 나아가는 세계는 거대한 변화를 발생시키고 있는 것이다.

I. 세계는 전지구시대로 진입했다
20세기 전세계는 단번에 '지구촌'으로 변모하였고, 개인·단체·세계는 불가분의 통일체를 형성하였다. 경제독점은 20세기 경제의 기본특징이다. 개인적 독점이 국가적 독점이란 과도기를 거쳐 국제적 독점·전지구적 독점으로 나아가는 과정에서 삼위일체를 이루었다. 지연경제학 시대 또한 '국제적 독점'의 시대이며, 세계는 '전지구가 일체화된' '전지구적 경제 시장'이며, '세계문화촌'으로 변했다. 거대한 원양함은 일주일 내에 광대한 태평양을 건널 수 있게 되었다. 거대한 장거리 비행기는 하루도 못 되어 지구의 어느 오지에도 날아갈 수 있게 되었다. 전신과 광케이블, 그리고 인공위성은 정보를 빛의 속도와 밀도로 세계 각지와 소통할 수 있게 하고, 정보시대에 필요한 물자나 소식망을 구축하여 대양(大洋) 사이의 간격을 두 귀 사이의 간격만큼이나 좁혔다. 이것을 우리는 하나의 지식지능·정보지능·광양자지능·우주지능·인공지능의 시대로 부를 수 있다.

II. 양극세계는 대립과 상호보완이 따른다

양극현상이 우주의 보편현상인 것처럼 양극세계 또한 세계의 기본형태다. 그들은 모순과 대립으로부터 상호보완을 향해 한데 어우러지는 과도기를 거친다. 이전부터 자본주의 자유경제는 시간이 갈수록 조종과 계획에 의지하게 되어 국제독점이나 7국 대표자회의(G7) 등과 같은 거시적 통제 기능과 기구까지도 출현하였다. 반대로 사회주의 계획경제는 개혁·개방을 거쳐 사회주의 시장경제를 향해 변형되어가고 있다. 이에 따라 양자 간의 격렬한 군사대항도 점점 장기적인 경제경쟁으로 전환되어가고, 동서 간의 너 죽고 나 살자는 식의 전쟁관계도 경제관계를 통해 승부를 결정하려는 방향으로 변하고 있다. 남북 양극관계 또한 보아온 것처럼 남북 빈부의 차가 날이 갈수록 심화되어 심지어 '제4세계'란 말조차 만들어내기까지 했지만, 동아·동남아·남미 국가와 지역들은 신속하게 발달하여 일본이나 아시아의 네 마리 용처럼 이미 세계의 제일 발달한 지역에 진입했다. 이렇게 남방국가들은 점점 성장하여 많은 우수 졸업생을 배출할 것이며, 북방국가들은 점점 식구를 불려나갈 것이다.

양극현상은 또한 직접 경제와 문화에서 나타난다. 일찍이 대서양경제권이 세계를 주재한 데 이어 이미 태평양경제권이 새로 성장하여 세계는 '양대양경제권' 시대로 진입했다. 이 과정에서 서방문화는 극대의 성장과 확대, 그리고 쇠퇴의 과정을 거쳐 이제 자아갱신의 과정에 직면해 있는 데 반하여, 동방문화는 영락과 진흥·부흥을 거쳐 솟아올라 신태평양문명과 신동방문명을 흥기시켜, 세계는 동서방문명이 서로 교차하며 빛나는 새로운 시대에 진입하였다.

III. 세계는 날로 단일화·구역화·집단화되고 있다

전지구경제는 무질서한 팽창 이후에 이제 자연상태로 돌아와 단일화를 지향하고 있다. 세계경제의 국면은 선명하게 자연지리적인 특색을 드러내고 있다. 아시아와 유럽을 연결하는 세 다리가 완전히 관통된 이후 아시아와 유럽은 날로 단일화가 진행되어 세계 단일화의 중추가 되고 있다. 범미경제권이 흥기함에 따라 미주지역도 날로 단일화되고 있다. 낙후한 아프리카주는 단일화 방면에 있어서는 오히려 뒤지지 않아 아프리카 경제공동체가 출현함에 따라 아프리카 또한 날로 단일화되고 있다.

이와 동시에 전지구경제는 3대 경제권으로 분할되는데, 환태평양경제권·환대서양경제권, 그리고 환인도양경제권이 그것이다. 이 경제권의 분할에 부응하여 한자경제문화권(유교권)·기독교 경제문화권과 이슬람 경제문화권이 흥기하였으며, 세계 각국은 이 3대 경제문화권에 분분히 가입하여 이제 전지구경제는 '대륙이 바다를 돕는 추세'의 지연경제적 특성을 드러내고 있다.

구역화·블록화도 구체적으로 경제구역화·정치구역화·문화구역화와 양변블록화·다변블록화·주변블록화와 같은 식으로 나타났다. 뿐만 아니라 전지구적으로 진행된 활발한 일체화와 블록화는 3대 극을 형성하였다. 그것은 동아(중일)·북미(미국·캐나다)와 서구(독일·프랑스·영국)로, 세계는 3각구도로 정립되었으며, 전지구는 '대3국시대'로 진입했다.

IV. 전지구가 4중주를 교차하여 연주하다

1993년 1월 1일, 유럽경제구는 정상운행 단계에 진입한 이후 날로 기세가 등등해지고 있으며, 북미경제구도 곧바로 유럽경제구를 따라잡아 그들과 등등한 세력을 형성하고 있다. 오직 아시아경제구만 아직 (방향을) 논의 중에 있으며, 동맹(東盟)경제구가 앞장서고 있음에도 불구하고 아직 '응집력'이나 '구심력'이 출현하기를 기다리고 있는 중이다. 이에 사람들은 "중국이 흥하면 천하가 심복한다"고 하고, 중국의 부흥은 2000년이 되면 분명하게 드러날 것이라고 말하고 있다. 아프리카경제구도 아시아경제구와 같이 요란한 소리가 나고 있음에도 불구하고 아직 마음이 느긋하고 추진력이 모자라 오히려 아직 걱정거리가 적다. 세계 4대 경제구는 유럽이 먼저 '무역보호주의의 철조망'을 치자 북미가 이에 첨예하게 대립함으로써 불에 기름을 끼얹은 격이다. 이렇게 볼 때 오로지 희망을 걸 수 있는 곳은 아시아와 동아시아밖에 없다. 결국 이곳에서 누구와도 비교할 수 없는 강대한 경제활력과 하늘이 내린 창조력을 바탕으로 '자유무역'의 깃발을 높이 세울 수 있을 것이다.

지금 세계에 4중주가 나오고 있는데 범대양경제권·대륙 경계지역 일원화군·주변지역 블록화와 양변·다변 일체화가 그것이다. 수천년간의 "먼 곳과 교린하여 가까운 곳을 공격하는" 시대는 가고, 새롭게 "가까운 곳과 교린하여 먼 곳을 공격하는" 시대가 개시되었다. 군사확장과 무력쟁패의 시대는 가고, 전지구적인 상업전쟁과 과학과 무역이 국가를 부강하게 만드는 시대가 왔다. 지구촌의 중심구인 환태평양 지역, 즉 미국·중국·일본·러시아 등 4대 거인은 동시에 일어나 바다를 사이에 두고 서로 바라보고 있는 형국이다.

또한 3개로 나누어졌던 정치적 세계로부터 4개의 경제적 세계로 분화되어 나오고 있다. 미국과 후발의 일본 및 독일은 세계경제의 제1세계를 이룰 뿐만 아니라 각자가 자기들의 달러·마르크·엔화 블록을 형성하였고, 소련과 동구권은 정치군사적인 제1세계로부터 경제적인 제2, 3세계로 편입되어 '부국 중의 빈국'이 되고 있다. 일본과 독일은 초강대 경제국가가 되어 경제적인 제2세계로부터 도약하여 날로 선명하게 세계 정치 및 군사상의 대국의 지위를 추구하고 있고, 아시아의 네 마리 용인 홍콩·씽가포르·대만과 한국은 이미 일찍이 제3세계로부터 탈피하고 제2세계의 새 별로 떠올랐다. 뿐만 아니라 이를 뒤이어 라틴아메리카의 여러 국가들과 동남아시아의 '작은 호랑이', 그리고 큰 용인 중국 또한 날로 제3세계로부터 탈피하고, 발달된 국가를 향해 도약하여 세계경제에 있어서 제2세계의 성원은 날로 증가하고 있고 '중산화(中産化)'되고 있으며, 발달하지 못한 제3세계 국가는 날로 줄어들고 있다. 당연히 제3세계로부터 아직 탈피하지 못한 일련의 국가들은 구질서와 새로운 충돌 및 천재지변이나 인재(人災) 등으로 날로 '제4세계'로 추락하여 세계의 '가장 빈곤한 국가와 지역'을 이루고 있다.

4개 세계의 모순은 때로는 충돌하는 것처럼 보이지만 격화되지는 않아 총체적으로는 희망적이다. 지연경제학적인 각도에서 볼 때, 이같은 가장 발달한 지역, 신흥공업화 지역, 개발도상 지역, 그리고 가장 발달하지 않은 지역 등 네 단계 모두가 한 줄에 나란히 서서 동고동락하고 있을 뿐만 아니라 각 단계간의 새로운 조합 또한 전쟁을 통해서가 아니라 평화로운 방식, 즉 지역적 위치나 인재(人才), 과학기술과 정책·전략 등을 통해 실현하고자 하고 있다.

V. 세계는 날로 5원 지연경제 시대에 진입하고 있다

유럽·미국·일본·독일·중국은 지금 세계경제의 5극을 형성하고 있는데, 이 5대 경제 중심의 경제역할이 날로 충돌하려 하고 있다. 또한 세계는 이미 정식으로 유럽공동체·북미 자유무역구·남미 자유무역구·중아경제합작조직·동남아 자유무역구 등 5대 자유무역구를 형성하고 있다.

지금 세계에는 자유무역구에 대한 선풍이 일고 있는 동시에 보호무역주의와 종족주의적 재앙이 잠복해 있다.

유럽경제구·북미경제구·남미경제구·아프리카경제구와 아시아경제구는 이미 세계경제를 날로 자연지리화시켜 지연경제학의 마지막 구조에 진입했다. 결론적으로 볼 때 세계는 일원화를 향해 나아가고 경제는 날로 아마추어에서 프로로 되고 있는 것이다. 일원화를 향해 가는 세계, 전지구적 일체화와 다극화의 병행, 경제의 국제화와 민족화의 병행, 문명의 공동체화와 다원화의 병행 등은 세계를 크게 분화시키고 재조직하고 있다. 세계는 해양경제권·대하공동체·구역경제권·문화공동체·자원경제권·종교공동체·생태경제권·언어공동체 등으로 분화되고 있고, 흑해경제권·다뉴브공동체·동아시아경제권·대중화공동체·석유경제권·이슬람공동체·마르크경제권·라틴공동체 등과 같이 20세기 말의 진정한 세계 경제시장과 지구적 경제공동체가 형성되기 위한 기초가 다져졌다.

20세기 말 지연경제학은 또다시 중국, 즉 '중앙왕국'에 대해 참신한 경제문화적 의미를 부여하였다. 중국은 세계에서 유라시아 대륙과 태평양 분지의 가장 중심에 위치하고 있을 뿐만 아니라 경제상으로도 유럽과 아시아 대륙의 교량적 위치와 환태평양경제권의 중심에 위치하고 있어, 세계 무역과 경제 구역의 중추적 위치를 차지하고 있다.

중국은 유일하게 세계 3대 경제권이 둘러싸고 그것이 중첩되는 국가로 유럽과 아시아의 교량이며, 아태경제권인 동시에 환태평양경제권이며, 태평양시대의 떠오르는 태양으로 간주된다. 뿐만 아니라 전지구시대에 중국은 동쪽으로는 태평양에 접해 있고, 서쪽으로는 아시아—유럽 대륙에 접해 있으며, 남쪽으로는 인도양과 맞닿아 있다. 초경제 강대국 일본과 손에 손을 잡고 있으며, 세계 경제대국 미국과 얼굴을 맞대고 있고, 초자원대국인 러시아와 어깨를 맞대고 있어 세계의 천시(天時)와 지리(地理)·인화(人和)의 중심지에 자리잡고 있다.

동시에 중국은 동방문명의 대표이며, 중국 한자문화의 원(元)문화권일 뿐만 아니라 환서태평양 한자문화권의 고향이다. 또한 범태평양 한자문화권의 요람이기 때문에 중국은 21세기 한자문명 시대와 동아경제 시대의 심장이다.

세계 경제시장과 문화시장 및 기타 지연경제, 문화규율은 이미 중국을 21세기 전지구경제의 중심적 위치로 운명지어놓았다. 중국은 21세기 전지구 문화전통의 중심이며, 21세기 아태 세기의 자연과 문화의 중심이다. 이와 같은 이유 때문에 거대한 영향력을 지닌 일련의 대경제권이 중국 주변에 형성되었고, 중국 중심의 경제문화가 신속하게 일어나 태평양·대서양 그리고 유라시아 대륙·미주 대륙의 중개자가 되었다. 뿐만 아니라 전지구적 무역, 환태평양 무역, 태평양과 대서양의 양대양 무역, 인도양·태평양·대서양의 3대양 무역, 동방무역과 아태무역은 이미 중국의 주변과 중심에서 흥기하여 끊임없이 밀물처럼 일어나고 있다.

환중국 대경제권이 흥기한 이유는 첫째, 중국이 아태지역의 중심에 위치하고, 이 지역의 거대한 경제시장과 한자 원문화권은 "중국이 흥하면, 천하가 심복"하도록 만들었기 때문이다. 주변의 각국은 모두 중국경제와 결합하고, 중국의 교량적 힘을 빌려 아시아의 중심에 진입하기를 갈망하고 있다.

둘째, 중국은 이미 세계경제와 아태경제의 흡인력일 뿐만 아니라 동력원이기 때문이다. 세계경제와 아태경제는 중국의 경제동력을 필요로 하고 이것을 이용하여 참신한 태평양의 세기를 열어가고자 하고 있다.

셋째, 중국과 동아시아는 현재 세계의 공장이자 농장이며, 세계의 은행이자 세계의 중추로 간주되고 있고, 환중국경제권은 세계경제에 대한 '중국개념'의 형성을 반영하고 있을 뿐만 아니라 촉진해주고 있어 환중국경제권과 중국의 추진력이 서로 결합할 경우 이들은 21세기 세계경제의 견인차가 될 것이다.

따라서 중국 없이는 환태평양경제권이 있을 수 없으며, 아태경제권이 있을 수 없고, 환중국 대경제권 또한 있을 수 없으므로, 결국 중국이 없으면 '태평양의 기원(紀元)'도 '아시아 태평양 시대'도 있을 수 없는 것이라고 말할 수 있다. 환중국 대경제권과 '아태 세기'는 상호보완적으로 작용하여 21세기 중국시대의 위대한 서곡이 되고 있으며, 중국시대는 환중국 대경제권과 아태 세기의 인력(引力)의 중심으로 작용하고 있다.

김희교 옮김

제3부

한국의 근대와 아시아 인식

동양평화론*

안중근

서문

대저 합하면 성공하고 흩어지면 패한다는 것은 만고에 분명히 정해져
있는 이치다. 지금 세계는 동서(東西)로 나누어져 있고 인종도 각각 달라
서로 경쟁하기를 밥 먹듯 한다. 이기(利器)연구에 농업이나 상업보다 열중
하여 새로 전기포(電氣砲)·비행선(飛行船)·침수정(浸水艇) 등을 발명하고
있으니, 모두 사람을 상하게 하고 사물(四物)을 해치는 기계다.

청년들을 훈련하여 전쟁터로 몰아넣어 수많은 귀중한 생령들이 희생처
럼 버려졌으니, 피가 냇물을 이루고 시체가 땅을 뒤덮음이 날마다 그치질
않는다. 삶을 좋아하고 죽음을 싫어하는 것은 모든 사람의 상정이거늘, 밝
은 세계에서 이 무슨 광경이란 말인가. 말과 생각이 이에 미치니 뼈가 시
리고 마음이 서늘해진다.

---

* 安重根(1879~1910). 출전: 東亞日報, 1979. 9. 19~21, 24에 실린 번역문에 기초하되,
『나라사랑』 제34집(1979)에 실린 번역문과 원문을 대조해 최원식이 손질했다. 1910
년에 옥중에서 씌어진 漢文 原本은 1979년에 발굴되었다.

그 원인을 따져보면 예로부터 동양민족은 다만 문학에만 힘쓰고 제 나라만 조심해 지켰을 뿐이고 도무지 유럽의 한치 땅이라도 침입해 빼앗은 적이 없음은 5대 주 위의 사람이나 짐승 초목까지 다 알고 있는 바이다.

그런데 최근 수백년 이래로 유럽의 여러 나라들은 도덕(道德)을 까맣게 잊고 날로 무력을 일삼으며 경쟁하는 마음을 양성하면서 조금도 꺼리는 바가 없는데 그중 '러시아'가 더욱 심하다.

그 폭행과 잔해(殘害)함이 서구나 동아(東亞)에 어느 곳이고 미치지 않는 곳이 없으니 악이 차고 죄가 넘쳐 신(神)과 사람이 다같이 분노할 노릇이다. 그러므로 하늘이 동해 가운데 조그만 섬나라인 일본으로 하여금 이처럼 강대국인 러시아를 만주대륙에서 한 주먹으로 때려눕히게 하였으니, 누가 능히 이런 일을 헤아렸겠는가. 이로써 순천(順天) 등 땅을 점령케 된 것은 인리(人理)에 응답된 것이다.

당시 만일 한청(韓淸) 양국 인민이 상하가 일치해서 전날의 원수를 갚고자 일본을 배척하고 러시아를 도왔다면 큰 승리를 거둘 수 없었을 것이니 어찌 족히 예상이나 했겠는가. 그러나 한청 양국 인민은 이와 같은 행동을 생각지도 않았을 뿐만 아니라 도리어 일본군대를 환영하여 운수·치도(治道)·정탐 등 일에 수고로움을 잊고 힘을 기울였으니 이것은 무슨 이유인가. 두가지 큰 사유가 있었다.

일본과 러시아가 개전할 때 일본천황의 선전포고하는 글에 "동양평화를 유지하고 대한독립을 공고히한다" 운운했으니 이와 같은 대의(大義)가 청천백일(靑天白日)의 빛보다 더 밝았기 때문에 한청 인사는 지혜로운 이나 어리석은 이를 막론하고 일치동심해서 복종했음이 그 한가지 이유다. 더구나 일본과 러시아의 다툼은 황백인종(黃白人種)의 경쟁이라 할 수 있으므로 지난날의 원수진 심정이 하루아침에 사라져버리고 도리어 하나의 큰 인종 사랑하는 무리[一大愛種黨]를 이루었으니, 이 또한 인정(人情)의 순서로서 이치에 합당하다고 할 만한 또 하나의 이유다.

쾌하도다. 장하도다. 수백년 이래 악을 행하던 백인종의 선봉을 한번의 싸움으로 크게 부수었으니 천고에 드문 일이며 만방이 기념할 자취라 할 수 있다. 당시 한청 양국의 뜻있는 이들이 지체없이 함께 기뻐해 마지않은 것은, 일본의 정략(政略)이 순서를 밟아 동서양에 진출, 천지가 개벽한 뒤로 가장 괴걸(魁傑)한 대사업이며 통쾌한 일이다라고 스스로 헤아렸기 때문이다.

아! 천만 뜻밖에 승리하여 개선한 후로는 가장 가깝고 가장 친하며 어질고 약한 같은 인종인 한국을 억압하여 조약을 맺고, 만주 창춘(長春) 이남을 조차(租借)한다는 핑계로 점거하다니. 이 때문에 세계 일반인의 머릿속에 의심이 홀연히 일어나니 일본의 위대한 성명(聲明)과 정대한 공훈은 하루아침에 사라져 만행을 일삼은 러시아보다 더 심하게 보게 되었다.

아! 용호(龍虎)의 위세로써 어찌 뱀이나 고양이같은 행동을 한단 말인가. 이와 같이 만나기 어려운 좋은 기회를 다시 찾으려 한들 어떻게 얻을 것인가. 아깝고 통탄할 일이로다.

'동양평화' '한국독립'의 어구에 관해서는 이미 천하민국의 사람들 이목을 거쳐 금석(金石)처럼 믿게 된 것으로 한청 양국 사람들의 뇌리에 새겨진 것이다. 이와 같은 문자와 사상은 비록 천신의 능력으로서도 마침내 소멸시키기 어려울 것이거늘 하물며 한두 사람의 지모(智謀)로 어찌 능히 말살할 수 있겠는가. 지금 서양세력이 동양으로 뻗쳐오는 네덜란드를 동양인종이 일치단결해서 극력 방어해야 함이 제일의 상책(上策)임은 비록 어린아이일지라도 익히 아는 일이다. 그런데도 무슨 이유로 일본은 이러한 순연(順然)한 형세를 돌아보지 않고 같은 인종인 이웃나라를 깎고 우의(友誼)를 끊어 스스로 방휼(蚌鷸)의 형세를 만들어 어부를 기다리는 듯 하는가.[1] 한청 양국인의 소망은 크게 절단되어버렸다.

---

1) 방휼지세(蚌鷸之勢): 방합과 도요새가 싸우는 형세. 서로 다투는 틈을 타서 둘 다 어부에게 잡히고 만다는 고사.

만약 정략이 고쳐지지 않고 핍박이 날로 심해진다면 어쩔 수 없이 차라리 다른 인종에게 망할지언정 차마 같은 인종에게 욕을 당하지는 않을 것이니, 한청 양국인의 폐부(肺腑)에서 의론이 용솟음쳐서 상하일체가 되어 스스로 백인의 앞잡이가 될 것은 불을 보듯 뻔한 형세다.

그렇게 되면 동양의 몇억만 황인종 중 허다한 지사(志士)와 비분강개하는 남아가 어찌 수수방관하고 앉아서 동양 전체의 까맣게 타죽은 참상을 기다릴 것이며 또 그것이 옳겠는가. 이런 까닭으로 동양평화를 위한 의전(儀戰)을 하얼삔에서 개전할 것이며, 담판하는 자리를 뤼순꺼우(旅順口)에 정한 후 동양평화 문제에 관한 의견을 제출하는 바이니 여러분의 눈으로 깊이 살필지어다.

1910년 경술(庚戌) 2월
대한국인 안중근 여순옥중(旅順獄中)서 쓰다.

전감[2]

예로부터 지금까지 동서남북의 어느 주(洲)를 막론하고 헤아리기 어려운 것이 대세(大勢)의 번복(飜覆)이고 알 수 없는 것이 인심의 변천이다. 지난날 갑오년(1894) 일청전역(日淸戰役)을 보더라도, 그때 조선국의 서절배[3] 동학당(東學黨)의 소요로 인해 인연 청일 양국이 병사를 동원해 건너왔고 까닭없이 싸움을 벌여 서로 충돌하였는데, 일본이 이기고 청국이 패하자 (일본은) 승승장구하여 랴오뚱(遼東)의 반을 점령하였다. 요해처(要

---

2) 前鑑: 앞사람이 한 일을 거울삼아 스스로를 경계함. 여기서는 지난 역사를 되새겨 일본 군국주의의 무모함을 경계하는 뜻.
3) 鼠竊輩: 좀도둑.

害處)인 뤼순(旅順)을 함락시키고 황해함대(黃海艦隊)를 격파한 후 시모노세끼(馬關)에서 담판을 열어 조약을 체결했다. 이후 대만을 할양받고 2억 원을 배상금으로 받기로 하였으니 이는 일본의 유신(維新) 후 하나의 커다란 기념할 만한 행적이다.

청국은 물자가 풍부하고 땅이 넓어 일본에 비하면 수십배는 족히 되는데 어떻게 해서 이와 같이 패했는가.

예로부터 청국인은 스스로를 중화대국이라 일컫고 다른 나라를 오랑캐라 일러 교만이 극심하였으며, 더구나 권신척족(權臣戚族)이 멋대로 국권을 농간하니 신민(臣民)이 원수관계를 맺어 상하가 불화했기 때문에 이와 같이 욕을 당한 것이다.

일본은 유신 이래로 민족이 화목하지 못하고 다툼이 끊임없었으나, 그 외교적 경쟁이 생겨난 후로는 집안싸움[同室燥戈之變]이 하루아침에 화해되어 연합을 이루고 한 덩어리 애국당(愛國黨)을 이루었다. 그리하여 이와 같이 개가를 올리게 된 것이니, 이것이 이른바 친절한 남이 다투는 형제보다 못하다는 것이다.

이때의 러시아 행동을 기억할지어다. 그날로 동양함대(東洋艦隊)가 조직되고 프랑스·독일 양국이 연합하여 요꼬하마(橫濱) 해상에서 크게 항의를 제출하니, 랴오뚱반도가 청국에 환부되고 배상금이 감액되었다. 그 외면적인 행동을 보면 천하의 공법(公法)이고 정의라 할 수 있으나, 그 내용을 들여다보면 호랑(虎狼)의 심술보다 더 사납다.

(일본은) 불과 수년 동안에 민첩하고 교활한 수단으로 뤼순꺼우를 조차한 후에 군항(軍港)을 확장하고 철도를 부설하였다. 이런 일의 근원을 생각해보면, 러시아 사람들은 수십년 이래로 펑톈(奉天) 이남 따롄(大連)·뤼순·뉴창(牛莊) 등지에 부동항 한곳을 억지로라도 가지고 싶은 욕심이 불 같고 밀물같이 일어났다. 그러나 감히 손을 쓰지 못한 것은 청국이 한 번 영국·프랑스 양국의 톈진침략을 받은 이후로 관동의 각진(各鎭)에 신

식병마(兵馬)를 많이 설비했기 때문에, 감히 마음먹지는 못하고 단지 끊임없이 침만 흘리면서 오랫동안 때가 오기를 기다리고 있다가 이때에 셈이 들어맞은 것이다.

이때를 당해서 일본인 중에도 식견이 있고 뜻이 있는 자라면 누구라도 창자가 갈기갈기 찢어지지 않았겠는가. 그러나 그 이유를 따져보면 이 모두가 일본의 과실이니, 이것이 이른바 구멍이 있으면 바람이 생기는 법이요, 자기가 치니까 남도 친다는 격이다. 만일 일본이 먼저 청국을 침범하지 않았다면 러시아가 어찌 감히 이와 같이 행동했겠는가. 말하자면 제 도끼에 제 발 찍힌 격이다.

이로부터 중국 전체의 모든 사회언론이 들끓게 되어 무술개변⁴⁾이 자연히 양성(釀成)되고 의화단⁵⁾이 들고일어났으며 일본과 서양을 배척하는 기세가 불타올랐다. 그래서 8개국 연합군이 발해 해상에 운집하여 톈진이 함락되고 뻬이징이 침입당하니, 청국황제가 서안부(西安府)로 파천하는가 하면 군민(軍民) 할 것 없이 상해를 입은 자가 수백만명에 이르고 금은재화의 손해는 그 숫자를 헤아릴 수 없었다.

이와 같은 참화는 세계역사상 드문 일이고 동양의 일대수치일 뿐만 아니라, 장래 황인종과 백인종 사이의 분열경쟁이 그치지 않을 징조를 나타낸 것이니 어찌 경계하고 탄식하지 않을 것인가.

이때 러시아 군대 11만이 철도보호를 빙자하여 만주국경에 주둔하면서 종내 철수하지 않으므로, 러시아 주재 일본공사 구리노(栗野)씨가 혀가 닳고 입술이 부르트도록 철수를 외쳤으나 러시아 정부는 들은 체도

---

4) 戊戌改變: 캉 여우웨이(康有爲)·량 치차오(梁啓超) 등 변법파(變法派)에 의한 변법자강운동(變法自强運動). 1898년 이른바 백일유신(百日維新)은 겨우 백일만에 실패로 끝났지만 그 영향은 지대한 것이었다. 무술변법(戊戌變法)이라고도 한다.
5) 義和團: 중국 백련교계(白蓮敎系) 등의 비밀결사. 청일전쟁 후 제국주의 열강의 압력에 항거해서 1900년대에 산동성 여러 주현(州縣)에서 표면화하여 뻬이징·톈진 등지에 확대되었다.

않았을 뿐 아니라 도리어 군사를 증원했다. 아! 일러 양국간의 대참화를 끝내 모면하지 못하였구나. 그 원인을 논하면 필경 어디로 돌아갈 것인가. 이것이야말로 동양의 일대전철(一大前轍)인 것이다.

당시 일러 양국이 각각 만주에 군대를 파견할 때 러시아는 단지 시베리아 철도로 80만 군비(軍備)를 실어냈다. 그런데 일본은 바다를 건너고 남의 나라를 지나 4, 5군단과 군비군량을 수륙병진으로 랴오허강(遼河) 일대에 수송했으니, 비록 예정된 계획이 있었다고는 하지만 어찌 위험하지 않았겠는가? 결코 만전지책(萬全之策)이 아니요 참으로 부질없는 싸움이라 할 수밖에 없다.

그 육군이 잡은 길을 보면 한국의 각 해구(海口)와 성경(盛京)의 금주만(金州灣) 등지에서 하륙할 때는 4, 5천리를 지나온 터이니, 수륙의 어려움은 말하지 않아도 짐작할 수가 있다.

이때 일본군이 요행히 연전연승은 했지만 함경도를 아직 벗어나지 못했고 뤼순커우를 격파하지 못했으며 평톈에서 채 이기지 못했을 때였다. 만약 한국의 관민이 일치동성(同聲)으로 을미년(1895)에 일본인이 한국의 명성황후(明成皇后) 민씨(閔氏)를 무고히 시해한 원수를 이때 갚을 수 있다 하여 사방에 격문을 띄우며 일어나고, 함경·평안 양도 사이에 있는 러시아 군대가 불의에 출동하여 전후좌우로 충돌하며, 청국도 또한 상하가 협동해서 지난날 의화단 때처럼 들고일어나 갑오년[日淸戰役]의 묵은 원수를 갚겠다고 하면서 북청 일대의 인민이 폭동을 일으키고 허실(虛實)을 살펴 방비없는 곳을 공격하며 개평(蓋平)·요양(遼陽) 방면으로 유격기습을 벌여 정세에 따라 나아가 싸우고 물러가 지키게 하였다면, 일본군은 남북이 분열되고 복배(腹背)에 적을 맞아 사면으로 포위당하는 곤경을 면하기 어려웠을 것이다.

만일 이런 지경에 이르렀다면 뤼순·평톈 등지의 러시아 장졸들이 예기

(銳氣)가 등등하고 기세가 배가(倍加)해서 앞뒤로 가로막고 좌충우돌했을 것이니, 그렇게 되면 일본군의 세력이 머리와 꼬리가 맞아떨어지지 못하고 군비와 군량미를 이어댈 방도가 아득해졌을 것이다. 그러하면 야마가따 아리또모,[6] 노기 마래스께[7]의 경략(經略)은 틀림없이 수포로 돌아갔을 것이다. 또한 이때 청국 정부와 주권자가 야심대로 행동했다면, 묵은 원한은 갚지 못하더라도 기회는 놓치지 않았을 것이다.

이른바 만국공법(萬國公法)이라느니 엄정중심(嚴正中心)이라느니 하는 말들은 모두 근래 외교가의 교활한 술책이니 말할 만한 것이 못 된다. "전쟁에 속임수를 꺼리지 않고, 불의에 습격하는 것이 병가(兵家)의 교묘한 계책이다" 운운하면서 관민이 일체가 되어 명분없는 군사를 출동시키고 일본을 배척하는 상태가 극렬치명적으로 되었다면, 동양 전체의 백년풍운(百年風雲)은 어떻게 되었을 것인가.

만약 이와 같은 지경이 되었다면 유럽열강이 다행히 좋은 기회를 얻었다 해서 각기 앞을 다투어 군사를 출동시켰을 것이다.

그때 영국은 인도·홍콩 등지에 주둔하고 있는 수륙군대를 병진시켜 웨이하이웨이[8] 방면에 집결시켜놓고는, 필시 강경수단으로 청국정부와 교섭하고 캐어물을 것이다. 또 프랑스는 싸이공과 마다가스까르 섬에 있는 육군과 군함을 일시에 지휘해서 아모이(厦門) 등지로 모여들게 했을 것이고, 미국·독일·벨기에·오스트리아·뽀르뚜갈·그리스 등의 동양 순양함대는 발해 해상에서 연합하여 합동으로 조약함으로써 미리 이익을 균점할 것을 희망했을 것이다.

그렇게 되면 일본은 어쩔 수 없이 전국의 군사비와 국가재정을 통틀어 밤새워 짠 뒤에 만주·한국 등지로 곧바로 수송했을 것이다. 청국은 격문

---

6) 山縣有朋: 러일전쟁 당시 2군사령관.
7) 乃木希典: 러일전쟁 당시 3군사령관.
8) 威海衛: 산뚱반도의 군항.

을 사방으로 띄우고 만주·산뚱·허난(河南)·징샹(荊襄) 등지의 군대와 의용병을 급급소집해서 용전호투(龍戰虎鬪)하는 형세로 일대풍운을 자아냈을 것이다. 만약 이러한 형세가 벌어졌다면 동양의 참상은 말하지 않아도 상상하고도 남음이 있다.

이런 상황에서도 한청 양국은 그렇게 하지 않았을 뿐만 아니라 오히려 약장(約章)을 준수하고 털끝만큼도 움직이지 않아 일본으로 하여금 위대한 공훈을 만주 땅 위에서 세우게 했다. 이로 보면 한청 양국 인사의 개명(開明) 정도와 동양평화를 희망하는 정신을 족히 알 수가 있다. 그러하니 동양의 일반 지사(志士)들이 심사숙고한다면 뒷날을 경계할 수 있을 것이다.

그때 일러전쟁이 끝날 무렵 구화조약(媾和條約) 성립을 전후해서 한청 양국의 뜻있는 인사들의 많은 소망이 크게 끊어져버렸다.

당시 일러 양국의 전세를 논한다면, 한번 개전한 이후로 크고 작은 교전이 수백 차였으나 러시아 군대는 연전연패하자 상심낙담이 되어 멀리서 시세를 보아 달아났다. 일본군대는 백전백승하자 승승장구하여 동으로는 블라디보스또끄 가까이까지 이르고 북으로는 하얼삔에 육박하였다. 사세가 여기까지 이른 바에야 기회를 놓쳐서는 안될 일이었다. 이왕 벌인 춤이니 비록 전국력을 기울여서라도 한두 달 동안을 사력을 다해 진공(進功)하면, 동으로 블라디보스또끄를 무찌르고 북으로 하얼삔을 격파할 수 있음은 불을 보듯 뻔한 형세였다.

만약 그렇게 되었다면 러시아의 백년대계는 하루아침에 필시 토붕와해(土崩瓦解)의 형세가 되었을 것이다. 무슨 이유로 그렇게 하지 않고 도리어 은밀히 구구하게 먼저 강화를 청해 (화를) 뿌리째 뽑아버리는 방도를 이루지 않았는가 애석한 일이라 하지 않을 수 없다.

더구나 일러 담판을 보더라도, 이왕 강화담판할 곳을 의정(議定)하면서

천하에 어떻게 워싱턴이 옳단 말인가. 당일 형세로 말한다면 미국이 비록 중립으로 편벽된 마음이 없다고는 하지만, 짐승들이 다투어도 주객의 형세가 있는 법인데 하물며 인종의 다툼에 있어서랴.

일본은 전승국이고 러시아는 패전국인데, 일본이 어찌 제 본뜻대로 정하지 못했는가. 동양에는 적당한 장소가 없어서 그랬단 말인가.

코무라 쥬따로오(小村壽太郎) 외상이 구차스레 수만리 밖 워싱턴까지 가서 강화조약을 체결할 때에 화태도(樺太島, 사할린) 반부(半部)를 벌칙조항(罰則條項)에 넣은 일은 혹 그럴 수도 있어 이상하지 않다. 그러나 한국을 그 가운데 첨가해 넣어 우월권(優越權)을 갖겠다고 규정한 것은 근거도 없는 일이고 합당함을 잃은 처사다.

지난날 마관조약(馬關條約) 때는 본시 한국은 청국의 속방이었으므로 그 조약 중에 간섭이 반드시 있게 마련이었지만, 한러 양국간에는 처음부터 관계가 없는 터인데 무슨 이유로 그 조약 가운데 들어가야 한단 말인가.

일본이 한국에 대해서 이미 큰 욕심을 가지고 있다면, 어찌 자기 수단으로 자유로이 스스로 행동하지 못하고 이와 같이 유럽 백인종과의 조약 중에 첨입(添入)해서 영세한 문제로 만들었단 말인가. 도시 방책이 없는 처사다. 또한 미국 대통령이 이왕 중재하는 주도자로 되었는데, 만약 한국이 구미 사이에 위치하고 있었다면 중재주(仲裁主)가 필시 크게 놀라서 조금은 괴상하게 여겨, 같은 인종을 사랑하는 의리로써 승복할 리 만무했을 것이다.

또한 [미국 대통령은] 노련하고 교활한 수단으로 고무라 외상을 농락하여, 약간의 해도(海島) 조각 땅과 파선(破船)·철도 등 잔물(殘物)을 배상으로 나열하고서 거액의 벌금은 전폐(全廢)시켜버렸다. 만일 이때 일본이 패하고 러시아가 승리해서 담판하는 자리를 워싱턴에서 개최했다면 일본에 대한 배상요구가 어찌 이처럼 약소했겠는가. 그러하니 세상일의 공평되고 공평되지 않음은 이를 미루어 알 수 있을 뿐으로, 다른 이유는 없다.

지난날 러시아가 동으로 침략하고 서쪽으로 정벌을 감행했을 때의 행위가 심히 가증스러워 구미열강이 각자 엄정중립을 지켜 서로 구조하지 않았지만, 이미 이처럼 황인종에게 패전을 당한 뒤이고 사태가 결판이 난 마당에서야 어찌 같은 인종으로서의 우의가 없겠는가. 이것은 인정세태의 자연스런 형세다.

아! 그러므로 자연의 형세를 돌아보지 않고 같은 인종 이웃나라를 해치는 자는 마침내 독부[9]의 환란을 기필코 면하지 못할 것이다.

[형 집행으로 끝맺지 못함]

---

9) 獨夫: 악정을 행하여 백성의 원성을 받는 군주. 여기서는 일본을 가리킴.

동양주의에 대한 비평*

신채호

동양주의자는 무엇인가. 동양제국이 일치단결하여 서력(西力)의 동점 (東漸)함을 막는다 함이니라.

이 주의를 제창한 자는 누군가.

첫째, 나라를 그르친 자이니, 그들이 4천년 조국을 들어서 구거(鳩居) 에 바치며, 2천만 형제를 몰아서 노적(奴籍)에 들이밀매 이 세상에 차마 설 면목이 없는고로 이러한 말을 억지로 만들어내어, 위로 하늘을 속이며 아래로 사람을 속이어 현재는 동서·황백(黃白) 두 인종의 경쟁시대라고 말한다. 동양이 흥하면 서양이 망하고 서양이 흥하면 동양이 망하여 그 세력이 양립하지 못할 것이니, 오늘날 동양에 태어난 자는 나라와 나라가 서로 합하며 사람과 사람이 서로 맺어서 서양에 대항할 때이니, 그런즉 우리들이 나라를 팔아서 서양사람에게 주었으면 이것이 죄이거니와 지금 은 그렇지도 아니하여 판 자도 동양인이요, 산 자도 동양인이니, 비유컨대 초(楚)나라 활을 초나라가 얻은 것인데 우리가 무슨 죄가 있으리오 하며 이 뜻으로 스스로 해설하며, 이 뜻으로 스스로 변호함이니, 이른바 동양

* 申采浩(1880~1936). 출전: 大韓每日申報, 1909. 8. 8, 10.

주의가 처음으로 이들의 입에서 나온 것이다.

둘째로, 외국인에게 아첨하는 자이니, 국세(國勢)가 벌써 이 지경에 이르러 전국의 각 권리가 다 외국인의 수중에 떨어지매 앞서 말한 방혜곡경(旁蹊曲逕)·승영구구(蠅營狗苟)의 무리가 한자리 관작(官爵)을 목마르게 생각하며 몇원 월급을 고대하고 꿈꾸는데, 이를 구하여 얻는 방법은 오직 외국인에게 아첨을 떨 뿐인 것이다. 이에 온갖 방법과 계책을 내어 그의 한번 찡그리고 한번 웃음을 구할새, 금전을 바치면 그가 기뻐하나 그 기쁨이 오히려 작으며, 진기한 보배를 주면 그가 기뻐하나 그 기쁨이 오히려 엷고, 그가 크게 기뻐할 바는 오직 대한(大韓) 전국의 국혼(國魂)을 벗겨 없애는 일이 그것이다. 이를 능히 벗겨 없애는 자가 있으면 그가 그 손을 잡으며 그 입술을 입맞추고 노래하여 이를 맞이하고 춤추며 절할 것이다. 그러므로 일반 노예배들이 이 뜻을 알아차리고 각기 기계(奇計)를 내어 자기 나라의 국혼을 벗겨 없애고자 하지만, 다만 직접적으로 사람을 향하여 너의 나라를 잊고 외국을 섬기라 하며, 너의 조국을 등지고 외국을 떠받들라 하면 무지한 아이들도 반드시 칼을 빼어들고 분기(奮起)할 것이니, 이렇게 하면 또한 헛되이 힘만 쓰고 공이 없을 것인지라, 아아, 저 노예무리가 그 마심(魔心)을 다하여 동양주의라 일컫는 마설(魔說)을 꾸며내어 우리가 일본에 뺨을 맞으면 성낼 것이나 그가 우리를 이끌어 말하되, 동양은 일가(一家)니 네가 성내지 마라 하며, 우리가 일본에게 피를 빨리면 원통하지만 그들이 우리를 속이어 말하되 황인종은 같은 인종이니 너희가 원통해하지 마라 하여, 밝고 밝게 국민을 몰아 국가주의를 잊고 동양주의에 취하게 하니 동양주의가 이들에게 굳어진 것이다.

셋째로, 혼돈한 무식자이니, 이들은 원래 독립한 주견(主見)이 없고 다만 물결따라 생애를 즐기는 자이다. 세태가 푸른 안경을 쓰면 나도 푸른 안경을 쓰고, 세태가 누른 안경을 쓰면 나도 누른 안경을 써서 일어나고 앉는데 다른 사람의 팔을 의지하고, 시비(是非)에 딴 사람의 말을 따르고,

딴 사람이 옛것을 고수하면 나도 옛것을 고수하며, 딴 사람이 개화하면 나도 개화하여 시세(時世)에 따라 옮기던 자로, 우연히 오늘날을 당하여 정부당(政府黨)과 일진회(一進會) 및 유세단(遊說團)의 꾀는 농락과 일본 인의 농락 중에서 동양주의설(東洋主義說)을 얻어듣고 이 말을 믿고 이리 저리 떠들어대는 자이다.

그들이 이와 같이 동양주의를 부르짖자 일본인이 그 소리에 화답하며, 그들이 이와 같이 동양주의를 펼치매 일본인이 공의(共議)를 주(註)하여 화답함이 날마다 그치지 않으매, 한 나라 2천만 무교육의 인민이 빠르게 이 마설에 빠져들어, 동양에 있는 나라면 적국도 우리나라로 보며, 동양에 있는 종족이면 원수의 종족도 우리 종족으로 인식하는 자가 점점 생기는 것이다.

혹 말하기를, 우리의 몸뚱이가 이 국토에 태어난 까닭으로 애국의 뜻이 있으며, 우리의 혈통을 이 국민에게 물려받은 까닭으로 애족(愛族)의 뜻 이 비로소 있는 것이니, 이 뜻을 미루어 생각하라. 우리가 동양의 황인종 이 되었슨즉 같은 아시아주의 같은 황인종을 사랑하는 뜻이 없음은 옳지 않으며, 또 이 나라는 동양의 한 나라라 동양이 모두 망하면 이 나라도 따 라서 망할 것이니, 동양을 사랑하지 않음이 어찌 옳으리오. 아 슬프다, 그 대여 내 말을 들으라.

여기에 사람이 있는데 다른 날에 금성·수성 등의 세계와 통상(通商)할 날이 반드시 올 것인즉 전지구 인류가 사해일가(四海一家)의 주의를 부르 짖어 병력을 훈련하여 저 세계의 침략해옴을 막으며, 인민을 길러 저 세계 의 세력과 경쟁한다 하여 황백을 고루 사랑하며 동서를 한눈으로 보면 어 떠하오? 그 말은 옳지 않다. 현재 국가경쟁이 더욱더 왕성하여 잠시라도 퇴보하면 호랑이에게 물려 씹히며 조금이라도 미약하면 매 발톱에 긁혀 죽게 되니 어찌 이 사해일가를 이루지 못한 천만년 후의 일로 어리석은 꿈을 꾸어 현재의 대세를 반항하리오. 그런즉 오늘날 폴란드에 한 인종이

나와서 입으로 서양주의를 외치고 붓으로 서양주의를 그려 망국의 슬픔을 잊고 서양의 단결만 꾀하면 어떠하오? 그것은 옳지 않다. 자기 집의 형제·처자가 얽어맴을 당하며, 자기 집의 조상이나 부모가 매 맞는 치욕을 받고 수천년 전래하던 일가권속을 살해하는 악독한 도적이 그 마을 안에 있다면, 일가권속의 고통은 구휼하지 않고 한 마을의 화락만 바라며, 악독한 도적의 물리침은 꾀하지 않고 한 마을의 단결만 도모할 것인가.

슬프다, 한 마을이 단결하여 우리 집의 화를 구해준다면 이를 추구함이 옳거니와 오늘날의 경우는 그렇지 아니하여 한 마을의 단결 여부가 우리집의 흥망에 무관하거늘 헛되이 악독한 도적의 뒤를 따라서 이를 공의(共議)하면 어찌 노예의 어리석음이 아니리오.

이로 미루어보면, 한국인이 이 열국 경쟁시대에 국가주의를 제창하지 않고 동양주의를 꿈꾸면 이는 오늘날 시대의 인물로 미래 다른 별나라 세계와의 경쟁을 근심하는 자와 다름없으며, 또한 이 비경(悲境) 중에서 속박의 굴레에서 벗어날 도리는 생각지 않고 동양주의를 기대면 이것은 폴란드인이 서양주의를 말하는 것과 다름없느니라.

하물며 국가는 주인이요 동양주의는 손님이거늘, 오늘날 동양주의 제창자를 살펴보건대 동양이 주인 되고 국가가 손님이 되어 나라의 흥망은 하늘 밖에 놔두고 오직 동양을 이같이 지키려 하니, 슬프다, 어찌 그 우미(愚迷)함이 여기에 이르렀는가. 그런즉 한국이 영구히 망하며 한족(韓族)이 영구히 멸망하여도 다만 이 국토가 황인종에게만 귀속되면 이를 낙관(樂觀)이라 함이 옳을까. 아, 옳지 않은 것이다.

혹자는 또 일컫되, 저 동양주의를 외치는 자도 진실로 동양을 위하는 것이 아니라 단지 이 주의를 이용하여 국가를 구하고자 함이라 하나, 우리가 보건대 한국인이 동양주의를 이용하여 국가를 구하는 자는 없고 외국인이 동양주의를 이용하여 국혼(國魂)을 찬탈하는 자가 있으니 경계하며 삼갈 것이다.

조선독립과 동양평화*

신채호

　서양 학자들은 왕왕 조선을 외교 면에서 동양의 발칸(Balkan)이라 한다. 대저 근세 이래 서양외교상의 큰 문제는 항상 발칸에서 비롯되었다. 과거 크림전쟁(Crimean War)이나 최근의 세계대전[1] 같은 것도 모두 발칸에서 시작된 것이다. 조선 역시 근세 동양열국들의 충돌지다. 갑오(甲午)년의 중일전쟁이나 갑진(甲辰)년의 러일전쟁이나 조선문제에서 비롯되지 않은 것이 없으니, 조선을 동양의 발칸이라 부르는 것은 분명 불가함이 없다.

　그런데 조선과 발칸 사이에는 한데 묶어 논하기 힘든 점이 있다. 발칸은 몬테네그로·쎄르비아·루마니아 등 소국들이 난립하여 자고(自古) 이래 통일국이었던 조선과 같지 않으며, 라틴족·슬라브족·투르크족 등 각 종족이 잡거하여 순수혈족으로 이루어진 조선과 같지 않다. 그러한즉 장

---

* 이 글의 원제는 「朝鮮獨立及東洋平和」다. 『천고(天鼓)』 제1권 제1호(1921년)에 '진공(震公)'이라는 필명으로 게재되었다. 『단재신채호전집 제5권』(단재신채호전집편찬위원회, 독립기념관 2008)에 수록된 『천고』 영인본을 저본으로 번역했음을 밝혀둔다.
1) 제1차세계대전을 이른다.

차 발칸을 하나의 나라로 통일하고자 하면 각 종족이 서로 반목하여 그 형세가 가하지 않을 것이고, 여러 국가로 분립한 상태로 내버려두면 주변 강국이 훗날을 엿보아 충돌을 일으킴을 면치 못할 터이니, 이것이 백년 이래 발칸문제가 서구 여러 정치가를 고심케 한 연유다. 한편, 조선은 이천만의 통일민족이 사방 수천리의 땅을 영유하여 넓은 땅의 많은 인민이 모두 독립하고도 남음이 있었다. 그런데 이제 기구하게 찢기고 흩어져도 스스로 일어서지 못하여 발칸에 비교되는 지경에 이르렀으니 어찌 슬프지 아니한가. 하물며 발칸도 자립한 나라이자 자결권을 가진 민족이거늘 조선은 이를 얻고자 해도 얻을 수 없어 발칸과 나란히 서지도 못하니, 이 어찌 더욱 슬프지 아니한가.

자고로 조선이 중국과 왜(倭) 사이에서 울타리가 되어 양국이 서로를 해할 수 없었음은 실로 수천년의 역사가 밝게 증명하는 바다. 수 양제(隋煬帝)·당 태종(唐太宗)·요 태조(遼太祖)·금 태조(金太祖)처럼 대륙에서 일어난 자들의 무력이 압록강의 남과 북에 멈추어 동쪽으로 일본을 어지럽히는 데까지 이르지 못한 것은 조선이 있었기 때문이며, 일본의 왜구들이 대대로 경상도 연해를 침범했어도 그 흉봉(凶鋒)이 중국을 먹어 들어가지 못한 것 또한 조선이 있었기 때문이니, 조선인이 동양에 있어 평화를 보존한 공이 또한 크도다. 그후 여말(麗末) 원 세조(元世祖)가 길을 빌려 왜를 정벌하려 했을 때 거역하지 못했고, 이조(李朝)시대 토요또미 히데요시(豊臣秀吉)가 대거 쳐들어왔을 때도 스스로 막지 못해 명조(明朝)의 원병(援兵)에 의지하여 근근이 물리쳤으니, 대저 조선은 이때부터 쇠하기 시작했다. 국력과 인재의 형세가 나날이 악화되어 근세에 이르러서는 일본이 조선문제로 중국과 싸우고 러시아와 싸웠어도 조선인은 오히려 입을 닫고 혀를 맺어 그 사이에서 감히 한마디도 못했으니, 조선은 대개 이때 이미 망한 것이다.

무릇 수(隋)가 오면 수를 막고 당(唐)이 오면 당을 막았으며 거란이 오면 거란을 막고 여진이 오면 여진을 막고 왜가 오면 왜를 막아 흘연(屹然)히 반도의 북쪽을 지키고 바다와 대륙의 두 종족을 갈랐으니, 이 양자는 단연코 유사 이래 조선인의 천직(天職)이었다. 이제 그 역사를 잊고 천직을 방기하여 수천년 원한과 복수로 사무친 왜의 노예가 되었으니 그 죄가 크도다. 그런데 저 열국들이 왜의 방자함을 방치하고 조선병탄을 묵허하니 이 또한 득책(得策)이 될 수 없다. 왜가 이미 바다를 건너 조선을 가졌으니, 그들이 두만과 압록의 좁은 물을 건너 남북만주의 땅을 어지럽히는 것을 누가 막을 수 있겠는가. 또한 그들이 북으로 몽골을 넘보고 서(西)로 산뚱(山東)을 엿보아 사억의 인민을 위협하는 것을 누가 금할 수 있겠는가. 저들이 이미 조선과 만주를 손에 넣어 남으로 중화(中華)를 경영(經營)하고 북으로 시베리아를 침범하였으니, 왜구의 장족(長足)이 하루에 만리를 달려 칭기즈 칸의 패업(霸業)을 오늘 다시 보게 되지 않으리라 어찌 아는가. 혹자는 이렇게 말한다. "금일 열강이 근심하는 바로 러시아의 과격파(볼세비끼―옮긴이) 만한 것이 없다. 과격파가 서침하면 폴란드를 세워 막고 과격파가 남진하면 영국이 다시 인도와 아프카니스탄 등지에 군사를 보내 막아야 한다. 다만 원동(遠東)은 조선이 망하고 중화 또한 과분(瓜分)된 차에 과격파의 적수는 일본 빼고는 없지 않은가. 그러니 왜의 시베리아 출병이 열강이 바라는 바가 아니고 왜의 힘이 만주로 뻗는 것 또한 열강의 바람이 아닐지라도, 왜국의 이런 행위를 불허한다면 과격파의 동진(東進)을 막을 방법이 없다. 과격파의 동진 또한 열강이 원치 않는 것이다. 두 해악이 서로 부딪치면 그중 가벼운 것을 취해야 하는 법, 열강이 왜를 두려워하고 미워하면서도 부득불 묵허하는 까닭이 여기에 있다." 오호라, 이런 말을 하는 자는 그저 열에 하나는 알아도 다섯에 둘은 모르는 것이다. 만약 과격파의 신조(信條)가 진실로 진리에 반(反)하지 않고 인류의 도리에 부합하는 것이라면, 제아무리 왜병을 총집합시켜

치타(Chita)[2] 남쪽에 성곽을 쌓고 울타리를 친다 한들 과격파의 무형(無形)의 탄환이 그 박약한 장벽을 꿰뚫고 아시아의 중원을 날아올라 유럽과 아프리카 각지로 선회하는 것을 막을 방법이 없으니, 구구(區區)한 일본이 무엇을 할 수 있으랴. 설사 과격파에 애초부터 올바른 뜻이 없었다 해도 결국 일본의 야심을 부추겨 동방을 어지럽힐 뿐이다. 그뿐 아니다. 혹여 이로 인해 군벌과 자본의 해악에 대한 황인종 각 민족의 증오가 격발하여 과격파와 연합하게 된다면 혁명의 도화선이 될 수도 있음을 어찌 알지 못하는가. 그러한즉 열강이 일본에 의지하는 것은 실로 옳은 처사가 아니다.

그러므로 금일 동양의 평화를 말함에 있어 그 상책(上策)으로 조선의 독립만한 것이 없다. 조선이 독립하면 일본은 제멋대로 방종하여 세상을 경영하려 하지 않고 그 힘을 섬나라를 지키는 데 수렴할 것이다. 러시아의 과격파 또한 일본을 구실삼아 빈궁한 인민을 부추길 수 없으니 응당 날개를 접고 치타 북쪽에 웅크릴 것이다. 중국 역시 여유롭게 상황을 수습하여 십수년 혁명으로 혼란해진 나라의 기틀을 정돈할 수 있으니, 진실로 이것이 동양평화의 요의(要義)이다. 저 왜인들이 말하는 동양평화는 입으로는 인의도덕(仁義道德)을 논하나 그 뱃속은 도적과 창부(娼婦)로 가득하니, 동양평화를 운운할손가, 동양평화를 운운할손가.

그러나 조선의 독립은 조선독립운동의 강도(强度)의 여하(如何)함과 열강의 깨우침 여하함에 달려 있다. 오늘 논한 것은 그저 종이 위의 공론(空論)에 불과할 뿐이니, 슬프도다.

백지운 번역

---

2) 러시아 자바이깔스끼 크라이(Zabaykalsky Krai) 연방국의 행정중심 도시. 1825년 12월혁명 이후 제까브리스뜨(Dekabrist)들이 치타에 다수 망명하여, 한때 이곳은 '망명도시'라 불리기도 했다. 1918년부터 1920년 사이 일본에 점령당했고, 1920년에서 1922년까지는 극동공화국(Far Eastern Republic)의 주도였다.

『대지』의 세계성*
─노벨상 작가 펄 벅에 대하여

임화

    금년도 노벨상이 '펄 벅'에게로 돌아갔다. 이 뉴스는 어떤 의미에서나 우리에게는 자극적인 화제다. 우선 근간의 여러가지 사정으로 서구의 형편을 알 기회가 적어진 우리로서 서구인의 세계문학관을 규지할 일 기회도 될 수 있는 것이고, 반대로 우리들이 비교적 평범히 독료(讀了)해버린 작품이 과연 인기 이상의 어떤 가치를 가졌는가를 반성할 좋은 기회도 되지 않을까 한다.

    문제는 여하튼간에 『대지』란 소설에 걸려 있는 것이다. 내 자신이 『대지』란 소설 이외에 '펄 벅'이란 작가에게 대하여 백지란 이유도 있을지 모르나, 다른 세계적 작가와 달리 '펄 벅'이란 작가는 『대지』란 소설을 떼어놓으면 그다지 세계적으로 문제될 만한 사상이라든가 혹은 문학적 업적을 쌓은 사람이라고 말하긴 어렵지 아니한가 한다.

    예하면 '지드'라든가 '토마스 만'이라든가, '말로' 같은 사람들은 그들의 대표작이라고 하는 몇개의 작품을 빼낸대도 인간으로서 일정한 업적을

---

* 林和(1908~53). 출전: 朝鮮日報, 1938. 11. 17~20.

가졌다고 할 수 있으며, 무형의 사상을 통하여 세계인이 그들과 관계하고 있다고 볼 수가 있는 것이다.

더구나 그들의 작품이라는 것도 그들의 인간이나 사상과 독립하여 세계문학사 위에 일정한 위치를 요구할 수 있고, 동시에 현대의 정신사상 일정한 계단의 표치(標幟)로서의 가치와 의의를 가지고 있다고 평가할 수가 있다. 그러나 '펄 벅'은 소설 『대지』의 작자인 이외에 어떠한 개인적 업적으로도 사상으로서도 평가될 만한 기여를 한 사람은 아닌 것 같다.

우스운 예지만 그의 소설에 비하여 그의 전기나 현재생활이 도무지 알려지지 않은 사실을 보아도 저간의 일을 짐작할 수가 있는 것이다.

이런 의미에서 금번 노벨상 수상은 약간 세인(世人)의 의표를 나온 감이 불무(不無)한 동시에 지극히 평범한 거사라고 생각할 수가 있다.

본래 노벨상이란 무슨 문학사적 평가나 비평적인 권위를 가졌다는 것보다 극히 퍼퓨러한 의미에서 인류문화에 공헌한 사람을 골라 업적을 찬양하고 명예를 넓혀주는, 그저 실로 한림원적인 성질의 것이라, 나이도 젊고 1931년 이래로 몇개 소설을 써 인기를 넓힌 데 불과한 한 미국여자를 골랐다는 것은 분명히 이례라 말할 수가 있다.

하지만 한편으로 생각하면 벌써 이만치 세계에 인기를 넓히고 있는 작가(하물며 그것이 통속작가가 아닌!)에게 그 공적을 인정한다는 것도 이(理)에 어긋나는 일이 아니라고 말할 수도 있다.

그러나 한가지 단언할 수 있는 것은 현재의 긴장한 세계사의 국면 가운데 황당한 걸음을 달리고 있는 지나(支那)를 취재로 한 소설의 작자가 아니었다면, '펄 벅'의 인기쯤으로는 노벨상이 차지되지 않았을 것이다.

동양의 독서사회만 하더라도 만일 지나를 취재로 하지 않았더라면, 『대지』 이상의 대중성과 예술성을 아울러 가졌다 하더라도 결코 『대지』만한 인기를 박(博)할 수는 없었을 것이다.

'펄 벅'의 작가로서의 세계성이나, 『대지』의 소설 가운데 묘사된 현실의 세계성 등이 주목되었다 할 수 있다.

세계사적 국면에 등장한 지역만이 항상 세계적 문학의 토양에 있다고 나 할까? 이것은 우리가 과거에 있어 여러 번 되풀이해오던 문학에 있어 소위 전형성을 재인식하는 하나의 기점이 될 수가 있는 것이다.

성격의 전형성, 환경의 전형성, 그리고 생활의 전형성, 운명의 전형성 내지는 지역의 역사의 전형성이라고까지 넓혀서 이해할 수가 있다. 그 성격 가운데 다른 사람의 축도(縮圖)를, 그 환경 가운데 다른 환경의 정수를, 그 운명 가운데 세계사적 운명의 상징을 발견할 수 있을 때만 우리는 비로소 전형성이란 말을 쓴다.

현재 지나에는 우리 동양인만이 아니라, 실로 서구인의 운명의 중요한 일단이 연락되어 있고, 세계사의 운명의 결정적인 매듭의 한 알맹이가 풀리고 얽히는 분기과정이 진행되고 있다 할 수가 있다.

세계사상과 세계문화는 언제나 이러한 조건과 이러한 환경을 토양으로 하여 만들어지는 법이다. 그러나 『대지』를 문제삼을 때, 우리들에게 가장 큰 의문으로 남는 것은 어째서 그런 문학이 지나인 자신이나 혹은 동양인 자신의 손으로 창작되지 않고 한 서양인의 손에서 만들어졌느냐 하는 것이다.

이것은 우리 동양인, 즉 동양의 운명을 세계의 누구보다도 사랑하는 우리들에게 있어 노벨상이 어느 사람에게 수여되었느냐 하는 것보다는 백배나 더 중요하다.

간단히 대답하기 어려운 문제나 그러나 다기(多岐)하게 해석할 수 있는 이 문제의 근저에 어떤 성격적인 사실을 연상할 수 있다. 그것은 흔히 서양이란 것에 대하여 대척적으로 쓰이는 동양이란 말의 특이한 의미다. 서양이란 최초부터 동양의 대립자로 등장한 것으로 그것은 동양과 서양의 문화적·경제적 우열에서 오는 자연의 결과라고 볼 수 있었다. 열(劣)하다기보다는 뒤떨어진 문화체로서의 동양은 주지(周知)와 같이 서양의 수준을 따라가야 한다는 게 서양을 이기는 최초의 전제였다. 선진한 수준에의 급격한 등보 없이는 후진문화는 파멸의 운명에 봉착하고 마는 것으로 자연히 이것은 갈등과 싸움의 형태로 전개된 것이다.

반세기 전에 동양의 각지는 표면으로 서양을 숭배하고 그것을 모방하려고 급급하였음에도 불구하고, 그 실은 격렬한 투쟁장리에 들었던 것이다.

서양에 대비되어 쓰일 때의 동양이란 말의 특이성이란, 곧 모든 동양인의 서양에 대한 역사적 운명의 어느 공통성을 의미하는 것으로, 이것은 또한 지나란 것에 대한 그 나머지 동양인의 인식능력을 제한하는 한정물이 되는 것이다.

바꾸어 말하면 어떠한 동양인도 서양인과 같이 지나를 인식할 수는 없는 것이다. 이런 차이가 좋은 결과를 낳을지, 그른 결과를 낳을지는 잠시 논외로 두고 좌우간 동양인이 지나를 볼 때엔 지나 가운데서 언제나 자기 자신의 일부를 발견하는 대신, 서양인은 온전히 타인을 보는 데 불과하다.

우리가 남을 보는 눈이 밝은가, 자기를 보는 눈이 밝은가는 상식으로 말해도 남을 보는 눈이 밝다고 아니할 수가 없다. 분명히 서양인은 지나에 대하여 보는 눈의 이(利)를 가졌다고 할 수가 있다.

소설『대지』에 나타난 이른바 지나적 특성이란 것이 대부분은 우리 동양인으로선 쉽사리 발견하기 어려운 제점(諸點)이 아닌가 한다. 그것은 지나의 근대사회로서의 혹은 일반 인류사회의 진보행정에서 볼 때, 발전이 정체된 채 고착되어 있고 뒤떨어진 부분의 명철한 인식이다. 같은 동양인으로서 서양인이 쓴 소설을 통하여 지나에 뒤떨어진 부분을 비로소 안다는 것은 기이한 일이나, 누구나『대지』를 읽고 최초로 받는 강한 인상도 이것일 것이요, 또 가장 뒤에까지 남은 인상도 이것이 아닌가 한다. 그뿐 아니라 유감이지만 이 소설의 그런 부분에서 우리가 일상생활에 급급히 서양적 문화를 추급하는 나머지 채 돌보지 못하고, 또한 아직 소청(掃淸)되지 않은 자기 자신의 자태의 일부분을 재발견한다는 것도 우리에게선 은폐할 수 없는 소감이 아닌가 한다.

아란(阿蘭)이란 동양의 어느 곳에서도 발견할 수 있는 인종 그것과 같은 동양적 모성이요, 왕룽(王龍) 그리고 그 아들들과 일가의 운명과 자식들의 행로, 그것은 사소한 차이는 있을지언정 동양적인 가족의 현대적 운명이라 아니할 수가 없다.

그러나 하고많은 동양에 와 있는 서양인 중 하필 지나에 와 있는 서양인의 손으로 이런 소설이 씌어지느냐 하는 것은 또한 약간 달리 생각할 부분의 하나다.

그것은 지나라는 지역의 특수성이다. 먼저 나는 동양과 서양의 접촉이 세계사적 의미를 가졌다고 했는데, 그 세계사적 의미의 갈등이 가장 래디컬(radical)했고, 또 가장 먼저 서양과 겨루고 최후까지 서양의 손아귀에서 벗어나지 못하여 발버둥치는 나라가 지나다.

서양은 주지와 같이 자본주의로서 동양에 건너와 지나에 정착지를 발견함으로써 다시 제(諸)평화를 작만했는데, 이제는 그 정착된 기정 재산 때문에 서양은 자본주의사회로서의 곤란한 운명을 맞이했으니, 원인은 서양 자체 가운데 있다 해도 표현의 중요한 또한 가장 노골적인 무대가 지나인 것이다.

유럽에선 제국(諸國)이 신사복을 입고 다투나, 지나에 와선 군복을 입고 다툰다. 거기에도 또 중요한 것은 서양의 세례를 받아 지나는 우심(尤甚)히 변화받았음에도 불구하고 그중의 한가지도 철저히 변하지는 않은 점이다. 그래서 현대세계가 해결해야 할 모든 문제의 요소가 전람회처럼 잡연(雜然)히 제대로 나열되어 있는 곳이 지나다.

이런 의미에서 지나는 개성적 의미에서 동양의 전형이고, 또한 서양인에겐 일반적인 의미의 세계적 곤란의 전형이기도 해서, 서양인과 지나와의 접촉은 아직도 세계사적 중대성을 가지고 있다.

이런 사정이 동양의 다른 지방에 와 있는 서양인이 아니라, 지나에 와 있는 서양인에게 이런 소설을 쓰게 한 것이며, 한 선교사의 딸에게다가 세계적 대작을 쓰게 한 것이다.

지나에 있어서 우리가 이미 진부하다고 생각하는 문제——그 실(實) 철저히 해결된 것은 아니다——가 아직도 신선하며, 또한 우리가 먼 장래의 문제라고 생각하는 것도 박두한 문제인 것이다.

이런 의미에서 최근에 물의를 일으키고 있는 스메들레 여사나 연전에 A. 스트롱 여사 같은 일개 신문기자가 능히 무잡(蕪雜)한 붓을 가지고 세계적 명성을 날리게 되는 것이다. 이것은 우리 동양인 자신에 의한 세계사적 행위란 것도 어쩐지 지나를 무대로 해야만 가능한 것임을 생각할 때, 지나란 어떤 의미에서 현재 세계사가 전개되는 대무대임을 부정할 수 없게 된다.

이렇게 보면 또한 지나란 장소는 비교적 용이하게 세계적 인물과 세계적 문학을 만들어내는 일종 불가사의한 장소로 생각할 수가 있다.

분명히 이런 의미에서 말하여 『대지』는 너무나 용이하게 '세계문학'의 영예를 차지한 문학이라 아니할 수 없다. 무엇보다 『대지』의 사상이 현대적 사고의 수준을 일보도 넘지 못한 것일뿐더러, 현대인이 처리해야 할 곤란한 과제를 상당히 진부하게까지 생각하는, 바꾸어 말하면 현대적 사고의 첨단에서 볼 때 적지 않은 거리가 있다.

일례를 들면 20세기 서구문학의 새로운 지보(地步)가 그 가운데 암시되어 있는 것도 아니고, 19세기 문학의 (예하면 발자끄에서 졸라에 이르는 선) 새로운 의미나 개조도 있는 것은 아니다. 이것은 동시에 이 소설의 스타일을 제약하는 것으로 장편소설 양식의 무슨 새 발전을 찾을 수도 없다.

그러나 오늘날 우리가 기대하고 사상하는 세계문학은 사상상에서 그것을 구하는 것처럼 문학적으로도 전혀 현대적 곤란의 와중에서 지주로서 믿을 만한 하나의 새 기축이 있어야 할 것이다.

이러한 조건을 제 자신 가운데 준비하지 않고 어떠한 인기나 명성도 그 작품을 세계문학의 '빵떼옹' 가운데 모셔 올리지는 못하는 법이다.

그러나 노벨상을 애써 세계문학 평가의 척도로 과장해 생각하려고 이런 말을 꺼내는 것은 아니다. 오히려 노벨상을 이러한 것으로 오인하려는 조선식 미신을 타파하고 싶은 일념도 있고, 이런 기회에 『대지』를 세계문학이란 수준에서 간략한 반성이나마 베풀어보자는 데서 이런 관점을 한번 만들어본 것이다.

차라리 『대지』(혹은 그외의 작품도)가 평범한 작품인 것이 당연할지도 모른다. 작자의 전기(그나마 조그만 자전적 스케치와 소개를 읽은 데 불과하나)를 본다 해도 미국 출신으로 지나에서 오래 생활한 한 선교사의 딸로서 그 자신이 지나의 생활을 장구히 체험하고, 지나인을 잘 안다는 이외에 신기한 아무것도 없는 사람이며, 그의 작품이 역시 세세한 지나생활의 체험과 지나인의 이해란 일점이 오직 광채일 따름이다.

작품의 구조는 또한 『대지』 3부가 보여주는 것처럼, 제1부가 농민 왕룽의 일대기요, 제2부가 아들 왕대(王大), 왕이(王貳), 왕호(王虎) 3인의 세대기록, 제3부가 그 손(孫) 왕인(王仁), 왕연(王淵), 왕맹(王猛) 등의 이른바 가족사적 양식으로, 19세기 서구 소설양식 그대로의 이식에 불과하다.

그러면 『대지』의 가치란 근근(僅僅) 스케일의 거대나 국면의 활대(闊大), 풍속서술의 세미한 데만 있느냐 하면, 또한 『대지』는 그렇게 평속일색(平俗一色)의 문학은 아니다.

먼저 우리는 『대지』 3부작만 하더라도 작자가 3대의 계보를 통하여 근대 지나사를 그려낸 공적을 잊어서는 안된다.

가장 유명한 가족사적 소설 『까라마조프의 형제』에 비한 대로 작자는 도스또옙스끼보다는 가족이라든가 계보를 사회사적으로 이해하려고 든

것을 지적하지 않을 수 없다. 왕룡으로부터 손자 왕인 등에 이르는 동안에 작자는 근대 지나가 통과한 모든 역사계단을 밝게 그려내고 있다. 이점은 현대의 서구적 장편의 수법을 배우려는 위태로운 우리 현대작가의 배울 점이기도 하며, 이런 사실이란 원래 본격소설 가운데만 담아진다는 것을 다시 한번 생각케 한 기회도 될 수 있었다.

이 증거로는 작자는 『대지』 가운데 등장하는 인물들에게 막대한 의의를 부여한 점을 생각할 필요가 있다. 이국작가다운 과장과 감상은 비록 혼재되어 있다고 할망정 인물들을 시대나 민족, 혹은 그외의 어떤 것의 체현물(體現物)로서 생각했다는 것은 다른 말로 하면 문학적 형상을 전형으로서 파악할 줄 알았다고 말할 수가 있다.

만일 『대지』 가운데 이 한 점이 부족하였다면, 다른 외국인의 지나 기행을 좀더 세심히 했다는 정도를 넘지 못했을 것으로 우리가 읽고 문제삼는 소설은 되지 아니하였을 것이다.

즉, 『대지』의 예술적 생명이라고 할 리얼리티는 골자를 상실한 것이 되고 말았을 것이다. 오히려 수법의 낡음이 작자를 도왔다고까지 말할 수 있다. 그러나 문제는 여기서 단순히 수법의 신구의 역을 넘어 이미 리얼리즘이란 문학정신, 내지는 작자가 지나 혹은 일반으로 세계라든가 인간이라든가를 이해하는 중핵으로 옮아온다 아니할 수 없다.

작자의 출생지나 또는 전기에서 미루어볼 수 있듯이, 그는 일개 선교사의 딸이었다는 것보다 순박한 19세기인이 아니었나 싶다. 이 점은 그의 최근 씌어지는 지나에 대한 포리티컬한 문장에서도 느낄 수 있는 것으로 그밖에 작자가 여성이란 조건도 가하여 대단히 나이브한 오히려 감상가에 가까운 휴머니스트로서 그는 아마 체험과 견문을 요리했으리라 생각된다. 그러나 감상하기 쉬운 여자로서 붓끝이 그만큼 리얼했다는 것도 놀라운 일이며, 아란(阿蘭)을 그린 솜씨는 그가 여자였다는 사실이 가장 미려(美麗)히 산 것이 아닌가도 생각된다. 이런 요소는 '미쳴'이 인기를 부르는 미국의 독서사회에서 충분히 명성을 박할 수 있을 것이며, 유럽 중에서도 가장 19세기적인 스웨덴, 아카데미 같은 데서 수상의 대상으로 고름직도 한 작품이다. 결국 현대의 서구문화가 아직 19세기적 전통을 떠나버리지 못한 증거라고도 생각되며, 또 한편으로 이제 와선 19세기인 것까지가 대단히 존중된다는 작금의 문화사정을 반영한 것으로서 이번 수상을 생각할 수도 있다.

동아의 재편성과 조선인*

인정식

    중국공산당의 최고영수 마오 쩌뚱(毛澤東)은 『지구전을 논한다』는 장편의 논문에서 일지전쟁(日支戰爭)의 전전망(全展望)을 3개의 계단(階段)으로 구분하였다. 그리하여 "제1의 계단은 적(敵)의 전략이 진공(進攻)이고 아(我)의 전략이 방어의 시기이며 제2의 계단은 적의 전략이 수세이고 아의 전략이 반공(反攻)준비의 시기이며 제3의 계단은 아의 전략이 반공이고 적의 전략이 퇴각시기"(『개조(改造)』 10월 특대호 참조)라고 말하였다.

    그리고 다시 마오 쩌뚱은 이 제1계단에 있어서의 "적의 기도(企圖)는 꽝뚱(廣東), 우한(武漢), 란저우(蘭州)의 세 지점을 점거한 후 이 세 지점을 연계하는 데 있다"라고 설명하였다.

    그러나 주관(主觀)과 희망을 떠나서 객관적 정세를 냉정히 파악하려는 여하한 지나인(支那人)도 마오 쩌뚱이 처방한 이 일지전쟁의 운세판단서(運勢判斷書)에 대해서 최대의 의아(疑訝)를 품지 않을 수 없을 것이다. 뻬이징과 텐진, 샹하이와 꽝뚱, 란저우와 항저우(抗州) 등, 해안선에 연(沿)한

* 이 글의 원제는 「東亞協同體와 朝鮮」이다. 출처: 『삼천리』 제 11권 제1호 1939. 1. 1.

중요도시가 황군(皇軍)의 손에 모조리 함락되고 황허유역과 양쯔강 일대의 제패가 제국의 지배하에 완전히 거두어진 오늘 꽝뚱, 우한, 란저우의 세 지점이 다시 완전히 점거되고 말았으니 이로써 제국은 전지나(全支那)의 중원에 패(覇)를 부르게 된 것이다.

"중원에 패를 제하는 자, 전중화(全中華)를 거둘 수 있다"는 것은 과거 반만년간의 전체 지나(支那)정치사를 통해서 일관되어온 기본원칙이었다. 무상하게 전변(轉變)하여온 왕도(王道)와 패도(覇道)의 전계열(全系列)도 모두 이 기본원칙에 순응해서만 기복(起伏)될 수 있었다. 아무리 현대의 지나가 경제적으로 정치적으로 통일된 집권적인 근대적 기구를 가지지 못했다 할지라도 이미 황군의 손에 점령된 지역은 실로 현대 지나의 심장부를 구성하는 근대적인 의미에서의 중원의 지대라는 사실을 거부할 수는 없을 것이다.

물론 마오 쩌뚱 등 중국공산당의 이론가들이 항상 강조하는 바와 같이 현대 지나에는 아직도 자작자급적(自作自給的)인 반봉건적인 경제요소가 다분히 잔존해 있다. '아메바'와 한 모양으로 어느 부분을 절단하더라도 그 부분만으로서 생활할 수 있다는 것이 이 반봉건적인 경제관계의 전통적인 집착력이다. 그러나 이러한 사실은 결코 중원의 지대를 빼앗긴 것이 항일(抗日)지나의 금후 항전력(抗戰力)에 대한 치명적인 타격이 된다는 것을 부정할 수가 있는 논거는 되지 못한다.

우한이 함락된 직후 마오 쩌뚱은 망명도상(亡命途上), 외국 기자와의 '인터뷰'에서 "일본군이 점거한 지역은 아직 전지나의 3분의 1도 못된다. 남은 3분의 2는 항일정권의 지배하에 있다. 이것은 금후의 항전의 축원지(築源地)이며 근거지이다. (…) 최후의 승리는 중국측에 빛나고 있다"라고 패전의 추태를 교묘하게 변호하기에 노력하였다.

그러나 문제는 황군의 손에 거두어진 지역이 전지나의 3분의 1을 점하느냐 못하느냐 하는 데 있는 것이 아니고, 다시 말하면 점거된 지역의 광협성(廣狹性) 여하에 있는 것이 아니고 이 지역의 경제적, 정치적 중요성 여하에 있는 것이다. 한꺼우(漢口)를 '마드리드'로 화(化)하려던 그들 항일 수령(抗日首領)들이 이 우한조차 상실하였다는 것은 아무리 보아도 그들에 대한 치명적인 타격이 아닐 수 없다.

충칭(重慶)으로 쿤밍(昆明)으로 오직 도피와 퇴각의 길을 밟고 있을 뿐인 금일의 항일정권은 그들의 호언대어(豪言大語)에도 불구하고 한개의 지방정권에 불과하게 되었다는 것을 아무도 부인할 수가 없을 것이다.

장 제스(蔣介石)는 최근 「중국국민에 고하는 서(書)」(『개조(改造)』 12월호)라는 선전문에 있어서 "금후 항일전의 주요전략은 내선작전(內線作戰)이다"라는 것을 각별히 강조하였다. 그러나 이른바 유격전이란 것이 여하히 교묘한 전법이라 할지라도 의기를 상실한 아무 연락도 없는 패잔병의 준동(蠢動)을 가지고서 실지(失地)를 회수할 수가 있다는 것은 너무도 무모하게 대담한 논리가 아니면 안된다.

그러므로 요컨대 우한의 함락은 그들 항일정권에 대한 최후의 결정적인 타격이 아닐 수 없다. 이로써 전쟁은 지나측으로 보아서나 제국의 편으로 보아서나 확실히 새로운 계단에로 전입(轉入)하고 있다.

우선 지나측을 살펴보자.

마오 쩌뚱은 다시 우한 함락 직후의 전기(前記) '인터뷰'에서 "전쟁은 지금에야 제1계단에서 제2계단에로, 다시 말하면 방어의 시기에서 반공준비의 시기에로 진입하고 있다"라고 언명하였다. 그러나 이 호어(豪語)를 신용할 만한 우둔한 두뇌의 소유자가 과연 한 사람인들 이 세계에 있을 수 있는지가 의문이다.

전쟁이 지나측에서 보아도 새로운 계단에로 들어가고 있는 것만은 사실이다. 그러나 그것은 패전에서 승전에로, 방어에서 반공에로 나가는 계단이 아니고 점차적 퇴각에서 결정적 패전에로 전락되는 계단이며 전국적 통일정권에서 한개의 지방정권에로 실추되는 치명적인 계단 이외에 아

무엇도 아니다.

이 동일한 과정을 다시 제국측에서 고찰하여보자.

우한이 함락된 직후 장 제스와 마오 쩌뚱이 전기(前記)와 같은 억지소리를 되풀이하고 있을 때 이께다(池田) 장상(藏相)은 메이지절(明治節) 담화를 통해 "우한 공략은 이번 사변의 소기의 목적달성상 중요한 일계단을 획(劃)한다"라고 말하였다. 과연 신계단(新階段)이란 무엇이냐. 다시 공동성명에 의하면 "일만지 3국의 상휴(相携)에 정치, 경제, 문화 등 각반(各般)에 긍(亘)하야 호상연환(互相連環)의 관계를 수립하는 것으로 근간(根幹)을 삼는다"라고 설명되었다. 다시 말하면 종래의 장기전쟁에서 금후의 장기건설(長期建設)에로의 이행이 곧 신계단의 특징을 형성한다. 요시다 장상의 이 성명과 동일(同日)에 코노에(近衛) 수상도 또한 라디오방송에서 동양(同樣)의 의미를 말하여 금후의 장기건설에 관해서 전국민의 유의(留意)를 촉(促)한 일이 있다. 물론 금후의 장기건설에로의 이행이란 것은 항일정권에 대한 응전의 종식을 의미하는 바는 절대로 아니다.

"장정권(蔣政權)을 상대로 안한다"는 근본방침과 "항일정권의 근절을 기(期)한다"는 국책적 목표는 끝까지 달성되고야 말 것이며 또 이것이 달성되기까지 응징전은 그대로 계속될 것이다. 그러므로 장기건설에로의 이행이란 것은 응전의 지속과 아울러 우한이 함락된 금후의 전국책(全國策)이 새로운 건설에로, 다시 말하면 동아의 신질서 건설, 동아협동체의 결성에로 보다 무거운 중점을 두게 된다는 것을 의미함에 불과하다.

요컨대 장기건설이란 것은 일본제국을 유일절대의 맹주로 하는 동아의 재편성을 말하는 것이다. 동아의 재편성이란 무엇을 의미하느냐.

첫째로 경제적 의미의 동아 재편성이란 것은 동아 각 민족의 공존정책을 기조로 하는 일만지(日滿支) '블럭'경제의 확립을 내용으로 하는 것이며, 둘째로 정치적인 의미의 동아 재편성이란 것은 이러한 경제적 목표를 확보하기 위한 동아협동체 혹은 동아연방체의 결성을 말하는 것이다. 물론 이러한 동아협동체란 것은 백인의 제국주의에 의한 동아의 침략을 근본적으로 배제한다. 그러나 그것은 백인의 제국주의적 침략을 배제하는 것이며 백인 그 자체를 배제하는 것은 절대로 아닐 것이다. 또 동아협동체의 사상은 항일지나의 "내셔널리즘을 초극하는 계기를 포함하는 동시에 추상적인 '인터내셔널리즘'"과도 대립된다. 그러나 그것은 그렇다고 해서 전동아를 들어 동아 고립주의·동아 먼로주의·지방적 폐쇄주의·지방적 편의주의에 봉쇄해버리려는 것도 아니다. 전동아가 한개의 단위로서 전세계사의 전진을 향하여 적극적으로 참가하고 기여한다는 것을 의미할 뿐이다.

다시 이를 문화적으로 고찰한다면 구라파의 문명에 대해서 모든 전통과 모든 성장을 달리하는 동아민족 공통의 문화를 확보하며 또 발전·성장하게 하려는 데 있다. 동아협동체에 부여된 이러한 문화적 사명은 결코 구라파 문명의 도입을 무조건하고 배제하려는 것은 아니다. 동아의 고유한 문화를 기저로 해서만 구라파의 문명을 선택하고 또 섭취하려는 데 있을 뿐이다.

그러므로 그것은 구라파 문명의 무비판적 모방을 배제할 뿐 아니라 다시 구라파 문명에 대립하는 동아적 봉쇄주의에도 대립된다.

요컨대 경제적으로 정치적으로 또 문화적으로 이러한 공전의 위대한 사명을 수행하려는 것이 금후 장기건설의 과제가 아니면 안된다. 또 금일의 지나사변(支那事變)이 제국측으로 보아서 한개의 역사적인 성전(聖戰)이라는 이유도 여기에 있는 것이다.

황허와 양쯔강 유역에는 수만의 영령이 광영(光榮)에 싸여 고요히 잠들어 있다. 그들은 결코 침략의 병사가 아니었다. 그들은 오직 동아의 행복과 번영을 위해서만 피를 흘린 것이며, 그들의 고귀한 희생은 오직 동아 신질서의 확립에 의해서만 대상(代償)될 수 있을 것이다.

"동방의 새로운 전장을 향해서 염천에 쬐이면서 황진(黃塵)에 싸여 진군하여 나아간다. 나는 이 풍경을 비할 데 없이 아름답게 느꼈다. 나는 이 진군에서 타오르는 위대한 힘을 느꼈다. 맥맥이 흘러넘치는 힘찬 파조(波潮)를 느꼈다"라고 전장에 선 히노(火野) 군조(軍曹)는 『맥(麥)과 병대(兵隊)』에서 말하였다. 우리는 이 맥맥이 흘러 넘치는 힘찬 파조 속에서 일본 민족의 위대하기 짝이 없는 장엄한 창조력을 보지 않을 수가 없다.

이 위대하기 짝이 없는 역사적 창조력이 금후의 장기건설 과제로서 전기(前記)와 같은 동아 신질서의 문제를 제시하였다.

아시아의 모든 민족과 같이 우리 조선의 민중도 이처럼 새로이 결성될 동아의 신질서, 다시 말하면 동아협동체의 완성을 전제로 하고서만 금후의 민족적 운명을 논하지 않으면 안되게 되었다. 그러므로 금일의 조선인이 당면한 정치적 문제로서 이 동아공동체의 제(題)처럼 중요한 문제는 없을 것이다.

머지않은 장래에 구현될 이 동아협동체의 이상(理想)을 앞에 두고 우리는 우리들이 가장 사랑하여 마지않는 조선민중의 금후 방향을 여하히 규정하여야 할 것인가 문제는 여기에 있다.

첫째로 동아협동체의 이상은 민족주의 또는 맑스주의에 입각한 조선의 장래관을 철저히 거부한다.

이 동아협동체의 이상은 일본제국의 신민으로서의 충실한 임무를 다할 때에만 조선민중에게 생존과 번영과 행복을 약속하려 한다. 여기에 조선인의 운명에 관한 문제에 있어서 넘을 수 없는 한계가 있는 것이다.

이 한계는 명백히 시인되지 않으면 안된다.

이처럼 동아협동체의 이상은 금일 조선인의 운명에 관해서 심각한 연관성을 가진다. 이 심각한 관련은 우리들 조선인의 나아갈 유일의 정치적 노선으로서 내선일체의 문제를 제시하고 있다.

나는 감히 단언할 수가 있다. 금일의 조선인 문제는 곧 내선일체 문제 이외의 아무것도 아니라는 것을, 왜 그러냐 하면 내선일체 이외의 일절의 노선이 한갓 미망에 불과하다는 것이 명백히 제시되어 있으며 따라서 이 노선 이외에 아무 길도 남은 길이 없기 때문이다.

나는 이하에 이 내선일체에 관한 나의 소신을 피력하여보고자 한다.

첫째로 문제는 많은 사람들이 회의(懷疑)하는바 내선일체의 가능성 여하의 문제다. 그런데 가능성 여하의 문제란 것은 적어도 한개의 역사적 운동에 관한 한 사회적 필연성 여부의 문제에로 귀착되고 만다. 왜 그러하냐 하면 가능하다는 것은 반드시 사회적 필연성을 가졌을 때에만 가능한 것이며 또 필연적이란 것은 가능적이란 것을 의미하고 있기 때문이다.

이리하여 내선일체의 필연성을 논증함에 있어서 나는 다음과 같은 세 가지 계기에서 구명하려 한다.

첫째는 일본제국의 동아제패상 조선이 점한바 대륙병참기지로서의 특수적 지위에서 추출되는 장기(獎機)이며, 둘째는 사변의 진전과 동아협동체 형성과정의 진전에 따라 가속도적으로 촉성되는 조선민중의 국민적 자각과 대륙정책에로의 자발적·적극적 협동의 계기이며, 셋째는 내일의 정권을 '리드'하려는 국내 혁신세력의 대담하고 또 혁신적인 국책에 대한 당연한 기대로부터 오는 계기이다.

이 세가지의 계기는 서로 작용하고 또 서로 침투하여 내선일체에 대한 민중의 깊은 요망과 아울러 조선민중생활의 역사적인 변형을 재래(齎來) 할 것이라고 나는 확신하여 마지않는다.

첫째의 계기부터 고찰하여보자.

만주사변 이래, 조선에 부여된 경제적 사명은 '일만(日滿) 경제블럭의 유대'로서의 지위였다. 그러나 지나사변의 발발을 계기로 하여 경제관계에 있어서의 전일본적 통제가 강렬히 요구됨에 따라 이 '일만 경제블럭의 유대'라는 경제 지도원리가 내용에 있어서 너무나 가공적이란 것이 점차로 폭로되기 비롯하였다. 대체 어떠한 나라 어떠한 지역을 불구하고 그의 경제적 관계가 단순히 유대적 역할에만 종시하고 또 그것만을 주요 사명으로 한다는 것은 실제적으로 존재할 수가 없는 것이다.

그리하여 지나사변을 계기로 조선에 대한 '일만(日滿) 경제블럭의 유대'라는 표어는 대륙병참기지라는 보다 구체적이고 통제경제(統制經濟)적이고 대륙정책적인 새로운 표어에로 변형되었다. 조선이 일본제국의 대륙정책에 있어서의 병참기지라는 이유는 물론, 조선이 점한바 특수한 지리적 관계에 의해서 설명되는 바이지만 이 개념의 내용을 보다 상세히 구명하여본다면 다음과 같은 제점(諸點)이 열거된다.

⑴ 조선해협 혹은 지나해를 건너서 군수품을 전선에 수송한다는 것은 장내전(將來戰)의 규모가 클 것을 상상하여 방대한 선복(船腹)을 요하며 기술적으로도 다대(多大)한 곤란을 동반한다. 지나사변에 있어서도 이미 어느정도까지 이 사실이 입증되었다.

⑵ 설사 선복에 있어서는 부족함이 없다 할지라도 잠수함, 비행기 등의 장래를 고려할 때 상당한 위험을 각오하지 않을 수 없다.

⑶ 이러한 점에서 장내전에 있어서의 병참적 역할을 내지에만 기대한다는 것은 적의(適宜)의 책(策)이라고 할 수가 없다. 조선, 만주, 북지나 등을 비교하여 병참기지로서의 우열을 고려하여볼 때 근대공업을 부식함에 있어서도 조선이 기초적 조건이 가장 정비(整備)하고 있다. 만주국에는 중공업의 기초가 될 만한 하청공업이 금일까지 발전된 바가 없지만 조선에는 이미 어느정도까지 발전되었다. 노동자 공급 면으로도 조선은 이미 교육제도가 만주국에 비해서 수십년을 전진하였음으로 훨씬 우량하다. (…) (鈴木正文 著 『朝鮮經濟의 現段階』)

이러한 병참기지로서의 역할은 다시 조선의 일반민중생활에 대해서 막대한 영향을 재래(齎來)한다.

첫째로 중공업 특히 군수공업이 급격히 발전됨에 따라 조선사회의 내부적 모순이 완화된다. 조선 경제기구의 기본적인 특징은 농업생산에 있어서의 반봉건적인 경제관계가 아직도 뿌리깊게 잔존하고 있음에 반하여

공업생산에 있어서는 내지에 비해서도 오히려 고도 구성(構成)을 가진 독점자본이 지배적이라는 데 있다. 그러나 아무리 고도 구성을 가진 공업자본이라 할지라도 중공업, 특히 군수공업의 막대한 발전의 경향은 조선의 농촌 과잉인구를 도시에로 공장에로 충분히 흡수하기에 족하다.

근년 성남지방의 중공업지대에서 노동자의 부족이 절실히 애소(哀訴)되고 있는 기현상은 저간의 사정을 반영하는 반가운 일이다. 요컨대 중공업의 급격한 발전은 만주, 북지나에로의 대량적 진출과 아울러 도시의 실업인구와 농촌의 과잉인구에 대해서 광대한 활로를 개척한다.

둘째로 병참기지로서의 사명을 다하기 위해서는 근대적으로 또 일본적으로 조직되고 훈련되고 교육받은 산업상비군의 대량적 존재가 필수조건이 된다. 이 점에 있어서 조선은 만주국이나 북지나에 비해서 약 20년이 앞섰다고 한다. 이러한 관계가 만주국이나 북지나가 대륙전선에 보다 근재(近在)함에도 불구하고 조선을 당면의 가장 중요한 병참기지로 선택하게 한 요인이 되는 것이다.

근대적 공장의 노동능률의 비교에 의하면 조선에서도 소학교육을 받은, 따라서 국어를 해득하는 노동자가 국어를 해득치 못하는 노동자에 비해서 2할 내지 3할의 능률이 높다 한다. 그런데 총독부의 발표에 의하면 현재 조선의 소학교육을 받은 생산상비군의 수가 70만명에 달하는데 쇼오와(昭和) 12년도 이강(以降: '이후'란 뜻) 21년도에 이르는 제2차 교육보급 계획기간에는 소학교의 수용능력을 168만명으로 간이학교의 수용능력을 15만4천명으로 확대증가할 작정이라 한다. 이러한 교육보급의 경향은 조선의 공업화와 병참기지로서 조선의 재편성 과정에 이르는 역사적인 문화 현상이 아니면 안된다. 참으로 조선을 사랑하는 사람으로서 이 반가운 현상에 정열의 박수를 보내지 않을 자 그 누가 있으랴.

셋째로 다시 조선의 병참기지화, 즉 공업화의 과정은 '농업조선(農業朝鮮)'에 대한 '공업조선(工業朝鮮)'의 비중을 더욱더욱 무겁게 하여 나아간

232

다. 조선농업의 봉건적 영세성은 세계를 휩쓴 농업공황의 여파와 합세되어 조선의 농업 급(及) 농민생활의 참담한 빈궁화의 경향을 촉성하는 동시에 총독정치로 하여금 특히 재정 급(及) 치안상의 문제에 있어서 견딜 수 없는 질곡에로 유도하여왔다. 이 질곡으로부터 해방되기 위해서 자단(字垣) 총독은 이미 농촌진흥책과 아울러 농공 병진정책(倂進政策)을 조선경제 지도(指導)의 원리로 삼아왔다. 다시 대륙정책의 현실적 진행은 이러한 농공병진의 경향에 일층 박차를 가하여 중공업의 왕성한 계획과 아울러 농촌의 진흥, 농업의 상업적 경영, 공업원료로서의 농업의 조성 등 일련의 정책을 강화케 하여온 것이다. 미곡에만 편중하는 종래의 농업정책은 세계적 농업공황이 이미 일축해버린 지 오래다. 현재에는 양모, 면화, 아마, 홉, 연료 알코올용 우두(芋頭: 토란의 뿌리) 등 공업용 원료의 농업생산이 극력(極力) 장려되어 원대한 전망을 보이고 있다.

또 수공업 등의 방면을 보더라도 종래의 원시적 어획에 만족하지 않고 이미 가공 방면에로의 적극적 진출을 보이고 있다.

요컨대 농공병진의 이러한 정책은 전술한 바 농촌 과잉인구의 대량적 소화(消化)의 경향과 아울러 조선의 농촌을 급원(急遠)한 '템포'로 진흥, 번영케 할 것이라고 확신된다.

넷째로 병참기지로서의 조선에 요구되는 것이 경공업이 아니고 중공업 내지 경공업이란 것은 조선인의 손에서 경영되는 중소상공업과 충돌되지 않을 뿐 아니라 도리어 후자의 발전을 적극적으로 조장하는 동기가 될 수 있다. 중공업이 전제가 되는 하청공업은 금후 조선인 기업가의 손에서 일층 확대될 전망을 가진다. 또 조선 종래의 중소공업, 전구, 법랑, 철기, 인촌(燐村)과 고무신[靴] 등은 이러한 중공업 내지 경공업의 지배적 발전에도 불구하고 이것과 아무 관계없이 현재에 있어서 이미 내지품과 결항(結杭)하여 능히 우열을 다투면서 세계시장에까지 진출하고 있다.

마지막으로 조선의 병참기지화는 제국의 동아제패와 또 동아협동체의 구성에 있어서 조선의 점하는바 정치적 지위에 중대성을 가하게 된다. 이 점에 관하여 남총독(南總督)은 이미 윤치호(尹致昊)씨와의 회견에서 동양인의 "동양건설의 핵심은 내선일체의 완벽에" 있다는 것을 특히 강조하였다.

이리하여 조선의 치안문제가 가장 중대한 문제로 되는 동시에 조선인의 정치적 불평 내지 불만을 일소하고 조선인으로 하여금 일본제국의 대륙정책에 100퍼센트의 성의와 정열을 가지고 협동케 하기 위해서는 내지인과 동등한 국민적 의무를 다하게 한 후 내지인과 동등한 정치적 자격을 그들에게 부여할 것을 잊어서는 안될 것이다. 사실 현재 중앙정계에서 동아협동체의 문제와 아울러 조선인 참정권의 문제가 열렬히 토의되기 시작한 이유도 여기에 있는 것이다.

이상을 요컨대 대륙정책(大陸政策)의 진행에 따라서 조선에 과해진 병참기지화의 요청은 우리 조선인의 생활에 대해서 경제적으로 정치적으로 또 문화적으로 위선(爲先) 이만한 복리와 번영을 약속할 수 있다.

여기에 내선일체화(內鮮一體化)의 중요한 계기――즉, 조선의 병참기지화로부터 오는 한개의 중요한 계기가 존재한다.

내선일체화의 이상의 계기가 제국의 대륙정책의 요구에서 출발되고 있음에 반하여 제2의 계기는 대륙정책의 진행에 따라서 다대한 복리와, 번영을 기대하게 되는 조선민중의 자발적 의사로부터 출발한다. 제1의 계기가 상부로부터, 즉 국가로부터 강행적 성질을 가지고 관철되고 있음에 반하여 제2의 계기는 하부로부터, 즉 민중으로부터 자발적으로 출발된다. 이리하여 이 두 계기의 합류에 있어서 우리는 내선일체의 구체화――참된 의미의 내선일체화를 볼 수 있는 것이다.

한개의 민족으로서의 조선인은 허다한 결점을 가지고 있다. 그러나 우리 조선인에게도 남에 지지 않는 장점이 있다. 이 장점은 여타(余他)의 민족에 비해서 몹시 총명하고 영리한 점에 있다고 나는 본다. 사변발발(事變

234

勃發) 이래 우리 조선인은 전민족을 들어서 제국의 국책에 충실하게 협조하여왔다. 장고봉(長鼓峰)사건 당시에도 위정자의 기우에 반해서 조선인은 일사불란(一絲不亂) 끝까지 제국의 측에서 충성을 다하여 근대적 문화국민으로서의 조직성을 보였다. 금일의 조선인의 정치적 태세를 타이쇼오(大正) 8년 당시의 그것과 비해본다면 우리는 그의 천양(天壤)과 같은 차이에 놀라지 않을 수 없을 것이다. 개개의 주의자가 전향한 것이 아니라 한개의 민족으로서의 조선인이 충실한 전향(轉向)을 표시한 것이다. 오직 제국의 대륙정책에 끝까지 협동하는 충실한 국민으로서만 개개의 조선인의 행복과 번영을 기대할 수가 있으며 따라서 금일의 조선인의 정치적 노선이란 이 길 외에 아무것도 없다는 것을 그들은 사실 이번 사변에서 직관적으로 깨달은 것이다. 그들에게 이러한 직관적인 자각을 촉진한 것은 동아의 정세에 대한 그들의 정확한 관찰 내지 비판이 원인이 아니었다. 그들은 그들 자신의 생활과정에 있어서 '꼬뮤니스트' 혹은 '내셔널리스트'의 여러가지 집요한 선전 내지 선동에도 불구하고 각자의 지위가 일보일보 악화되는 것이 아니라 도리어 향상되고 있다는 것을 직각(直覺)하였다. 평과(苹果)의 실례를 들어보자. 대구(大邱), 광주(廣州), 원산(元山), 진남포(鎭南浦) 등의 지역 일대는 평과의 풍산지(豊産地)로 이름이 높다. 그런데 평과의 생산가격이 작년에 비해서 금년에는 3배 내지 4배가 올랐다. 이것은 물론 지나사변에 의해서 광대한 북지(北支)의 시장이 새로이 개척된 것이 주요한 원인이다. 평과에만 한한 것이 아니라 여타의 모든 특산물도 북지와의 관계에 있어서 동양(同樣)의 전망을 가진다. 평과는 한 실례에 불과하다. 일반적으로 조선농촌과 사변의 발전과의 이러한 연관성은 농업의 상업적 경영, 농업경영의 기업화, 농산물의 가공화, 농업기술의 개량, 농산물가격의 증진, 농민생활의 부유화 등 일련의 과정을 촉진하여 조선농민 생활의 공전의 번영을 재래(齎來)하는 것이다.

　다음으로 인구문제에 있어서도 일반민중은 행복되고 있는 그들의 지위를 직관(直觀)하고 있다. 총호수 200호를 넘지 못하는 평남(平南) 용강(龍岡)지방의 한 농촌에서는 북지와 도시에로의 신이주자(新移住者)가 최근수(最近數) 3년간에 156명에 달하게 되었다. 농촌 과잉인구로서 기아선상을 헤매고 있든 그들이 도시의 노동자로서는 일급 60전 이상 내지 2원의 보수를 받고 있으며 만주와 북지의 개척자로서는 달마다 약간의 송금까지도 하고 있는 현상이다. 또 사변 이래 조선사회의 가장 중요한 문제의 하나인 과잉인구 문제에 있어서도 종래의 모순과 질곡을 해결해나가는 길이 활발하게 열리고 있다. 세계를 들어서 실업홍수에 허덕이고 있는 이때 조선의 농촌에서는 지주의 집에서 '머슴'을 구할 수 없다는 기이한 현상이 정시(呈示)되고 있다. 총독부에서는 이미 연년 1만호 한도의 빈농을 선만척식회사(鮮滿拓植會社)의 손을 거쳐서 만주국에로 이주시키고 있다. 이 1만호의 만주 이주만으로도 조선 농촌사회의 계급적 모순을 완화하는데 다대한 공헌이 아닐 수 없다. 다시 이에 가해서 북지에로, 군수공업에로 흡수되는 대량적인 과잉인구를 생각할 때 우리는 종래 오랫동안 농촌사회를 괴롭혀온 인구문제에 있어서도 확실히 낙관의 전망을 가질 수가 있다.

이리하여 조선의 민중은 이 인구문제의 방면에서도 각자의 지위가 대륙정책의 진행에 따라 일반적으로 안정되고 향상되고 있는 것을 직각하고 있다.

다시 수출입 관계에서 본다 할지라도 농촌의 특수농산물 생산자와 함께 도시의 중소상공업자들도 사변의 진전과 북지의 안정에 따라 그들의 이해관계를 민첩하게 감각하고 있다. 새로이 개척되는 광대한 시장을 목표로 하는 중소상공업이 조선인의 상공업자간에서도 이 전시경제체제하에서 오히려 활발하게 발흥(勃興)되고 있다. 금후 장기건설의 단계에로 들어감에 따라 중소상공업의 이러한 경향은 더욱 촉성(促成)될 것이다.

이외에도 다시 세상의 주목을 끌고 있는 번영의 경향은 금일의 왕성한

광산경기에서도 볼 수 있다. 금, 은, 동, 철, 중석(重石), 수연(水鉛), 유화철(硫化鐵), 마그네싸이트, 알루미늄 등 각양의 금속을 무진장으로 포함하고 있는 광업조선의 풍양(豊穰)한 자연은 사변의 진전과 병행하여 또 그로부터 막대한 자극(刺戟)을 받으면서 처처에서 개발되어 다대한 수의 소시민들의 경제적 지위를 향상케 하고 있다. 따라서 여기에서도 일반민중은 대륙정책에 대한 전폭적 지지의 감정을 품게 된다.

이를 요컨대 북지사변 발발 이래 조선민중이 실로 전민족을 들어서 제국신민으로서의 의무를 충실히 수행하는 동시에 제국의 대륙정책에 끝까지 협동하려는 최대의 성의를 표시하여온 것은 실로 그들이 이 사변과의 관련에 있어서 일반적 복리와 번영의 길을 직관할 수 있기 때문이 아니면 안된다. 한꺼우(漢口)의 함락을 장기(獎機)로 하여 장기전쟁은 장기건설의 신계단에로 전입(轉入)하였다. 아시아의 역사를 철저히 개조하는 이 장기건설의 거보(巨步)가 전진되면 될수록 조선민중에게 약속되는 행복과 번영의 길은 더욱더욱 광활(廣闊)하게 개척될 것이라고 확신된다. 또 이에 따라서 제국통치에 대한 민중의 절대적 신망국민(信望國民)으로서의 정신적 자각, 일본주의의 민중의 간(間)에로의 침투, 내선민족의 완전한 평등화 등 요컨대 내선일체의 구체화 과정이 일보일보(一步一步) 추진되어나아갈 것이다.

금일의 조선민중은 벌써 내선일체를 열렬히 요망하고 있다. 또 그들은 이 내선일체의 구체화 과정에서 제국의 국책이 내선일체의 진수(眞髓) 내지민족(內地民族)과 조선민족의 완전한 경제적·정치적·문화적 평등화와 이 평등화를 기조로 하는 내선 양 민족의 합류의 과정을 만족됨이 있게 추진시킬 것이라고 기대하고 있다.

여기에 내선일체 필연성의 제2의 계기, 다시 말하면 하부로부터 민중으로부터 솟아오르는 열렬한 요망의 장기(獎機)가 있는 것이다.

황실만을 중심을 추대(推戴)하고, 황실만을 존중하고, 황실과 인민의 간(間)에서만 차별을 시인(是認)하는 신일본주의의 혁신사상은 2·26사건 이래, 경제·정치·문화 등 각 분야를 통하여 위대한 역사적 조류를 형성하면서 내일의 제국정권을 좌우하려 한다.

우리가 내선일체의 진실한 실현을 또 동아대사상의 완전한 구체화를 기대할 수 있는 것도 오직 국가권력에 있어서 혁신세력의 증장(增長)의 필연성을 정확히 간파하고 있기 때문이다.

여기에 내선일체화 필연성의 제3의 계기가 존재한다.

이상에 말한 바 내선일체 필연성의 3개의 계기는 각각 내일의 조선을 향하여 서로 침투하고 서로 작용하면서 사상적으로 정치적으로 위대한 역사적인 변혁적 조류를 이루고 있다.

우리는 이 조류를 타고 전민족을 총동원하여야 할 것이다. 이리하여 민족으로서의 조선인에게 내선일체에 대한 신념과 정열을 부어야 할 것이다. 신념과 정열이 없는 민족 앞에는 오직 멸망이 있을 뿐이다. 이리하야 신념과 정열을 가지고 우리는 위선(爲先) 제국신민으로서의 국민적 의무를 충실히 수행하여야 할 것이다. 국민적 임무 중에 최중요(最重要)의 것은 국방병역의 의무이다. 내년부터 실시되기로 결정된 만주국의 징병제(徵兵制)는 우리들 조선인에 대해서 막대한 충동(衝動)을 주었다. 이와 동시에 우리는 금월의 혁신세력에 대해서 그의 대담하고 아시아적이고 혁신적인 정치적 태세에 충심으로 경의를 표하지 않을 수 없었다.

지원병제도(志願兵制度)의 실시만으로서 우리는 물론 만족할 수 없다. 지원병제도는 다시 의무병제도(義務兵制度)에까지 확대강화되지 않으면 안될 것이다. 우리들의 국민적 성의가 천(天)에 달하여 지원병제도의 칙령(勅令)이 나렸다. 다시 의무병제도의 실시를 획득키 위해서 우리들의 100퍼센트의 국민적 정열을 표시하지 않으면 안된다.

다시 의무교육제의 실시도 머지않은 장래로 약속되어 있다. 이 의무교육의 실시는 징병제의 전제인 동시에 내지연장주의(內地延長主義)만이 내선일체화의 정치적 내용이 되지 않으면 안된다. 내지민족(內地民族)과 동일한 국민적 의무를 다함에 의해서 획득되는 국민적 권리란 내지민족과 동등한 정치적 자격을 말하는 것이다.

내지의 모든 정치제도——보통선거제, 부현제(府縣制) 의무교육제 등이 내지와 동일한 정도로 조선에도 확대연장되어야 할 것이다. 여기에 우리가 기대할 수 있는 최대의 행복이 있다. 나아가자 고려(高麗)의 자녀들아.

Marchons! Marchons![1]

---

1) 프랑스 국가 '라 마르쎄예즈'의 후렴 부분, '나아가자, 나아가자'.—엮은이

동양문화의 이념과 형태*
—그 특수성과 일반성

서인식

1

동양문화라 말할 때에 우리는 보통 지나를 비롯하여 인도와 일본의 문화를 그 범위에 넣어서 생각한다.

그리고 동양문화라 말할 때에 우리는 그 성질에 있어서는 서양문화에 대립하는 의미에서 사용하는 것이 상례이다.

그러나 우리가 유럽 제국(諸國)의 문화를 일괄하여 서양문화라고 부르는 의미에서 동양문화라는 것을 말할 수 없다는 것은 오늘날 지나학의 권위 쯔다 소오끼찌(津田左右吉) 박사를 비롯하여 여러 학자들이 공인하는 모양 같다.

유럽의 제국민은 근대 이전부터 '세계문화'라는 한개의 통일된 문화권을 형성하고 살아왔지만 동양의 제국민은 근대에 이르기까지 각기 독립한 문화권을 형성하여가지고 문화사적으로도 서로 깊은 내면적 연관 없

---

* 徐寅植(1906~?): 일본 와세다대학 철학과 수학. 공산주의운동가. 월북 이후 생사 불명. 출전: 東亞日報, 1940. 1. 3~12.

이 각기 고립하여 살아왔다. 유럽에서는 벌써 로마(羅馬)시대에 그리스의 고전문화와 동방의 기독교 사상이 한개로 통합하여 한개의 통일된 문화적·사상적 실체를 이루었다. 이리하여 그들은 중세의 기독교적 세계를 거쳐서 근대의 과학적 세계에 이르기까지 한개의 문화 속에서 호흡하면서 성장하였던 만큼 그들에게 있어서 세계는 바로 하나였다.

그들 각 국민의 문화라는 것은 말하자면 그리스의 올림포스에서 발원한 한 줄기 대하가 여러 갈래로 나눠진 제다(諸多)의 지류로 볼 수 있다.

그러므로 서양문화라는 말은 내용 없는 수사가 아니고 일정한 체적과 경도(硬度)와 색채를 가진 한개의 문화적 실체를 지시하게 된다.

그러나 동양에 있어서는 사태가 이와 다르다. 인도문화(는) 항하(恒河) 유역에서 발원하였고 지나문화는 황허(黃河) 유역에서 생장하였다.

대륙의 동남에 흘립(屹立)한 고산준령은 두 민족의 문화적 교섭을 방해하였다. 지나가 한대(漢代)에 이르러 인도로부터 불교를 수입한 것이 양민족의 문화적 교섭에 있어 가장 중요한 의의를 가지는 것이리라. 그러나 수입된 불교도 지나 고유의 전통적 사상에 어떠한 근본적인 변혁을 주지 못하고 도리어 이 둔중한 민족의 고유한 문화에 적당한 변형을 하여가지고 흡수되어버렸다 한다. 지나가 인도에 아무런 문화적 실적은 기여한 것이 없는 것은 두말할 것도 없다.

이 양대 문화는 유럽 제민족의 문화에 있어서와 같이 동일한 발원지도 갖지 못하였으며 합류할 분지(盆地)도 갖지 못하였다. 두 민족은 문화적으로는 별개의 세계에서 호흡하였다. 따라서 유럽에는 유럽문화사라는 것이 있을 수 있지만 동양에는 엄밀한 의미에 있어 동양문화사라는 것이 있을 수 없다. 있는 것은 인도문화사이며 지나문화사이다. (1940. 1. 3)

그러므로 동양문화라는 말은 기실 내용없는 수사이거나 그렇지 않으면 한개의 새로운 신화에 지나지 않는다.

그러나 동양문화가 단일한 실체를 이루지 못하였다는 것은 동양문화라는 말이 아무런 효용적 의의도 갖지 못하였다는 것을 의미하는 것은 아니리라.

동양문화란 동양의 제민족이 생산한 문화이며 민족에 따라 그 개개의 내용은 반드시 상이한 것이 아니다. 허나 그 속에 포괄된 것의 많은 부분은 서양문화와 서로 다른 일정한 제특성을 갖고 있다. 지금 우리가 만일 동양문화가 서양의 그것과 달리 갖고 있는 이들 제특성을 범박하게 말하여 '동양적' 제특성이라 부를 수 있다면 동양의 제민족문화는 이 '동양적 제특성'을 갖고 있는 데서 내용적으로도 또한 동양문화라 부를 수 있을 것이다.

이러한 의미에서 동양문화라는 말이 단일한 실체를 표시하는 것이 아님에도 불구하고 우리는 그것을 동양문화의 특수성을 표시하는 의미에서 사용할 수 있지 않을까 한다.

그리고 동양문화라는 말을 그러한 의미에서 쓴다면 지금까지 말한 동양 제민족의 문화사적 사실이 벌써 동양문화에 한가지 형성적 특성을 부여한다는 것을 우선 말하여두지 않을 수 없다.

헤겔은 일찍이 세계사를 세계정신의 발전으로 보았다. 그러면서도 그는 세계사를 민족정신의 교체에 의하여 성립하는 것으로 보았다. 그것은 다른 까닭이 아니었다.

세계사적 의의를 가진 민족정신이 다름아닌 세계정신이었기 때문이다. 그런데 이러한 역사해석은 그리스 이래로 단일한 세계를 형성하여 다음에서 다음으로 그를 짊어진 유력한 제민족들의 교체에 의하여 발전하여 온 유럽문화사에 있어서는 어느정도로 수긍할 수 있으나 인도·지나·일본 할 것 없이 호상독립하여 각기 고유한 문화를 이루고 있는 동양의 문화사에는 그대로 적용할 수 없는 것이다. 서양문화의 근저에서는 그리스 정신과 기독교 정신을 씨와 날로 한 일종의 내면적 연관을 찾으면 못 찾을 바 아니나 동양문화사의 근저에는 처음부터 그러한 세계정신이 없었던 것이다.

서양문화는 동양문화만큼의 민족적 특성이 명확치 못한 반면 동양문화는 서양문화만큼의 시대적 특성이 분명치 않다. 전자는 민족과 민족이 교대한 역사라면 후자는 민족과 민족이 병립한 역사로 볼 수 있다.

2

그런데 동양문화의 특성을 말할 때에 누구나 형이상학적 입장에서 동서문화의 상이를 말하는 것이 현대의 한가지 풍습을 이루었다. 실로 많은 사상가와 학자가 이 입장에서 동서문화의 차이를 말하였다. 서양사람들 중에서도 한두 사람 들면 못할 바 아니나 이곳에서는 이 나라의 권위 니시다 기따로오(西田幾太郎) 박사의 견해를 듣기로 하자!

박사는 일찍이 「형이상학적 입장에서 본 동·서 고대의 문화상태」라는 글에서 실재의 문제를 생각하는 방식에 따라 동서문화를 구별하였다. 서양문화는 실재의 근저를 '유(有)'로 보는 데 반하여 동양문화는 그것을 '무(無)'로 보았다 한다. 박사는 말한다. "서양문화의 근원인 그리스문화는 유의 사고를 기저로 한 것, 유의 문화라 할 수 있다. 디오니소스적 문화가 그리스문화에 다대한 공헌을 한 것은 물론이다. 그리스민족은 원래 인도인과 같이 염세관(厭世觀)적이었다고 말할 수 있다. 그러나 그리스문화의 중심을 이룬 것은 아폴로적 문화였다. 그리스철학에서는 유형한 것, 한정된 것을 실재로 생각하였다. 형상이 실재라고 생각되었다. 플라톤의 '이데아'는 그 어원이 가리키듯이 형상적 의의를 가진 것이라 생각된다. 그리스철학에서는 절대로 무한한 것, 절대로 현실을 넘어서는 것을 진실재(眞實在)로 보는 생각은 없었다."

그러나 "그리스문화와 함께 서양문화의 근원이 된 기독교문화는 원래 그리스문화와는 비상히 틀리는 것이다. 여호와는 이 세계를 초월하는 절대자이다. 이 세계의 창조자이다. 이 세계의 지배자이다. 이 세계의 명령자이다." 따라서 "기독교가 서양문화에 공헌한 것은 인격의 관념이다." "중세철학에서는 실재는 이데아적인 것이 아니고 인격적인 것이었다. 신은 절대의 인격이다." "절대로 무한한 신의 인격은 절대로 우리들의 지식을 초월한 것이었다." 그 의미에 있어서 "그리스철학을 유의 사상이라 한다면 중세철학은 이미 무의 사상으로서의 의의를 가졌다고 할 수 있다." "그러나 인격은 무가 아니다. 인격은 가장 한정된 것이 아니면 안될 것이다. 아니 자기 자신을 자학적으로 한정하는 것이 아니면 안될 것이다. 그것은 자유의사를 가진 것이 아니면 안될 것이다." (1940. 1. 4)

이리하여 박사는 서양문화의 이대 원천인 그리스문화와 기독교문화가 생각한 실재 '자연'(그리스)과 '신'(기독교)이 하나는 예하면 생산의 유기체에서 다른 하나는 인간의 인격에서 '아나로지'한 유형한 것, 한정된 것이라는 의미에서 '유'라 하였다.

그러나 동양문화의 이대 원주(圓柱)인 인도문화와 지나문화에 있어서는 그렇지 않다 한다.

"인도종교는 전의 양자에 비하여 최심(最深)한 무(無)의 사상을 근저로 하였다고 할 수 있다. 브라만교의 신은 만물을 넘어 만물을 싸는 동시에 도처에 내재한 신이다. 우파니샤드의 어(語)에 의하면 차세(此世)에 있는 신은 옷에 싸이듯이 위대한 신에 싸여 있다. 동(動)치 않으면서도 마음보다도 빠른 유일한 실재만이 있다. 어떠한 감관(感官)도 그를 볼 수 없다. 그는 동(動)하면서도 동치 않는다. 멀리 있으면서도 가까이 있다. 만물을 그에게서 보고 그를 만물에서 보는 그는 어떠한 것이든지 모멸하지 못한다."

이러한 유일한 실재는 최고의 이데아와 같은 것도 아니거니와 더구나

244

이스라엘의 인격신과 같은 것도 아니다. "인도의 종교는 인격까지도 부정하는 것이다. 인도종교를 단순히 만유신교(萬有神敎)로 생각하는 것을 나는 부당하다 생각한다. 단순히 만유가 신이 아닐 뿐 아니라 만유까지도 부정하는 것이다. 그것은 절대의 부정, 즉 긍정을 의미하지 않으면 안될 것이다. 대승불교에서는 색즉시공(色卽是空) 공즉시색(空卽是色)의 사상에 통하였다."

그리고 "지나문화의 일대 원류로 생각되는 노장(老莊)의 교(敎)에 있어서 도(道)라고 하는 것은 무(無)의 사상으로 볼 수 있다. 노자는 '道可道非常道 名可名非常名 無名天地之始 有名萬物之母'라 하였다. 이것은 이스라엘 사람의 신앙과 같은 것을 부정할 뿐 아니라 그리스 사람의 예지와 같은 것을 부정한다."

"노장의 교는 인간사회 시비선악(是非善惡)이 다른 것을 부정하고 자연에 복귀하는 데 있다. 예교(禮敎)적인 유교에는 이러한 자연의 생각은 없으나 천(天)이라는 생각이 있다. 공자는 『논어』에 '予慾無言 天何言哉 四時行焉 百物生焉 天何言哉'라 하였다. 자사(子思)는 『중용』의 끝에 '시(詩)'를 인용하여 '德輶如毛 毛猶有倫 上天之載 無聲無臭 至矣'라 하였다." "지나문화의 근저에는 천이라든가 도(道)라든가 자연(自然)이라는 생각이 있다." "그것은 일월성신(日月星辰)이 유이(由而) 운행하는 것 천지만물의 근원이며 또는 인도(人道)의 본원이다. 천도(天道)와 인도는 일(一)이다. 그것은 사회적 행위의 근저에 생각되는 자연의 이(理)다." "인도종교의 무(無)의 사상은 지적이었다. 지(知)로써 지를 부정하는 부정이었다. 그런데 지나문화의 무(無)의 사상은 행적(行的)이었다. 행(行)으로써 행을 부정하는 부정이라고 할 수 있다."

이리하여 박사는 인도교의 범(梵), 불교의 공(空), 노장의 자연, 유교의 천(天)을 모두 절대로 무형한 것, 절대로 한정할 수 없는 것이라는 의미에서 무라 하였다.

박사의 이 견해를 좇는다면 서양문화에서 생각하는 실체는 객관적 대상적으로 사유할 수 있는 것임에 반하여 동양문화에서 생각하는 그것은 주체적 행위적으로 직관할 수밖에 없을 것이다. 다시 말하면 전자는 논리를 통하여 '인식'할 수 있는 것임에 반하여 후자는 행위를 통하여 '체득'할 수밖에 없을 것이다. 만일 논리에도 여러가지 종류가 있다면 후자는 유(有)의 논리에 의해서는 재단할 수 없는 것, 무(無)의 논리, 행(行)의 논리에 의해서만 이해할 수 있는 것이리라.

이리하여 타까야마 이와오(高山岩男)씨 같은 이는 니시다(西田) 박사의 이 견해의 노선에 연(沿)하여 「무의 철학과 배후의 생명」이라는 글에서 서양문화의 특성은 객체적인 데 있음에 반하여 동양문화의 것은 주체적인 데 있다는 의미에서 전자를 객체적 문화라 하고 후자를 주체적 문화로 규정하였다.

씨는 말한다.

"실체와 현상이 어떠한 관계를 가진 것인가 하는 데서 형이상학적 사색이 성립하고 현상계에서 실체계에 어떻게 도달할 수 있는가 하는 데서 종교·도덕 등의 실천의 길이 강구된다.

나는 이 가장 근본적인 문제에 대한 인간적 태도의 결정에 있어서 이미 두가지 유형이 있다고 생각한다. 그 하나는 영원의 진실재(眞實在)를 인간의 전방에 두고 그것을 인간의 노력이 그리로 향하여야 할 객관적 목표를 삼는 태도이며 다른 하나는 인간의 배후에 두고 그것을 인간의 일체의 노력이 그리로부터 출발하고 그리로 귀환하여야 할 주체적 고향을 삼는 태도이다.

그런데 전자의 방향을 진행하여 그 정수를 발휘한 것이 서양문화이고 후자의 방향을 진행하여 그 정화를 발양한 것이 동양문화라고 생각한다. 전자를 객체적 문화라 하고 후자를 주체적 문화라 하는 것도 이 의미에서이다."

타까야마씨의 이 말은 간결하게 말하면 서양의 유의 형이상학에서는 실재(實在)를 대상적으로 초월한 것으로 보고 동양의 무의 형이상학에서는 실재를 주체적으로 초월한 것으로 본다는 말인데 이렇게 되면 서양문화에서는 실재와 인간의 사이에 현상이 개재(介在)하게 됨에 반하여 동양문화에서는 대상과 실재와의 사이에 인간이 개재하게 된다.

3

동서의 형이상학에서 실재를 대하는 태도가 이와 같이 다르다면 동서문화에서 우리는 실로 다양한 차이를 발견할 수 있을 것이다. 왜 그러냐 하면 어떠한 민족을 막론하고 사고된 실재가 곧 그 민족문화의 이념 또는 근저를 이루기 때문이다.

우선 서양문화가 일반적으로 말하여 지적 성격을 가졌다면 동양문화가 행(行)적 성격을 가진 것은 두말할 것도 없다. 문화의 구극의 이상이 인간의 배후에 있는 한 우리는 그것에 귀합(歸合)하기 위해서는 주관과 객관의 대립을 발무(撥無)하고 주객분리 이전의 행(行)의 세계에 돌아가 그것을 체득하도록 노력하지 않으면 안될 것이다. 대상이 없는 곳에서는 원래 사유작용이 성립할 수 없는 것이다. 인식대상과 맞서는 것으로서 비로소 인식주관이 성립하는 것이다. 그런데 인식대상이란 말 그대로 우리의 전방에 위치잡는 것이다. 사유작용이란 전방에 있는 대상을 향하고 전진하는 것이다. 눈은 눈을 보지 못하며 귀는 귀를 듣지 못한다. 하다면 보는 눈을 보고 듣는 귀를 듣기 위하여서는 눈 그 물건, 귀 그 물건이 되어보는 수밖에 없을 것이다. 이리하여 인간은 배후에 있는 실체에 도달하는 데 행적 체험에 의뢰하지 않을 수 없게 된다. (1940. 1. 5)

물론 이 경우에 우리는 인도철학에서 보듯이 이 실체를 논리적으로 언표하기 위하여 실로 호한(浩瀚)한 사변을 염출할 수 있다. 그러나 인도교의 범아일여(梵我一如)의 사상에서 보는 범(梵)이라 아(我)라 하는 것은 자연도 아니고 인격도 아닌 그 모든 것을 넘어서는 절대의 무다. 무형(無形)의 형(形)이며 무성(無聲)의 성(聲)이다. 따라서 제아무리 호한한 사변을 구사하더라도 그것을 논리적으로 언표하는 형식은 결국 부정뿐이다.

아트만은 '네치(否)'로서 표현할 수밖에 없다. 동일한 인도정신에서 발원한 불교의 '공(空)'의 사상은 물론이요 노장의 '무명(無名)'의 관념(無名은 天地之始)도 절대로 표현할 수 없는 실체의 부정적인 표현이다.

그런데 실체의 언표가 부정적 형식으로만 가능하다는 것은 다시 뒤집어 말하면 진실의 실재는 대상적 지식의 폐기에 의하여서만 비로소 파지할 수 있다는 것을 의미한다. 부정적으로밖에 언표할 수 없다는 것은 실체의 대상화가 불가능하다는 것을 의미한다. 그런데 모든 지(知)가 대상에 관계하는 것이라면 진실의 지는 부정의 지, 침묵의 지일 수밖에 없다. 대상지(對象知)를 부정하는 지를 해탈지(解脫知)라 말한다면 그것은 인간의 인식을 전방으로 무한히 진전시킴으로써 도달할 수 있는 것이 아니고 역으로 후방으로 무한히 부정하여 들어감으로써만 도달할 수 있는 것이다.

그러면 인간의 인식을 후방으로 무한히 부정하여 들어감으로써 도달할 수 있는 지(知)란 무엇인가? 그것은 궁행(躬行[苦行])을 통하여 오득된 해탈의 지혜일 수밖에 없다.

그러나 서양문화(이곳에서는 서양의 근대문화는 불문하고 고대와 중세의 문화만을 말함—이하 準)의 이념인 '이데아'나 신은 자연적인 것, 인격적인 것으로서 우리의 전방에 대상적으로 초월하여 있는 만큼 그들은 사유에 의하여 어떠한 형식으로든 파악할 수 있다. 동양의 범(梵)과 아(我), 공(空)과 자연은 체득할 수밖에 없으나 서양의 이데아와 신은 인식할 수 있다(적어도 인식하려고 노력만은 할 수 있다). 그리스 이래로 찬연히 개화한 서양의 학문과 예술은 이데아와 신의 한정을 위하여 경도한 유럽 제민족의 정력의 결정이다.

동양에서 교학(教學), 즉 교설(教說)이 발달한 데 반하여 서양에서는 과학, 즉 이설(理說)이 발달하였다. 동양에서는 인도교, 불교에서와 같이 오도(悟道)에 필요치 않거나 유교에서와 같이 처세에 필요치 않은 학문은 학문으로 간주하지 않는 것과 반대로 서양에서는 그리스시대로부터 학문을 위한 학문, 예술을 위한 예술이 발달하였다. 동양에서는 실천궁행과 난행고행(難行苦行)이 간요(肝要)하였던 것과 반대로 서양에서는 관찰과 분석이 필요하였다. 동양에서는 지혜, 서양에서는 지식, 동양에서는 철학자보다도 철인(哲人)이 대접받지만 서양에서는 철인과 함께 과학자가 많은 것도 이 때문이 아닐까. (1940. 1. 6)

그야 어떤 행이란 개별적 '주체'에 속하는 것이며 지란 보편적 '주관'에 속하는 것이다. 행은 인간의 생(生)에 부착하여 주관적이며 특수적인 성질을 탈각할 수 없으며 지는 인간 대응성을 떠나서 객관성과 보편성을 지향한다. 행의 내용 또는 산물이 일종의 대화적 문법적 성격을 갖고 친숙과 비전(秘傳)을 요구하는 것과 반대로 지의 내용 또는 산물(産物)은 독화(獨話)적 논리적 성격을 갖고 만인의 승인을 요청한다.

그러므로 우리는 무엇보다도 서양문화가 제작주체로부터 완전히 독립하여 객관적 보편성을 갖고 전인류의 공동재산으로 군림할 수 있음에 반하여 동양문화는 제작주체에의 대응성을 탈각할 수 없고 적든 크든 주관적 비전(秘傳)적 성질을 띤다고 보지 않을 수 없다. 서양문화는 어떤 국민이나 그것에 상응한 지적 교양만을 가지면 학습할 수 있으나 동양문화의 진수는 자연 그 각 길의 묘의를 오득(悟得)한 달인명장(達人名匠)에 친숙하지 않으면 오득하기 어렵다는 황당한 결론에까지 떨어지게 된다. 동양에서는 크게는 석가와 공자를 비롯하여 적게는 검사(劍師)와 직장(織匠)에 이르기까지 각기 그 길의 비방 하나씩을 가지고 자재(自在)의 경지에 도달한 명장(名匠)들이 있다. 동양에서는 진리는 언제든 습득되는 것이 아니고 체득되는 것이다. 어느 의미에서는 옛날 동양의 문화인들이야말로 모두 그 길의 교양인일는지 모른다.

그리고 서양문화가 지의 생산이고 동양문화가 행의 형성이라면 우리는 둘째로 서양문화가 구성적·체계적 성질(을) 가진 데 반하여 동양문화는 직관적·단편적 성질을 가졌다고 말할 수 없을까? 지가 구성적·체계적인 것임에 반하여 행(行)은 직관적·형성적인 것이다. 구성적인 것은 전체를 부분으로 분해할 수 있다. 부분을 모아 전체를 만드는 것을 구성이라 말한다.

그러나 형성적인 것은 부분이 곧 전체로서 분해할 수 없는 것이다. 전체에서 전체로 변형하는 것을 우리는 형성이라 말한다. 구성된 것의 전형으로서 기계를 들 수 있다면 형성된 것의 전형으로서 우리는 생명을 들 수 있다.

그런데 지의 기능은 물론 사물을 분석하고 종합하는 데 있다. 직접적인 소재를 추상적인 제요소로 분해하였다가 매개적인 전체로 종합하여 올리는 것이 지성의 기능이다. 따라서 서양문화가 지적 구성의 산물이라면 우리는 임의의 철학이나 과학은 막론하고 한 시대의 문화 제부문간의 내적 연관까지도 일정한 논리적 조작을 통하여 재분해·재종합할 수 있는 것이다. 그리고 서양문화가 그 발전연관에서 볼 때에는 어느정도로 분화와 통일의 규제정연(規制整然)한 과정을 밟아서 추상적 특수적인 것에서 구체적 보통적인 것으로 발전하였다면 일정한 논리적 조작을 통하여 그의 내면적 필연적 연관까지도 추적할 수 있을는지 모른다.

그러나 동양문화가 만일 논자들의 말대로 단순한 행적 직관의 산물이라면 우리는 그 속에서 전체로 이행하는 혹종(或種)의 메타모르포제

(metamorphoses)는 발견할 수 있을지 모르나 그 속에 분석과 종합, 분화와 통일을 개입하는 것은 도리어 문화의 진수를 잘못 이해할 우려가 있다. 학문의 대부분이 언행록적이며 수상록적이다. 논리의 매개가 없이 직관에서 직관으로 연속될 뿐이다. 아니 직관과 직관이 연속되는 것이 아니고 개개가 단절된 대로 단편적으로 표현될 뿐이다. (1940. 1. 7)

그 속에서는 엄밀한 의미에 있어 메타모르포제(metamorphose)도 발견할 수 없을지 모른다. 학자와 현자는 그때그때 단적으로 체험한 생활진리를 단적으로 기록만 하여두면 그만이다. 무형(無形)한 진리는 수처(隨處)에 숨고 수처에 나타난다. 영원의 실재는 일순간의 직관 속에 응결한다. 응결하는 방식이 장소와 시간을 따라 다를 뿐이다. 단언척구(短言隻句)와 일필일촉(一筆一觸)이 능히 천리(天理)와 인도(人道)의 오의(娛義)를 함축하게 된다. 이렇게 생각하면 불립문학을 표방한 선학(禪學)이 동양학문의 극치일는지 모른다. 백반(百般)의 순험(純驗)과 천만의 논의가 필요없고 대갈일성에 돌연 대오(大悟)할 수 있는 진리라면 학문이라는 것이 원래 무용한 것이리라. 불교의 많은 종파는 이 무형한 진리를 이론적으로 표현하려는 데서 도리어 기괴한 구상과 번쇄한 논리를 조작하였다. 인도교에 있어서도 그러하다 한다. 허나 구상이 기괴하고 논리가 번쇄하다고 무형이 유형으로 표현될 리가 없다.

인도철학은 그렇게 사변적인데도 불구하고 조직성과 체계성을 결하였다 한다. 그러나 동양의 학문이란 진리 그 물건보다도 진리 수득의 생활태도를 연마하는 학문이다. 말 그대로 실천적 수양을 목적하는 데 동양학문의 특성이 있다.

그야 어쨌든 동양학문의 진수가 단편적인 직관의 단적 표현에 있다면 그 속에서 서양학문에서와 같은 분화와 발전을 찾을 수 없을 것은 두말할 것도 없다. 철학은 후세에 이르기까지 인도에서는 종교에 종속되었고 중국에서는 정치에 종속되었다. 학문과 다른 문화영역과의 사이에 분화와 독립이 없었거든 하물며 학문 내부에서 제 과학의 분화를 찾는다는 것은 어림없는 짓이다.

※

그런데 나는 지금까지 서양문화는 지적 구성, 동양문화는 행적 직관의 산물이라 하였다. 전자는 지성적이고 후자는 행위적이라 말하였다. 그러면 동양에서는 모든 지가 부정된 것과 반대로 모든 행이 긍정되었던가? 다시 말하면 동양에 있어서는 인간의 인식이 후방으로 부정되어 들어갔다면 인간의 행위는 전방으로 오직 긍정되어 나왔던가?

만일 모든 대상적 지식의 부정이 곧 모든 대상적 행위의 긍정으로 나타났다면 동양은 야수의 세계로 화하였을 것이다. 그러나 모든 지의 부정은 모든 행의 긍정을 결과하는 것은 아니다. 바로 그 반대다. 동양문화에 있어서는 모든 인간적 지식이 부정되는 동시에 모든 인간적 행위가 부정되었다. 동양이 광포한 야수의 세계로 화하기는커녕 너무나 정적(靜寂)한 성자(聖者)의 세계로 화한 것은 이 때문이다.

실재에의 귀의에 있어 지를 부정한 본의는 한말로 말하면 대상에 집착하는 인간적 지식이 도리어 실재의 진상을 어둡힌다는 데 있었다.

실재는 절대의 초절(超絶), 절대의 타자로서 원래 무이며 공이다. 함에도 불구하고 인간의 지식은 그 본질상 대상에 집착하는 것이 그 때문에 부정하지 않을 수 없었다. 하다면 그 실재에 도달하는 데는 모든 인간적 욕망까지도 발무(撥無)하지 않으면 안될 것이다. 아니 기실은 대상에 집착하는 모든 인간적 욕망을 발무하자는 데서 대상에 집착하는 모든 인간적 지식을 부정한 것이었다. 실재는 원래 무며 공이며 적(寂)이며 일(一)이다 함에도 불구하고 그것이 유(有)와 색(色)과 고(苦)와 다(多)로 '현상(現

象)'하는 것은 인간의 주관＝지(知)와 의(意)의 소작(所作)이다. 인간의 전방에 현전(現前)하는 현상계(現象界)가 '고(苦)'(불교)와 '환(患)'(노자)으로 나타나는 것은 무명(無明)과 집념의 인간이 자기의 배후에서 비쳐오는 실재의 광명을 차단(遮斷)하기 때문이다. 다시 말하면 현세 '고'와 '환'이란 실재의 전방에 선 인간이 만들어낸 음영에 불과하다. 따라서 우리가 완전히 자기를 멸각(滅却)하고 무아(無我) 또는 무위(無爲)의 경애(境涯)에 도달할 때에만 그 초월적인 절대에 귀환할 수 있다. 그리고 그 절대에 귀환하는 때에만 번뇌가 보살이 되며 무위가 곧 자재(自在)가 될 수 있다. 그러므로 대상에의 지식을 후방으로 무한히 부정하여 들어가는 것은 기실은 대상에의 의욕을 후방으로 무한히 부정하여 들어가는 것이다. 그리고 그 부정의 극한에 도달하는 곳이 인간의 풍부한 인성(人性)을 완전히 소각한 적멸(寂滅)의 열반과 담담한 허무의 경지이다(노장의 사상을 불교와 같은 금욕주의로 보는 데는 물론 이의가 있다. 그러나 개괄하는 이곳에서는 불문에 付한다).

　그러므로 우리는 이곳에서 동양문화에 있어서의 행이라는 것이 대상(對象), 즉 유에 매개된 행위, 즉 대상적 실천이 아니고 기실은 무차별 무위의 경(境)에 몰입하기 위한 명상과 내관(內觀)에 관련된 행인 것을 알 수 있다. 말의 정당한 의미에 있어서의 행위란 주체의 객체에의 동작(動作)에 의하여 성립하는 것이다. 주관과 객관의 대립을 기다려서 인식이 성립함과 같이 주체와 객체의 대립을 기다려서 실천이 성립한다. 그리고 주·객관의 통일로서의 인식과 주·객체의 통일로서의 실천이 서로 대립하면서 또한 서로 전화하는 데서 인간의 문화사가 형성되어나가는 것이다. 그러므로 우리는 한말로 서양문화는 지적이고 동양문화는 행적이라 하지만 지적인 전자가 우월한 의미에 있어 실천적 성격을 갖고 행적인 후자가 기실은 내관적 성격을 가진 것을 잊어서는 안될 것이다.

　그리고 동양문화가 인간의 지행을 부정함으로써 인성의 풍부한 내용을 소각하고 무아와 무위로 인도한다면 그것은 서양문화가 대상으로 향하는 지행을 전방으로 긍정하여나감으로써 풍부한 인성을 발양하는 것과 대조를 이룬다. 주어진 실재가 전방에 있는 한 우리는 전진하지 않을 수 없다. 실재는 현상보다도 높고 깊은 것이다. 플라톤의 최고의 이데아는 선(善)이다. 기독교의 신은 절대로 완전한 인격이다. 따라서 그 실재에 도달하려는 인간적 노력은 그들의 이성과 정의(情意)를 고화(高化)하고 심화하지 않을 수 없다. (1940. 1. 8)

인간성은 소각함으로써가 아니라 발양함으로써 도달할 수 있는 이상들이다.

그 의미에 있어서 동양문화는 인간 소외의 문화라 말하고 서양문화를 인간 중심의 문화라 볼 수 있다. 서양문화에 있어서도 뚜렷한 인간 중심주의는 물론 근대에 와서 비롯한 것이다. 그리고 서양의 역사에서 근대문화와 비교할 때 중세문화는 신 중심의 문화로 보아야 한다. 그러나 그것은 서양문화만을 놓고 시대사적으로 고찰할 때에만 할 수 있는 말이다. 서양문화를 동양문화와 대비하는 경우에는 고대의 그리스문화는 물론이고 중세의 기독교문화까지도 인간을 중심한 문화였다.

물론 우리는 동양사상에서도 서양 근대문화의 기초를 이룬 자아관념에 유사한 자아의 사상까지 발견할 수 있다 한다. 인도교의 '아트만' 같은 것이 그렇다 한다. 그러나 그것은 우리와 같은 개별적인 인간적 자아도 아니고 이성적·논리적 주관도 아니다. 그것은 우리를 밑으로 초월하여 우리의 배후를 형성하는 불사인식(不思認識)의 주체다. 눈이 눈을 보지 못하고 귀가 귀를 듣지 못하듯이 우리는 우리의 주체인 아트만을 인식할 수 없다.

그는 자연적 육체나 정신적 인격을 가진 것이 아니라 한다. 그 의미에 있어서 그는 아무런 인간적 특성도 갖지 않은 그야말로 절대의 타자다.

254

동양사상 속에 있어서도 유교만은 인간을 배제하는 사상이 아니라는 것이 일반의 성견(成見)인 듯싶다. 유교는 적어도 인간을 부정하는 사상이 아니다. 하나 유교도 인간을 중심하는 것이 아니고 천(天)을 중심한 사상이다. 천의 관념은 공맹에 이르러 원시적·신화적 성격을 탈각하고 이성적으로 순화하였으며 천명(天命)과 인성(人性)의 동일성의 이상을 배태하였다[天命之謂性]. 그리고 이 사상은 송유(宋儒)에 이르러 천즉리(天則理) 심즉리(心則理)의 관념에까지 발전하였다. 그러나 천리(天理)─인성의 동일성의 이론도 천을 인간화한 것, 천의 의인화가 아니고 인간을 천화(天化)한 것, 인의 의천화(擬天化)였다. 이 점에 있어서 비인격적·비의지적인 천을 중심으로 한 유교문화도 결국, 인간을 비인간화한 동양문화 일반의 특성을 탈각할 수 없었다.

※

　그리고 서양문화가 인간 중심의 문화이고 동양문화가 인간 소외의 문화라는 명제와 연관하여 한가지 주목할 것은 서양문화가 일반적으로 표현적 성질을 가졌다면 동양문화는 적든 크든 상징적 성질을 탈각할 수 없다는 사실이다. 표현은 인간에 내재한 것을 객화(客化)하는 것이라면 상징은 인간을 초월한 것을 암시하는 것이다.

　그런데 대상적인 초월자는 제아무리 초월한 것이라도 인간에 내재화시킬 수 있는 것이다. 인간이 한정할 수 있는 것, 유형한 것은 제아무리 현상의 배후에 숨었다 하더라도 우리는 자기의 내재적 본질로써 번역할 수 있다. (1940. 1. 10)

　아니 더욱 엄밀하게 말하면 인간에 내재하지 않는 것은 처음부터 우리의 대상이 될 수 없는 것이다. 대상적인 초월자란 기실 인간이 내재적인 것을 외재화시킨 것에 지나지 않는다. 그리스 사람의 '이데아'와 기독교도의 신은 그 하나는 인간의 육체를 모델로 하고 생각된 것이며 다른 하나는 인간의 인격을 모델로 하고 생각된 것이다. 플라톤의 이데아와 아우구스티누스의 신이 인간을 초월한 것이면서 기실은 인간이 만들어낸 것이라는 의미에서 모두 인간 자신의 표현이었다.

시간과 함께 생성하고 소멸하는 삼라만상을 영겁의 상하(相下)에 정관(靜觀)할 수 있는 완벽한 '이성'에 대한 아름다운 에로스가 없었다면 그리스 사람들은 이데아를 생각하지 못하였을 것이며 인간의 인격 감정의 기초를 이루는 절대적인 '자유의지'에 대한 엄숙한 아가페가 없었다면 기독교도는 인격신을 앙모(仰慕)하지 않았을 것이다. 그리스인이 사모한 이데아와 기독교도가 앙모한 신이란 기실은 인간이 자기의 완전한 이성을 실천하려는 데서와 무한한 의지의 자유를 표현하려는 데서 구상된 것이다. 그 의미에 있어서 그들은 모두 인간성의 표현이다. 그리스의 조각에 나타난 신들의 상은 바로 그대로 인간의 가장 완성된 육체의 표현이었으며 기독교도의 중세의 고딕양식의 건축은 바로 그대로 지상의 기반(羈絆)에 신음하는 인간들의 무한한 천공(天空)을 향하고 비약하려는 의지의 동경의 표현이었다.

그러나 인간을 위로서가 아니고 밑으로 초월한 배후의 실체만은 우리에게 있어서는 그야말로 절대의 타자다. 그것은 그리스적 자연보다도 깊고 기독교적 인격보다도 깊은 것으로 자연과 인격까지도 넘어서는 것이다. 동양의 실재란 모두 이러한 절대의 무, 절대의 공이다. 그만큼 인간적인 그 무엇을 가지고도 나타날 수 없다. 인간에 내재한 그 어떠한 것을 가지고서도 인간을 '밑으로' 초월한 절대의 타자는 표현할 수 없다. 그것은 인간의 배면에 있는 초월자는 원래 인간에 내재화시킬 수 없기 때문이다. 그리고 인간에 내재화할 수 없는 것은 인간적인 본질을 가지고는 번역할 수 없는 것이다. 우주의 만상(萬象)을 모조리 인간에 내재화하는 내재론적 입장에 설 때 우리는 '있는 것(有)'은 모두 인간의 외화(外化)로 볼 수 있다. 그러나 인간의 만능의 정신도 '없는 것(無)'만은 자기의 이성과 의지와 감정으로써 번역할 수 없다.

이러한 절대의 타자, 절대의 초월자는 논리로 표현한다면 위에서도 말한 바와 같이 부정적으로밖에 언표할 수 없으며 감성으로 표현한다면 상징적으로 '암시'할 수밖에 없다.

서양의 예술이 일반적으로 직관적임에 반하여 동양의 예술이 상징적인 것은 이 때문이라 한다. 예술에 있어서의 이 특성은 특히 인도예술에 현저히 나타난다 한다.

인도민족은 자고로 신을 직관적인 형태로 나타내는 것을 신의 모독이라 하여 기피하였던 모양이다. 신을 직관적·조소적인 형자(形姿)로 표현한 것은 후세에 서방의 그리스문화와 교류가 있은 결과라 한다. 인도 고유의 예술에서 신은 단순히 점과 선으로써 상징되었다 한다. 하나 조형 예술은 직관적 형상을 짓는 만큼 단순히 오랫동안 이러한 형식에 머무를 수는 없는 것이다. (1940. 1. 11)

이리하여 이러한 상징이 표현에까지 도달할 때에 신은 일부러 비인간적인 형자로 표현되었다. 우리가 인도의 신상(神像)에서 보는 기괴한 형상은 무형한 것에 형을 부여하려는 정신의 산물이다. 신의 형자가 상징적으로 나타내는 것은 육체적·자연적인 힘이나 정신적·신비적인 힘이 아니고 인간성을 완전히 떠난 비인간적인 신비력이다. 인도예술에서 얻는 이 세상 것 아닌 무기미(無氣味)한 인상은 이러한 비인간적 신비성에서 오는 것이라 한다. 그렇게 말하면 대승불교의 경전에서는 불가사의한 불력과 끝없이 장엄한 불(佛)세계를 표현하는 데 우리의 상상을 절(絶)한 거창한 수(數)와 견디기 어려운 문구의 중복을 기탄없이 쓰는데, 이러한 무한정적인 표현양식과 구상력도 인도정신의 비인격주의와 신비주의에서 오는 일종의 상징적 수법이다. 표현할 수 없는 것을 표현하려는 데서 생긴 독특한 양식이다.

※

이상에서 말한 것을 총괄하면 동양문화는 비인간적·비지성적인 문화라는 말로 귀결된다. 이것은 물론 니시다(西田) 박사의 소설(所說)을 따라 동양문화의 기저를 이루는 것은 무의 사상이라 보고 그 위에서 타까야마(高山)씨의 견해를 참작하면서 양 문화의 대척적으로 상이한 특성을 대략 내류(流)대로 말해본 데 불과하다. 따라서 지금까지 말한 것은 일정한 가설의 위에 선 행론(行論)이다. 지금 만일 전기(前記) 가정과 함께 이곳에서 개괄한 결과를 일응(一應) 승인한다면 다음으로 생기는 의문은 인간성을 배제하고 사유를 부정하는 문화를 우월한 의미에 있어 문화로 볼 수 있는가 하는 것이다.

문화란 인간성의 표현이며 인식의 산물이다. 적어도 오늘날까지의 문화의 통념은 그러하다. 그것은 문화에 관한 일종의 서양적인 통념이니 동양문화를 평가하는 데는 그러한 통념을 써서는 안된다면 할 말은 없다. 하나 새로운 통념이 생기기까지는 기성의 통념을 쓸 수밖에 없다. 또 한번 말하거니와 문화란 인간성의 표현이며 인식의 산물이다. 문화가 인간만이 가질 수 있는 생활 제가치의 표현이며 겸하여 객관적·보편적 의미를 갖는 것은 이 때문이다.

그렇다면 인간성의 발양을 빈곤케 하고 인식의 발전을 저해하는 동양의 특수한 문화정신은 기실은 동양문화의 정화를 발양하기는커녕 동양문화의 문화로서의 정화를 고갈시키는 것이 되지 않을 수 없다. 다시 말하면 그것은 문화의 암이다.

우리는 동양문화의 정신이 반드시 그러한데 '만' 있지 않으리라 생각하며 또는 그것이 동양문화의 어떠한 특수한 층면(層面)을 대표한다 하더라도 그것은 명예나 자랑할 것이 아니다.

동양문화의 일면에 인간성을 부정하고 인식을 배제하는 특수성이 있는 것은 사실이다. 그러나 그것은 말 그대로 동양문화의 특수성에 지나지 못할 것이다. 다시 말하면 그것은 서양문화와 대비하게 되니 자연 그것과 다른 특수한 측면만을 추출하지 않을 수 없는 데서 유래한 것이다. 따라서 특수성 그것이 곧 동양문화가 아니라는 것을 알아야 할 것이다. 동양문화에 동양적인 특성이 있다면 문화로서의 일반성도 있어야 할 것이다. 동양문화에도 문화로서의 일반성이 있기 때문에 동양문화로서의 특수성도 성립할 수 있는 것이리라. 일반성이 없는 데는 특수성도 없는 법이다. 우리는 양 문화의 특수한 점을 열거하느라고 문화로서 갖고 있는 공통성은 일부러 사상하였다.

하나 문화의 특수성이란 일반성과 연관하여 그려지지 않을 때에는 특수의 특수되는 소이가 명백히 나서지 않는 것이다. 그렇다면 우리는 지금부터 동양문화의 문화로서의 일반성 측면(서양과 공통되는)을 그려보지 않으면 안될 것이다. 그리고 일반성과 특수성의 연관이 밝혀지면서 인류의 일반 문화사적 도정에 있어서의 그의 특수한 위치가 규정되어야 할 것이다.

하나 지면의 제한도 있고 하니 지리(支離)한 행론(行論)은 이곳에서 일단 중지하고 남은 문제는 다음 기회로 미루기로 하자! (1940. 1. 12)

이희환 정리

'동양'에 관한 단장*

김기림

※

    원시민족과 그 문화에 대한 연구는 19세기 이래 갑자기 성해졌다. 그리하여 지상에 남아 있는 뭇 원시민족은 실로 수없는 인류학자·고고학자·민족심리학자·인종학자 들의 가단없는 방문으로 해서 번거로울 지경이었다. 그래서 이 방면에 관한 저술은 날로 성해갔다. 우리는 그중에서도 유명한 프레이저, 말리놉스끼, 라차루스, 그로세, 분트 등의 이름을 얼른 들수가 있다. 그러던 끝에 그들 원시민족과 그 문화는 드디어 이른바 진보한 서양인 일부의 찬탄의 적(的)이 되기까지 하여 이런 종류의 감상가가 도처에서 생기게 되었다. 고갱이 타히티섬으로 영주(永住)의 땅을 찾아간 것은 유행소설 같은 이야기가 되었지만 인상파에 지쳐버린 화면에 원시시대를 재현하려고 한 야수파는 드디어 이러한 감상을 한개의 예술운동으로 승화시켰던 것이다. 로렌스는 원시생활을 '모럴'에까지 끌어올려서 필경에

---

* 金起林(1908~?). 출전: 『文章』, 1941. 4.

는 춘화가 신성한 것이 되어버린 느낌이 있었다. 원시에의 귀의는 한편 소아동경사상(小兒憧憬思想)으로 나타났었다. 루쏘는 때때로 성화(聖書)처럼 인용되기도 하였다.

※

생각건대 이러한 일련의 원시숭배, 소아동경이 발생하는 심리적 근거의 반면에는 늘 인공적인 너무나 인공적인 물질문명과 그 교지(狡智)에 대한 강한 항의가 숨어 있었는가 한다. 그 무슨 병증(病症)에서 오는 신음의 일종이었던가 한다. 오늘 자유주의나 개인주의를 비방하는 것은 벌써 한낱 상식이 되어버렸지만 끊임없는 이윤추구의 자유와 권리를 추상화하여 관념적으로 정리한 것이 틀림없는 자유주의와 개인주의의 정체였다. 그것을 '인격의 자유' 등의 이념으로 끌어올리려는 정신주의적인 시험도 있기는 했으나 그것들은 대개는 문화가 필연적으로 의존하는 물질적 지반(地盤)을 무시한 아름다운 꿈에 그치고 말았었다. 그러나 정신분석학이 나중에 가서 보여준 종족발생적인 뭇 음준(陰酸)한 증언은 이것도 저것도 다 비웃어버리는 근대인의 일종 자포자기이기도 하였다. 근대문화의 말기현상은 반드시 슈펭글러의 『서구의 몰락』을 기다릴 것 없이도 식자(識者)의 걱정을 사기 시작하였던 것이다.

※

그리하여 근대문화는 모순상극에 찬 극 말기징후를 조만간 청산할 국면에 직면해야 했다. 그런데 문화의 발전은 대개는 다른 문화와의 접촉·교류·종합의 과정을 거쳐서 실현되는 것이지만 몇세기를 두고 통일된 모양으로 지속되었던 문화가 이미 말기에 도달하여 새로운 단계로 비약할

적에는 거기는 이질의 문화와의 전면적인 접촉·종합이 자못 효과적인 계기를 이루는 경우가 많다. 그리스문화도 사실은 그 선주(先住)민족의 문화와 소아세아를 거친 동방문화와의 접촉 속에 은연중 잉태되었던 것이며 헬레니즘은 사실에 있어서 혼혈문화였고 르네쌍스가 고전문화의 자극에서 촉진된 것임은 이미 정립된 사실(史實)이다. 오늘 독일이 이상(理想)하는 문화란 게르만정신에의 복귀에 의한 근대문화 수정안에 틀림없다. 그러나 이러한 이질문화 상호간의 접촉·교류의 예로서는 근대문화와 동양문화와의 상봉보다 더 규모가 크고 결과에 있어서 심각한 경우를 역사상 찾아볼 수가 없다. 바로 동양이 늙어 지쳤을 때 그는 젊은 서양과 만났던 것이다.

※

일찍이 동양이 처음으로 이질의 서양문화를 받아들일 적에는 열광적 경도로 나타났던 것은 피할 수 없는 일이었다. 사실 이문화(異文化)의 소화라는 것은 이러한 강한 견인작용 없이는 실현될 수 없는 일이다. 이런 시기에 있어서 한동안의 감상주의는 도리어 관용(寬容)되어야 할 것이다. 다만 주목하고 싶은 일은 당시의 동양은 동양문화 자체의 온상으로서는 벌써 한 한계에 도달하여서 그것은 실로 어느모로 보든지 갱신과 비약을 기다려 마지않는 때였더라는 일이다. 그런 때에 마침 들어온 것이 면목이 아주 다른 서양문화였고, 또 오늘 와서 생각하면 이윽고 포화상태에 다다른 서양문화로서도 동양문화라는 아주 다른 풍토 속에 전지(轉地)한 세움이었다. 동양이 서양문화를 받아들일 적에 전혀 수동적인 자세에서 한 것은 당시 동양문화가 완전한 정체·폐식(廢蝕) 상태에 있는 때문이었다. 민족의 발전이라는 면에서 보든지 개인의 인간성의 발휘라는 점으로 보든지 간에 그것은 한 발효하는 물구덩이에 불과하여 모든 생동하려는

262

것의 질곡밖에 아무것도 아니었던 것이다. 이런 때에 실로 맹목에 가까운 발동을 그 생명으로 삼는 듯한 서양문화가 밀물처럼 밀려들어왔던 것이다.

※

한 문화가 새로운 단계로 뛰어오르기 위하여 새로운 탄력을 구할 적에는 앞에서도 말한 것처럼 그것은 왕왕 역사 속에서 이념을 찾거나 그렇지 않으면 지리적으로 딴 지역의 문화에서 새로운 동력을 구할 수밖에 없었다. 서양문화의 미예들이 드디어 원시문화에서조차 자문화의 해독소를 구하려 한 것은 심리적으로는 이해할 수 있으나 과연 비판적인 태도였으며, 이성에 비추어 어긋나는 일이 아니었을까? 서양인 사이에도 약간의 동양문화에 대한 연구자와 이해자가 생기기는 했으나 서양인에게 있어서 동양문화는 늘 겨우 한낱 지식에 그치는 정도여서 체험을 거쳐 체득될 수는 거의 없었다. 월레, 비숍 등의 연구와 소개가 그 전형의 하나라고 할 수 있겠다. 이것은 극단의 예지만 서양인에게 있어서는 서(書)와 같은 것은 아주 미득(味得)될 길이 없다. 어쨌든간에 서양문화가 그 난숙기를 거쳐 분해과정이 시작되었을 때 그것이 우러러볼 것은 원시문화여서는 아니되었다. 부분적으로는 그러할 근거와 이유가 있었겠지만 역사를 거꾸로 세우려고 하는 것은 언제고 무모한 일이었다. 그것은 서양인 중의 몇몇 개인을 건질 수는 있었을지 몰라도 서양문화 전체의 방향에 대하여는 아무런 굴절작용을 일으킬 힘도 될 수가 없었다. 원시인으로 돌아가서 원시인과 같이 온전히 자연에 의존하며 굴복하여 살아간다고 하는 것은 서양문화에 대한 개인적인 복수나 야유는 될지언정 서양문화를 초극할 새로운 문화이념으로서는 차라리 황당무계에 가까운 일이다. 그러한 시기에 서양이 마땅히 우러러보아야 할 것은 동양이었다.

동양문화라는 것이 벌써 역사상의 사건으로 영구히 결제(決濟)된 사항이어서는 안되었다. 딴은 서양문화의 도도한 압력에 여지없이 수그러든 동양문화였다. 그것은 그 자체가 한 시초와 발흥기를 가졌었고 드디어 완결된 한 독립한 역사의 분절(分節)로 그치기는 하였다. 그것은 역사적으로 있던 그대로의 모양으로 현대에 회생할 권리는 없다. 우리는 "문화는 인류와 함께 있다"는 말을 기억하려 한다. 그 말은 결코 인류는 지금까지 시간과 공간을 초월하여 오직 한개의 문화를 가졌다는 것을 결코 의미하지 않는다. 문화는 민족을 따라 시대를 따라 늘 그 받아들이는 태도에 있어서, 양식에 있어서, 가치의 단계에 있어서 달라온 것이 지금까지의 사실이었다. 근대문화사는 늘 발전이라는 모양을 거쳐 변하며 움직여왔다.

동양에 태어난 문화인에게 있어서 이 순간은 바로 새로운 결의와 발분과 희망에 찰 때라 생각된다. 수동적으로 압도된 모양으로만 넘쳐들어오던 서양문화는 드디어 우리와의 사이에 한 거리를 두고 잠시 물러섰다. 아니 차라리 현혹에 가까운 태도로써 몸을 그 속에 던져 빠져 있었던 서양문화에서 잠시 우리가 물러서게 되었다. 나는 일찍이 조선 신문학사를 서양 르네쌍스의 모방·추구의 과정이라 단정하였다. 그래서 바로 이 순간은 '서양의 파탄(破綻)' 앞에 저들 서양인이나 그 뒤를 따라가던 우리나 마찬가지 열(列)에 늘어서게 되었다고 하였다. 그래서 이 순간에 유달리 흥분에 차는 까닭은 낡은 것의 추구는 이에 끝나고 새로운 것의 구상과 건설을 향하여 바야흐로 너나없이 용기를 떨쳐야 할 때임으로서다. 그러면 서

264

양문화는 완전히 포기되어야 할 것인가? 그리하여 순수한 '무(無)' 속에서 새로운 것은 아침안개와 같이 피어오를 것인가? 둘레 없는 것, 모양 없는 것은 안개와 같이 피어날 수 있을지 모르나 문화는 비유해서 말한다면 체량(體量)을 가지고 식물처럼 성장하는 것이라야 할 것이다. 근대 서양의 파탄을 목전에 보았다고 곧 그것의 포기절연을 결의(決意)하는 것은 한개의 문화적 감상주의에 넘지 않는다.

※

또 하나의 다른 감상주의가 있다. 오늘 와서 서양은 돌아볼 여지조차 없는 것이라 속단하고 그 반동으로 실로 손쉽게 동양문화에 귀의하고 몰입하려는 태도가 그것이다. 그것은 관념적으로는 매우 하기 쉬운 일이고 또 경솔한 사색 속에 즉흥적으로 떠오르기 쉬운 아름다운 포주이기는 하다. 이러함으로써 동양문화는 진가있는 부면이 오히려 희미하게 보여지고 우리가 그중에서 청산하여야 할 가치없는 부분마저를 아름다운 감상의 연막으로 휩싸버릴 염려가 있는 때문이다. 서양문화가 일정한 거리에까지 물러선 것처럼 동양문화도 한번은 어느 거리 밖에 물러가서 우리들의 새로운 관찰과 평가를 견디어야 할 것이다. 그래서 그것은 우리들의 새로운 태도와 방법으로써 다시 발견되어야 할 것이다. 참말 가치있는 것이 발견되며, 그 가치의 형상이 명료하게 지시되며, 또 체험되어야 할 것이다. 있던 그대로의 동양문화, 있는 그대로의 동양문화가 곧 역사에 등장하는 것은 아니다. 역사적 자각과 시대의식의 연소를 거쳐 그것은 그 허화(虛華)한 외의(外衣)와 협잡물을 청산하고 그 정수에 있어서, 그 근원적인 것에서 새로이 파악되어 내일의 문화창조의 풀무 속에 던져져야 할 것이다.

※

　그러나 아직까지는 우선은 발견의 시기다. 정련의 시기다. 역사에 남을 문화는 조제감조(粗製濫造)여서는 안된다. 그런 급조품으로는 오늘 동양의 문화인들의 커다란 공허감을 채울 수는 없다. 그런 것으로는 끝없는 환멸을 낳을 뿐일 것이다. 이제 새롭게 창조될 문화는 서양문화의 미로를 당하여 지리멸렬해진 현대인의 정신을 다시 수습할 수 있어야 하며 적어도 닥쳐올 수백년간 인류의 생활을 풍부하게 하고 심화하고 희망과 용기와 건설과 인간성의 충실과 동(動)하는 질서와 조화를 가져올 수 있으며 근대문화보다도 다시 더 높은 단계로 함축(含蓄)있고 포괄적인 것이라야 할 것이다. 그러한 대사업인 까닭에 비로소 오늘의 문화인의 흥분과 부담이 보람있는 것이며 더군다나 아직 완전히 열리지 않은 보고(寶庫) 동양에 태어난 오늘의 문화인의 자부가 큰 까닭도 거기 있다. 이 크나큰 일은 결코 성급하게 공(功)을 다투어서는 안되리라 생각한다. 근대문화의 효종(曉鍾)인 르네쌍스의 발상(發祥)은 결코 하룻밤 사이에 단테의 머리에 떠오른 즉흥시는 아니었다. 플로렌스를 비롯한 여러 도시와 또 대륙과 영국의 여러 대학에 모여들어 고전문헌을 파고든 수많은 학자문인들의 일이 백년에 항(亘)한 땀에 밴 연구와 사색의 퇴적(堆積)을 생각하라. 레오나르도 다 빈치나 미켈란젤로의 예술조차가 여신에 축복된 우연한 영감에서 하루아침에 피어난 것은 아니었다. 한 새로운 문화의 발생은 그처럼 고난에 찬 탐구의 역사를 거름으로 삼았던 것이다. 현대인이 효망(曉望)하는 새 문화가 위대하고 항구적인 것이면 것일수록 그것을 위한 탐구의 길도 더욱 근기있고 주밀해야 할 것을 예기(豫期)함이 마땅할 것이다.

266

　　　　　　　　　※

　　동양은 그저 덮어놓고 경도될 것이 아니라 다시 발견되어야 하리라고
말했다. 그러면 어떻게 발견될 것인가? 서양적인 근대문화가 우리들의 시
야에서 한창 관찰되기에 알맞은 거리로 마침 우리가 물러선 기회에 우
리는 이 근대문화의 심판장에서 무엇을 명일의 문화로 가져갈 유산일까
를 반성해야 할 것이다. 우리는 서양적인 근대문화가 다음 문화에 남겨줄
가장 중요한 유산의 하나는 '과학적 정신=태도=방법'이 아닌가 생각한
다. 과학문명이 아니다. 과학하는 정신, 과학하는 태도, 과학하는 방법이
다. 과학문명 넓게는 근대문화는 물론 허다한 편견, 미신, 독단의 잡답한
족생(簇生)을 만발케 하여 드디어 조화(造花)의 무리와 같이 무너지려 하
지만 이러한 혼잡 가운데서도 그 가치있는 부분을 지지해온 것은 틀림없
는 과학정신이었고 편협한 경향에서 사고를 정도로 몰아온 것은 과학적
태도였고 정확한 해답에 가까워온 것은 늘 과학적 방법의 혜택이었다. 자
칭 과학적 정신, 사이비 과학적 정신=태도=방법에서 진정한 그것을 구별
해서 파악하는 것은 역시 오늘의 우리들의 과제의 하나일 것이다. 과학론
을 종래의 통속론과 형이상학에서 끌어내서 좀 서툰 형용이나 과학적인
과학론을 확립해야 할 것이다. 이리하여 동양의 새 발견을 위하여 서양이
참여할 수 있는 것은 바로 이 방법이라는 분담에서가 아닐까? 동양은 감
상적으로 즉흥적으로 현학적으로 몰입되거나 감탄만 될 것이 아니라 바
로 과학적으로 발견되어야 할 것이다. 이것이 오늘 우리 앞에 가로놓인 가
장 급한 과제의 하나가 아닐까?

그러면 동양은 대체 어디가 발견될 것인가? 근세가 동양에서는 어느 시기에 벌써 완숙한 경지에 도달했던 문화의 한 여운으로 보는 것은 편견일까? 우리는 동양의 가장 빛나는 얼굴을 차라리 고대와 중세에서 찾으려 한다. 그것은 그 시기에 있어서 그 자체의 가장 건전하고 생산적인 형성력을 발휘하였기 때문이다. 우리는 동양의 광영을 그 과중한 유사력에서 보지 않고 어디까지든지 그 창조력에서 보고자 한다.

그러면 고대나 중세가 동양발견의 구체적 자료로서 우리에게 제공할 수 있는 것은 무엇일까? 그것은 주로 그 시기의 유산인 문학·예술일 것이다. 그런 것들 속에서 한 민족이나 시대는 그것의 형성력과 정신을 가장 구체적으로 발양하는 때문이다. 때로는 제도의 억압, 인습의 중화(中和)작용에 의하여 한 집단의 창조력과 의욕이 명랑하게 그 현실생활 위에 발현되지 못하는 경우가 있다. 우리는 동양에서 오래인 봉건제와 봉건유제에 의하여 또는 유교사상에 의하여 이러한 억압 중화작용이 불행하게도 장구한 동안 계속되었던 것을 뼈아프게 알고 있다. 이러한 경우에 표면의 동면상태로써 곧 한 민족의 창조력의 고갈의 표상을 삼는 것은 속단이다. 그러한 경우일수록 도리어 문학이나 예술에 이렇게 뒷골목으로 몰렸던 그들의 창조력이 집중적으로 표현될 수도 있는 것이다. 그러므로 진정한 동양의 거처를 제도나 인습의 외곽에서 찾지 못하였을 때 이는 외곽에서 만난 것이 본인의 얼굴이 아닌 듯한 경우에는 우리는 마땅히 문학 또는 예술의 심실로 그를 찾아들어가야 할 것이다. 제도나 인습은 집단생활의 유지를 위한 양식 또는 방편으로서 작용하는 것이 통례다. 그것은 늘 기존

268

의 형태를 보존하려는 일종의 보수주의를 그 의도로 삼는다. 그와 반대로 예술은 한 집단이나 개인의 창조력을 가장 아낌없이 개방할 수 있는 영역이다. 인습 속에서 한 집단은 자주 거짓말을 하나 그 예술에서나 문학에서는 자기를 속이지 못하는 것이 보통이다. 이렇게 자기를 속인 예술이나 문학이라는 것은 설사 있을 수 있다 할지라도 도저히 영속할 수는 없었고 제도나 인습 위에 돋은 버섯처럼 하루살이의 목숨밖에는 가지지 못하였던 것이다. 자기를 속인 예술과 그렇지 않은 예술과는 그 박력에 있어서(혹은 생명감에 있어서) 곧 색별(色別)될 수 있었다. 우리가 비교적 낮은 원시민족의 문화 속에서조차 어떤 감명을 받는 것은 거기 원시민족의 속임없는 표정이 엿보이는 때문이다.

※

고대·중세라는 시기를 제한하고 또 문학·예술이라는 범위를 우선 한정한 것은 거기 동양 본연의 모양이 집중적으로 비교적 속임없이 나타나 있는 증거가 여러모로 보아서 확연한 때문에 지나지 않는다. 그 이외의 시기, 그 이외의 영역에도 발굴의 손은 복사적(輻射的)으로 확장되어야 할 것이다. 동양문화와 서양문화의 결혼——이윽고 세계사가 구경하여야 할 향연일 것이고 동시에 한 위대한 신문화 탄생의 서곡일 것이다.

신민족주의의 과학성과 통일 독립의 과제*

안재홍

1. 신민족주의의 과학성

『신천지』는 나에게 '민주민족주의의 신과제'로서 일편 논문을 쓰라고 당부하여왔다. 민주민족주의는 말뜻은 알겠으나 하나의 숙어로서는 조금 어설프고 그 구경(究竟)의 뜻인즉 나의 항상 주장하는 신민족주의 그대로다. 어느 편에서 일민주의(一民主義)를 부르짖는 터라 일민주의도 과학적 타당성에서는 얼마큼 허루한 점 있으니 민족통일의 의도염원으로서는 그럴 법도 하다. 그 어의부터가 너무 어리무던하다. 이에 견주어 삼균주의(三均主義)는 일가설(一家說)이 성립되나 권리평등의 주동적인 요건은 갖추었으되 만민개로(萬民皆勞) 협동호애(協同互愛)하는 책무(責務)균등과 봉사(奉仕)평등의 방면이 저절로 등한시되는 점이 없지 않다. 여기에서 정치·경제·교화(敎化) 등 권리의 균등과 근로·협동 등 의무, 즉 봉사의 균등을 그 조건으로 삼는 진정한 민주주의, 즉 신민주주의의 토대 위에 존재

---

* 安在鴻(1891~1965). 호는 民世. 출전:『新天地』, 1949. 8.

하는 신민족주의는 가장 그 과학적 타당성을 가질 것이요 여기에서 요령(要領)을 다시 논평하고 그 역사적·현실적 제조건에 미치려 한다. 역사와 현실, 전통과 객관, 이 두가지는 정치이념 수립상의 표리요 본말이어서 서로 뗄 수 없는 것이다.

1) 단일민족으로 2) 조국 고토(故土)를 지키어 3) 수천년 동안 계속하는 대강(大强)한 국제침략에 억척스럽고 처참하도록 반항투쟁을 거듭하여온 민족자위의 역사가 진정한 민주주의 민족자주 독립국가로서 열국의 틈에 병존호영(竝存互榮)함을 객관적으로 요청한다. 이 점에서 민족 의식과 민족정서와 민족자주 독립국가 달성의 이념 등으로써 성립되는 조국 고토에서의 민족주의 협동생활체는 하나의 역사적 생성체인 것이요 현실 객관적 요청의 주체인 것이다. 과거에서 그러했던 것같이 현대에도 그렇고 또 장래에도 그러할 것이다. 민족의 계선(界線)이 해소되고 국경이 전적으로 철폐됨과 같은 인류역사의 신단계가 획기적으로 현전(現前)하는 상당 구원(相當久遠)한 장래까지는 이 진정한 민주주의 민족자주 독립국가의 건립이념은 움직일 수 없고 또 수정되어서는 아니된다.

2. 국제 지정(地政)관계와 민족독립국가의 요청

조선민족은 그 자연의 풍토가 상대(上代) 건국의 처음부터 강토통일(疆土統一) 대민족국가를 완성하는 데 저해되고 지장되는 악조건을 가졌었다. 쑹화강(松花江)이 헤이룽강(黑龍江)에 합하여 북으로 오호츠크해에 쏟아지고 랴오허강(遼河)와 압록강이 남으로 서해에 들이붓는데 중간에 지린·창춘 일대의 분수령 지대를 막아놓아 남·북만주부터도 우리 민족 건국의 기본지역이면서 자연의 중심지가 없는 그 지형지리가 교통불편한 상고에서 진작부터 탄탄한 중앙집권의 통일국가를 못 이루게 하였고 한

반도의 산맥하류(山脈河流), 동·서·남 3방으로 배치하는 칸막이를 도처에서 만들어 반도부(半島部)의 신속 통일조차 진작 이루지 못하였다. 서력 7세기의 끝물에 있어서도 고구려·백제·신라 3국이 병립대쟁(立對爭)하는 사태를 나타내어 드디어 강국의 침략에 약소민족으로 전락되는 결과를 만들어내었다. 동남 한 모퉁이에 치우쳐 있는 신라가 당시 민족의 숙적 당 제국의 힘을 빌려 부자연하게 삼국통일의 계획을 강행한 것은 대동강북(大洞江北) 거대한 강토를 다 잃어버리고 조선민족이 결정적 약소국민 되는 신단계를 만들어놓았다. 그러나 고구려의 멸망과 조선의 약소민족화는 생각도 못하였던 동양사상(東洋史上) 중대한 신사태를 불러내게 하였나니 그는 조선민족으로써 부하(負荷)하였던 안정세력이 제거된 후 거란족(契丹族)이 동몽고(東蒙古) 지방에서 여진족이 헤이룽강의 하류에서 몽고인이 또다시 외몽의 두메에서 각각 그윽이 생취성강(生取盛强)의 운을 이루어 가졌고 그들이 떨치고 일어나면 문득 천하의 변란을 자아내는 악질적 침략의 세력을 발부하였는데, 이 북방으로부터 오는 새로운 침략의 전란에는 조선민족과 중국민족이 반드시 공동으로 그 대상물 되는 신사태에 맞닥뜨리게 되는 것이었다. 1931년 9·18만주사변이 돌발되었을 때 난징의 중앙일보는 "中國之禍固在北而不在南"(중국의 화는 진실로 북에 있는 것이지 남에 있는 것이 아니다.)라고 차탄(嗟嘆)해서 동에서 발원된 일제의 침략조차도 대륙부에서 볼 때 명백한 북방으로부터의 화액으로 나타났던 것이다. 조선민족을 수천년에 걸쳐 드디어 격파하고 그를 약소민족화시켜놓은 것은 중국민족 만세(中國民族萬世)의 실책이었다. 조선의 약소국 전락만으로도 허다한 악질의 침략이 뒤를 따라 일어나서 조(朝)·중(中) 양민족이 항상 그 공동수난의 운명에 빠졌었거늘 하물며 조선의 복몰(覆沒)과 그 대강국의 침략기지화는 조선인 자신을 반항투쟁에 유도 자극함은 물론이요 그로 인하여 전동아(全東亞)의 안녕이 파괴되고 따라서 전세계인류의 평화까지 깨어지고 마는 것이다. 진정한 민주주의 민족자주

독립국가의 완성은 조선민족주의의 과학적 준엄성을 명증(明證)할뿐더러 나아가서는 국제평화의 큰 초석으로서 그 확보가 객관적으로 요청된다.

3. 조선민족의 동아 제민족 세계인류에의 대공헌

조선민족은 과거 4천년 동안에 최초 1천년은 큰 국제풍운이 많지 않던 터이나 현대까지 삼천수백년에 서·북·동·남 침략을 만나 최대한 반항으로써 조국과 자유와 안전한 생존을 자력으로 지켜오는 동안 한편에서 다시 그 주변민족에게 거대한 방파제가 되고 성벽 노릇을 하였다. 이것은 조선민족사와 동아국제사의 한 큰 안목이다. 수(隨)·당(唐) 양조, 한(漢)종족의 억척스러운 침략은 고구려인에 의하여 대반(大半) 격퇴되었고 당을 업고 고구려를 파멸시킨 신라인조차도 음흉한 당구(唐寇)들이 최후의 막(幕)에 가서 신라조차 정복하고야 말려는 대흉계를 나타냄을 볼 때 사중하(土重河: 지금의 임진강)에서 싸우고 한강가에서 싸우고 또 충남의 백마강반(畔) 백제의 고도일경(古都一境)에서 싸워 당시 화랑도의 흥국(興國)정신이 왕성한 신라인의 맹렬한 반격으로 당인의 침략군을 통렬하게 격파하였을 때 의연 음흉한 당인의 말갈(靺鞨) 구사(驅使) 신라 진공정책은 마지막을 고하였다. 이 이이제이(以夷制夷)의 정책은 한(漢)민족의 영원한 전통이던 것이고 이처럼 고구려와 신라 등 조선민족의 검질기게 영속하던 영웅적 반격 아니었다면 천수삼백년 전에 있어 한(漢)종족은 벌써 조선해협을 건너 일본 삼도(三島)를 침공하였을 것이다. 거란·여진·몽고 등 북방민족이 남침한 변란은 상술(上述)같이 제10세기 이항(以降) 제14세기 끝물까지 동전(東全)아시아 또는 전세계의 막대한 화란(禍亂)이었는데 제13세기 허리부터서의 몽고 백년의 대침략에 고려조시대의 우리 선민들이 사십여년 최대한 반항을 참담하게도 계속하지 아니하였다면 몽고인의 침략군은 말레이반도로부터 수마트라·보루네오·자바에 건너 닿던 그 기세로써 진작부터 큐우슈우(九州)·혼슈우(本州) 등 일본의 서남부를 짓밟으러 들어갔을 것이다. 일본민족의 대륙북침은 이천년 내의 상습(常習)이고 일대 맹심(猛心)이어서 그에 대한 반격은 조선민족 국제 항쟁사상 하나의 큰 과업으로 되어 있었지만 제16세기 마지막 때에 들이닥쳤던 일본의 침략, 이른바 임진왜란이라는 대사변에 우리 조상들이 바다와 물에서 7년 병화를 몸소 겪으면서 용감한 반격으로 그들을 철저히 격퇴함이 아니었던들 일본의 대륙 북침군은 삼백오십수년 전에 토요또미 히데요시(豊臣秀吉)의 호령하에 벌써 압록강을 건너고 혹은 수로로 랴오뚱 진시(錦西)를 헤엄쳐 닿아서 카또오(加藤清正), 고니시(小西行長)의 배(輩)가 마쯔이(松井), 이따가끼(板垣)의 무리보다 앞서 이미 뻬이징·텐진과 줄잡아 황허이북을 침략함에 미쳤을 것이다. 이렇게 따져오면 임진년의 명나라가 조선을 응원한 은덕보다도 조선민족이 얼마큼이나 자기들의 조국과 자유와 안전한 생존 때문에 싸워내느라고 힘쓰고 대륙 때문에 커다랗고 억센 성벽 노릇을 하였다는 것을 또렷이 인식할 것이다. 여기에서 1) 조선민족은 결코 열약(劣弱)하고 비굴한 멸시받을 민족이 아니어서 세계에도 드문 반격 역량이 왕성한 독립정신이 발랄(潑剌)한 민족인 것이요 2) 만한(滿韓)지방에 버티고 서서 인접 제민족 상호의 침략을 얼마큼이나 진압·격퇴·차단·수호한 공덕이 큰가를 새삼스러운 듯이 인정할 것이다. 3) 하물며 서북으로 중국대륙의 한 종족과 동남으로 해양 일본에 그 혈연과 문화로써 얼마큼이나 연쇄와 매개와 계옥(啓沃)과 기여한 공로 있는가? 이 점 식자 스스로 잘 인식하는 바이다. 4) 조선 한번 그 자주독립을 잃어버리면 동아시아의 평화 문득 깨어지고 전세계의 평화 따라서 무너지나니 조선의 독립문제 또는 조선인의 분노문제가 어떻게 국제열국의 지대한 관심을 끌어야 할 것인가? 조선의 청년들은 모두 이 자부와 긍지를 가져라!

274

4. 진정한 민주주의 민족자주 독립국가의 과업

1) 단일민족으로 2) 조국 고토를 지키면서 3) 수천년 엄청난 국제침략을 민족 총단결의 힘으로써 최대한의 항쟁을 거푸거푸 항쟁하여내면서 싸움으로써 단련되어온 민족주의가 역사적 생성체요 정신적 응결의 힘이요 과학적 필연성의 것임은 또렷하게 입증되는 바이다. 그런데 이 조건 이 사태는 현대에서도 여전히 계속되어 있는 엄숙한 객관적 조건으로 되어 있다. 도대체 서(西)로는 일백오십만방(方) 마일의 지나대륙이 사억오천만 대중을 더불고 있어 반드시 중대한 상호관계를 가지고 있고 북으로는 헤이룽강은 저리와 몽고의 두메에 반드시 살벌적(殺伐的)인 신흥민족을 길러내는 위험구역이었던 상대(上代)의 일이 해소된 대신 현대에서는 전세계 육분지 일의 영토와 이억에 가까운 국민이 들끓고 있는 소련과 어깨를 서로 비벼야 하게 되었고 동남으로 멀지도 가깝지도 않은 해로 수백 마일의 지점에 그 영토와 산물이 넉넉 팔천만을 기르고 또 무장하여 필요한 때이면 대륙북침의 창끝을 반드시 먼저 조선반도에 겨누어야 하게 된 일본국으로써 배치하였다. 이처럼 동아시아의 형세가 전(全)국제열국의 투쟁의 이해관계를 얽혀놓게 되어 미·영·불 기타 제국으로 그 관심과 행동이 조선의 주변에서 겪고 틀게 만들어진 것이니 이러한 국제지정상(地政上)의 중대하고도 어수선한 관계는 현대에서도 조선민족이 반드시 최대한의 총단결로서 최대한의 협동호조(協同互助)의 민족정신을 발휘하여 반드시 어수선한 국제세력의 제약을 극복하면서 민족자주 독립국가를 완성함이 객관적으로 요청되고 있다. 이것이 즉 민족주의인 것이요, 이 민족주의는 토지의 경자(耕者)에게 적정분배와 공·광·수산 등 모든 산업경제기관을 근로대중의 균등경제 요청에 대하여 기본적 수응(需應)을 하는 균등사회 토대 위에 평권정치(平權政治) 공영문화(共榮文化)를 실천하는 진

정한 민주주의를 내용으로 삼는 신민족주의인 것이다. 이것은 경제적 유물사관의 범주 속에서만으로는 논의할 수 없는 엄숙한 객관조건이다.

민(民)과의 사이에 인류역사 있어온 이래 발생·추진·축적·발전되어온 총결실로서 지정상(地政上) 국제관계사상의 여러 갈래의 인과율에 말미암아 생성된 자연생장적이고 또 목적의식적인 그 자신의 민족사 내지 민족생존사인 것이고 그는 곧 이 과학적 필연의 생성체인 것이다. 이 의미에서의 민족은 감히 부인도 경시도 할 수 없는 것이요, 그러한 신민족주의 것 만방에 선포하여 매우 번듯한 바이다.

5. 조선 민족사와 민주주의

민주민족주의는 이것을 신민족주의라고 명명함에서 그 어의 및 이념이 뚜렷이 살아 올라온다. 여기에서 우리는 조선 민족사상 민주주의국가로서의 역사의 전통을 더듬어낼 필요가 있다. 말씀은 단군 건국에까지 거슬러 올라간다. 덮어놓고 단군자손이라고 일컫는 것은 과학적 틈이 생긴다. 단군 건국시대 남·북만주와 한반도를 아울러 삼천부족을 일컫는 칠십개 세포국(細胞國)이 있었던 줄로 추정되는 것이니 단군께서 농업사회의 영웅적 영도자로서 태조적(太祖的) 신왕(神王: 단군은 신왕의 뜻이니 신왕은 고대사회 제국민의 공동된 尊號다)이 되시던 때에 사투리 각각 달랐을 것이로되 대체로 동일혈연 동일언어의 '밝' 종족이 상당한 수에 다다랐던 것이요 건국대업에 협동한 '밝' 종족의 자손이 백민국(白民國)의 후손으로서의 조선민족으로 된 것이고 단군건국은 자못 설화적이면서도 매우 민주주의적인 그것이다. 성가신 말은 덜어버리고 "동방 처음에 군장(君長) 없더니 신인(神人) 있어 태백산(太白山) 단목(檀木) 아래에 나린 고로 국인(國人) 추들어 군장을 삼다"라고 보였다. 태백산인 백두산의 신단(神檀)

276

숲 사이에 둥떼게 위대한 영도자 나타나서 만인이 이의없이 추들어올릴 만한 덕망역량을 갖추었던 까닭에 그분을 받들어 임금으로 모시고 새로 근세류(近世流)의 국가를 세웠다는 의미다. 이것은 다분히 설화적인 문헌이지마는 이천수년 전으로 되어 있어 그 문헌이 꽤 알뜰히 보존된 신라의 건국사는 자못 정확하다. 경주의 형산(兄山) 곡강(谷江)에 분포되어 있던 진한(辰韓) 육부(六部)의 사람들이 알천안상(閼川岸上)에 모여 조선사상의 명행사인 노천회의(露天會議)로써 양부(梁部)의 세습적 공자(公子)인 해척(海尺) 아기를 받들어 새로운 원수(元首)로 삼고 육 부족의 인민이 통합하여 신라국을 만든 문헌은 상당히 뚜렷하다. 당시 육부 소속의 성년남자는 전부 집합되었던 것이고 육부 중 중앙부에 있는 서벌부장(徐伐部長)인 소벌공(蘇伐公)이 그 의장(議長)으로 되어 가장 적정타당한 제의로써 양부의 공자(아기) 박혁거세를 새로 건립되는 나라의 군장으로 하여 신라 천년의 역사에 그 첫걸음을 내어디던 것이다. 알영왕후(閼英王后)가 이성(二聖)의 칭호와 함께 정치적 순력(巡歷)을 혁거세왕과 함께한 것은 남녀평권의 고사회의 법속이 아직 남아 있는 자취이고 박(朴)·석(昔)·김(金) 삼성이 왕통을 공동으로 계승한 것은 고대 공화제도 그대로 원수선거의 법속이 변형되어 활용된 것이거니와 이렇게 다수 회동하는 노천회의에서 의장 있어 제안되고 무이의채결(無異議採決)되어 왕통을 세우고 국가를 창업한 것은 전대의 학자들이 이를 '인의창방(仁義刱邦)'이라고 일컬어 특히 칭송하던 바이나 어찌했든 그 출발부터가 폭력처분으로 된 정복국가로서의 시초가 아니고 민주주의적인 '인의(仁義)'의 도이던 것이다. '인의(仁義)'는 유도(儒道) 존숭(尊崇) 이후의 용어이나 민주주의적인 특징에서는 이의 있을 수 없는 바이다. 부여·조선의 제가평정(諸加評定), 고구려시대의 군공(群公)회의, 신라의 '화백(和白)', 즉 다사리로 되어 있는 군공 혹 제후회의 같은 것은 상대(上代)사회 귀족적인 치자(治者)계급에만 국한되었던 민주주의 방식이나 그러나 당년에 있어서는 공민(公民) 전체에 미치는 민주방식이었던 것이고 민주주의는 이처럼 구원(久遠)한 전통을 가진 것이다. 이 민주주의가 현대적으로 전국민대중에게 확대되어 하나의 신민주주의, 진정한 민주주의로 성립되고 그러한 민주주의의 토대 위에 신민족주의가 성립되는 것이다. 다만 목하(目下)에서 현실로서 중대 문제되는 것은 이러한 법이론적 또는 법제사적 논리문제에 그칠 바가 아니어서 어떻게 종파와 비양심 부대가 정권을 농단(壟斷)악용하여 재건조국의 생장발전의 저해함이 없이 남북통일의 거대한 민주 기본역량을 주비(籌備)할 수 있게 하느냐에 달린 것이다.

6. 통일과업과 민주역량

삼국시대의 전민족통일이 순조롭지 못하였고 신라의 연당(聯唐)정책이 결국 압록강 이남의 반도부조차 완전 영유하지 못하여 드디어 조선으로 약소국 되게 한 사정은 먼저 말한 바 있다. 제13세기에서 몽고인의 백년 침략에서 철령(鐵嶺) 이북인 함경도의 거의 전부가 몽고에 약취(略取)되고 황해도의 자비령(慈悲嶺) 이북 및 평안도 전부가 또 몽고에 영유되던 심대한 민족적 재앙의 고비가 유심인(有心人)의 기억에서 씻겨지지 않을 바이지만 전자는 99년 만에 공민왕대에 와서 몽고제국인 원의 쇠퇴를 기다려 무력으로 회복하게 되었고 후자는 20년이나 걸려 몽고와의 타협에서 간신히 귀속된 것이다. 이러한 역사적 비참사가 모두 지정지리와 국제관련에서 빚어낸 운명적인 사건이어니와 오늘날에 있어 강토통일·민족귀합은 이 국제세력의 제약과 민족성원의 분열대립과를 극복청산함에서 이것을 성취할 수 있는 것이다. 1945년 2월 11일에 작성된 얄타협정은 한국분할에 관한 아무런 밀약이라고는 없고 오직 일본군 무장해제 때문에 군사상의 잠정조건이었다고 미국의 트루먼 대통령이 명확히 발표한 데서 그것을

278

그대로 받아들일 바요 어찌 되었든 미소 양국의 임의협정에서 만들어진 국제적 분규의 연속인 바에 그것은 즉 미소 공동한 책임인 것이고 한국에 대하여는 미국의 책임도 해제되지 않는 바이다. 8·15 이후 1946년 벽두 미소 양 주둔군사령관 사이의 협상으로부터 같은 해 3월 내지 5월의 제 1차 미소공위에서도 좌방(左方)의 공세 소련과 합동하여 자못 맹렬할 때 민족주의 진영은 그 전체로서 탄탄한 통합도 없었고 또 확호한 대책도 서 있지 않았던 까닭에 미측(美側)으로도 거취를 매우 망설이었고 대거 참 가의 방침이 간신히 민족주의 진영에서 귀결되자 소측(蘇側)은 반탁자 배 제의 이유에서 1차 공위를 파탄시킨 것이다. 1947년 2차 공위 때에도 민 족주의 진영은 1차 때 이상의 결렬된 사태였고 의연확호한 대책도 없었던 까닭에 오직 반탁정신은 문득 완전 자주독립의 정신으로서 그것은 일개 년 넘는 반탁운동에 말미암아 민족대중에게 골골 침투된 바이다. '반탁' 문제는 잠깐 뚜껑 덮어두고 전민족주의 진영이 총결합하여 미소공위에 들어가고 정부를 세워놓은 뒤에 정식으로 국가권력을 대표하여 민족자 주독립의 완성 때문에 장기항쟁을 하자고 한 것이 오인(吾人)의 견식이요 신조였던 것이다. 그러나 민족주의 진영 자체 내부에서 한갓 반탁·찬탁의 구별과 분열을 일삼고 미소공위 재파열의 좋은 구실만을 만들어주었다. 당시 만일 민족주의 진영의 여상(如上)한 방법으로 미소공위 총참가가 있 었다면 소측(蘇側)은 아마 개별의 이유를 뒤져내어 공위를 필경 파열시켰 을 것이니 그 효과에서는 크게 걱정할 조건도 아니되나 그러나 오늘날의 정세에서 이것을 엄정비판하면 그래도 금후의 지향을 바로 찾을 수 있는 것이다. 오늘날에 있어 미군의 무기(無期)주둔 혹은 필요한 시기까지 주 둔연장을 요청하는 것은 그 형적(形跡) 찬탁과 방사(倣似)하다고 하겠는 데 반탁의 형태로 되어 있는 미군 직시철퇴(直時撤退), 미 군사고문단 주재 (駐在) 반대는 명백한 이적행위로서 국법에 비추어 엄정처단함을 요하게 되었나니 문제는 주관 그것의 도의적 규정 여하요 객관현실의 물력적(物

力的) 필수성 여하이다. 연합국의 원조는 받아야 하겠고 연합국이 협조하지 않는 경우 미국의 원조를 받지 못하면 큰일이라는 것이 한국의 현실이다. 아니 전민주주의 열국의 공통한 현실로 되어 있다. 그러면 결국은 첫째 무슨 방책으로든지 조국을 육성발전시켜 딴딴한 민족독립국가 만드는 것이요, 둘째는 민족주의 진영만이라도 대체(大體)를 차려 피차가 인격과 그 도의를 서로 신뢰함이요, 셋째는 어떻게 최대한으로 민족의 민주역량을 집결하여 대중적 양해·신뢰·지지 속에 모든 원조에 따라다니는 국제적 제약과 간섭을 최소한으로 방지하고 또 의식적으로 인종(忍從)하면서 하루라도 빠르게 그 기간을 줄여 치우는가에 있는 것이다. 이렇게 보아올 때 찬탁·반탁이 아울러 정권쟁투의 공구화할 형적 없지 않았었다. 통일 과업은 요청 급하고 민주역량은 집결 쉽게 못한다.

7. 명암쌍주(明暗雙奏)의 민족전도

열고 닫고 덜고 더하는 것[開闔損益]은 조선철리(哲理) 또는 동양철학의 골자이다. 지양·청산으로 시난(時難)을 잘 극복하는 것은 서양철학, 더구나 이른바 유물변증법적인 지향인 것이다. 여기에서 오인은 민족·자주·독립의 기본이념 확립함에서 바야흐로 이중성 있는 전술적 책응(策應)으로 이른바 개암회통(開闔會通)으로써 국제난관의 구경(究竟)의 독파를 역설하는 바이다. 종파적 혹은 파벌적인 정권쟁투의 싸움은 평시에서도 국가·민족을 그르칠 수 있거든 하물며 조국과 민족 바야흐로 흥망의 기로에 나선 때이랴? 이 점에서 오인은 진보적인 신민족주의 독립국가 완성의 대업 앞에 좌방의 사람조차 조국과 민족의 안전 때문에 함께 와서 협동호애하기를 재촉하는 터이지만 여기에서 시급하게 다가드는 것은 평화통일 또는 무력통일 따위 통일독립의 과업이 어느 길로 성취되는가에 있다. 오인은 천하의 많은 혈성인(血性人)과 함께 평화통일론자의 한 사람이다. 현하의 역사적 및 객관적 제조건은 민족의 분열투쟁, 즉 계급을 지양·청산하고 신민족주의 해방 완성 자주독립국가 완성에 회통귀일(會通歸一)되기를 강조하는 나로서는 당연한 일이다. 그러나 폭력주의 좌방의 전술을 반대하는 것이 오직 다만 인의(仁義)를 말하고 협동을 부르짖는 도의적 방법만으로는 관념의 유희에 지나지 않는 것일 제 때로는 순정한 우익의 결집선양(結集宣揚)을 하는 바이다. 순정우익의 집결은 신민족주의 노선, 오인이 이른바 민족 기본노선에의 대중집결로써 그것이 여론상으로나 전투적·실천적 표현으로서나 일대 위력이 나타남을 목표한 것이다. 승리를 스스로 보장할 조직된 투쟁역량 없이 오직 구호만의 선양은 이것을 공염불이라고 한다. 평화통일은 결코 도투무위(徒鬪無爲)로써 이를테면 맨손으로 범을 잡는 식의 선전에 그침을 이름이 아니다. 정부와 민간을 가릴 것 없이 그 구성·운영 및 이념의 지향이 대중의 신뢰·지지와 진정한 협력 있음을 이름이니 이것이 민주역량의 집결이란 것이고 또는 민주역량의 효과적인 첨단부로서의 군사력이 그 수량·기술·편성·훈련 및 장비 등에서 필승만전의 주비(籌備) 있음을 전제로 할 것이나 민주역량의 집결도 군사력의 응결도 없이 다만 강단식(講壇式)의 화평통일론은 하나의 이념론인 것이고 실제 정치상의 주의방침으로는 성립될 수 없는 것이다. 국제관계상에 있어서도 필승불패의 충실한 국방력 있고 그리고서의 평화정책이 참으로 위대한 평화정책인 것이니 침략자 오면 한줌의 반격력도 못 가진 자의 평화정책은 어느 의미에서 모멸함즉한 바이다. 안에서 민주역량이 집결되어 정치·경제 등 제방면에 협력·건설이 추진되어 대한민국의 치하 민족통일·자주민주의 서광 날로 높아감을 보고 그리고 진정한 민주주의 민족독립국가 호지(護持)의 기본역량 확호하게 발전되어가면서 밖에서 국제정세 다행 새로운 협조 있기를 기다려서 이 화평통일의 과업은 비로소 성취될 것으로 믿고 바짝 서두를 수 있는 것이다. 국내정세 그런가 안 그런가? 작금에는 술렁대는 기세 어찌 심상치 않은 바 있지 않은가? 8·15 이후 4주년에 허다한 실망적 조건하에 민족자주·민주통일의 독립국가 되는 염원을 대다수 국민이 확호하게 견지하고 있는 것은 확실한 역사적 위관(偉觀)이다. 그러나 그 전도 다만 광명뿐인가? 의구불안(疑懼不安)은 있지 않은가? 그야말로 명암쌍주(明暗雙奏)이다.

8. 미·소·영의 제관계와 태평양동맹

화평통일의 최후결정은 미·소의 신협조에 달려 있다. 1948년 12월 국련총회(國聯總會)에서 본 바 같이 미·소 갈등은 절정에 올랐고 전세계적으로 양대 세력의 대립 외에 다시 제3중립 세력이 존재할 수 없던 것은 평화의 위기였다. 북대서양방위동맹 이루고 13억 5천 달러의 군사원조비 미국회에 제출된 채 빠리의 사상(四相)회의는 베를린봉쇄 해제안과 함께 미·소의 신협조와 평화적 해결의 실마리가 풀리기 시작하려는 기세 보였다. 그것이 순조롭게 안됨에서 방위협정 추진되고 군사원조비는 가결되고 하여 소련에 대한 포위작전 체세(體勢) 한걸음 좁혀들어감에서 소련은 그야말로 화전 양자간에 그 하나를 골라야 할 것이고 그 평화협조에 따라 한국의 화평통일 또한 한올의 희망 남은 것이다. 작금 미국의 경제위국(危局)과 함께 1926년 탄광부 파업에 견줄 만한 대파업 있고 미국측의 경제공황조차 다시 파동되는 중인데 미·영 양국 사이에는 1차 대전 이래의 숙제인 남미 아르헨티나에서의 무역전을 싸고도는 대립갈등의 폭로 있어 민주주의 열국 사이에 애오라지 일말 암운 떠도는 듯하다. 마샬안조차도 자칫하면 비모(費耗)될 기색 있다. 이때에 중공군 제압하의 중국의 장제스 대총통은 공로(空路) 멀리 필리핀 방문 있는데 하필 국민정부 필리핀 망명 예이(豫爾: '예비'란 뜻) 교섭설이 세상에 유포되어 국민군 반격 이전 미리부터 그 필패의 예감을 일세에 풍기게 하니 선전술로서는 하(下)의 하(下)이고 민주주의 진영의 소루면(疎漏面)이다. 그들은 장기작전에서 2차 대전 당시 서구열국의 운후청(量後晴)의 옛일을 본뜨려고 하는 것이나 소측의 양보에 따르는 화평협조와 한국의 화평통일 달성의 가망에는 도리어 일시담(一時曇)의 비관성조차 보태어주는 것이다. 그러나 미·영제국의 내분적 제조건은 조만 극복되고 미·소 개전은 상호간의 손해 막대한 것이어서 미·소 결국 협조한다면 화평해결 아직도 최후 막다른 골목에는 아니 간 것이다. 태평양방위동맹은 미·영 양두 세력 외에(이 양 세력은 언제나 결합될 것) 다시 한국·중국 및 네덜란드·프랑스 양계세력까지 집결시키는가 못하는가에 있는 것이고, 요는 일본의 재무장·재등장을 공인하는가 안하는가에 있는 것이니 이는 태평양 제국의 중대한 자체모순인 것이고 식자 가벼이 논단치 못할 점이다. 만일에 북대서양방위동맹 추진되고 군사원조비 가결·채택되고 그리고 다시 태평양방위동맹까지를 요청하게 된다면 세국(世局)은 매우 첨예한 것이고 시사(時事) 심상치 않은 단계에 오른 것을 의미한다. 한국의 무력통일은 그 사체(事體) 스스로 미·소 양국과 긴밀한 연관관계 있는 것이니 단독적인 성격의 것이 아닌 줄은 식자 십이분 인식할 바이다. 작금의 형세는 소측 좀체로 고개 숙이지 않을 것 같기도 하고 화평통일은 아직 유리하다고 안 보인다. 무력통일 막지 못할 경우 허다한 재난 동무하는 것이니 그는 최악한 조건으로서의 한 방책인 것이다.

9. 조국은 확립한 청년을 손쳐 부른다!

조국은 확립부동·민족자주·독립국가 완성 일로로 매진하는 청년을 손쳐 부른다. 이 방문(榜文)을 보아라!

一. 신민족주의 독립국가로서 진정한 민주주의 공영국가를 확립하는 것은 조선민족의 역사적 및 국제현실적 절대한 요청이다. 극우 편향 아니고서 이 정로(正路) 있다.

二. 민족자주만이 그의 진정한 자유와 완전한 생존을 보장하는 것이고 강대국에의 편향 의존은 새로운 국제전쟁의 화근으로 되어 결국 자신의 보다 큰 환난을 후일에 불러온다.

三. 국제적 원조에는 그만큼 간섭제약이 반드시 따르나니 절대한 무간섭원조는 있을 수 없는 일이요 전민족 단결의 위력과 건설로써 그것을 감멸 단축만을 할 수 있는 것이다.

四. 민주주의는 조선민족사와 함께 그 구원한 출발을 하여온 것이다. 그러나 근세 누(累)백년에 봉건적 전제주의와 관존민비의 누습(陋習)과 관료전제의 폐습이 뿌리깊게 전사회에 박히었고 일제 40년 군정 3년을 지나 민국정부 성립 이후에도 그 기습(氣習)은 좀체로 벗어지지 못하게 되었다. 여기에는 진정한 민주주의 법치국가로서 민권신장·민의창달의 정치적 단계를 상응한 기간 과정함으로써 그 폐습의 극복청산 요청되나니 어느 형식의 독재정치든지 그는 관념만을 받고는 관료독선·정권만능의 사회를 재현시키어 민중의 참된 자유해방은 거대한 장애에 맞닥뜨리게 만든 것이다.

五. 인류는 의식적 동물이다. 진정한 민주주의 민족자주 독립국가 완성 때문에 공간적·시간적 모든 악조건의 밑에서 최후까지 굽힘없는 투쟁을 할 것이다. 헬라인의 티콜코오스 교육운동, 신라인의 화랑도, 중세기 영국인의 청정(淸淨)운동, 19세기 첫머리 독일의 국민적 부활운동, 19세기 말엽 이후 보헤미안의 소콜(Sokol)운동(독립운동의 일환으로 전개된 체코의 체조운동), 전스칸디나비아인의 체육운동을 아우르는 근로운립(勤勞運立)운동 등등은 일민족의 운명을 다만의 객관적 자연추이에 방임할 일이 아니고 정신운동, 국민적 운동으로서 일정한 효과를 나타낸 좋은 전례인 것이다. 한국의 청년들이 허다한 현실의 악조건을 눈앞에 보면서도 '조국과 민족과 자유로운 생존' 때문에 이것이 민족생존의 대의인 것을 의식하고 그 길로 줄곧 꾸준히 매진하는 순도적(殉道的) 정열을 가질 것이다.

六. 모든 허영이 묘지 앞에서는 하나의 허망으로 도섭을 한다. 그러므로 가정에서 학원에서 직장에서 연구실에서 시험대에서 기타 온갖 인생의 생활장리(場裡)에서 모든 악착스러운 영욕관(榮辱觀)을 떠나서 그 도의력(道義力)이나 지력(智力)이나 정감력(情感力)이나 투쟁력이나 또 과학이나 기술이나 등등에 최선 및 최대한 전능률을 발휘할 수 있도록 그 사유와 행위를 아울러 대항정진(大恒征進)의 노력을 이 '조국과 민족과 자유로운 생존' 때문에 바치기로 하자! 그 길을 통하여 국제인류에 공헌할 것이다. 민족자주와 국제협조는 변증법적 양면성인 것이다.

七. 국제정국의 일진일퇴에 일희일우(一喜一憂)하면서 부동하여 자주치 못하는 자는 독립국 자유민 될 자품(資品)이 부족한 자이다. 진정한 민주주의 민족자주노선으로 화평통일이 가능한 때 스스로 그 능동성 관철의 주도역량될 것이고 그것이 최후 불가능한 때 민주주의 민족진영 수호자가 되는 결심 굳어야 할 것이다.

八. 그리고 모든 점에서 참된 민주역량 집결 때문에 온갖 지위에서 최선을 다할 것이니 다만 종파적인 권력만능의 전단독재는 심대한 정치적 위험성을 내포하고 있는 줄을 알아야 한다. 또 우호국의 지지원조는 우리 정치의 본질이 그들의 신뢰·안심을 주고 못 주는 데서 결심되는 것이고 다만의 횐소한 시위적 표현만으로 결말될 수 없는 것이라 자경자중(自警自重)들 하라!

4282년 7월 18일 한성일보사 누상에서.

같은 것과 다른 것*
—방법으로서의 동아시아

전형준

1. 무엇이 문제인가

근자에 들어 국내의 지식사회에는 동아시아의 담론이 점점 활발해지고 있다. 여기에는 정치적·경제적으로는 사회주의권의 몰락과 동아시아 지역의 대두라는 맥락이, 그리고 사상적·문화적으로는 후기구조주의 이후 근대적 이성에 대한 비판경향의 확산이라는 맥락이 있다.

먼저 첫번째 맥락에서 보자면, 사회주의권의 몰락이 자본주의 극복의 전망을 사회주의에서 탐색하는 이론적·실천적 운동의 장(場)을 폐쇄시켰다는 데 문제의 근원이 있다. 한편에 그것을 자본주의의 전면적 승리로 해석하는 사람들이 있다. 냉전체제가 해체되고 세계자본주의가 전지구적으로 자신을 관철시켜가는 추세 속에서 그들은 한국을 포함한 동아시아 지역의 경제적 성공에 주목한다. 새롭게 그 내용이 재편성된 동아시아가 커다란 자본주의적 가능성을 가지고 있으며 실제로 이미 상당한 정도

---

* 全炯俊: 서울대 중문과 교수, 문학평론가. 출전:『상상』1997년 봄호에 발표된 것을 수정·보완했음.

로 그 가능성을 실현하고 있다고 보는 것이다. 뚜 웨이밍(杜維明)이나 찐 야오지(金耀基)의 유교자본주의론[1])에 대한 환영에서 보듯, 그들은 동아시아적인 것의 특수성을 내세우며 그것으로부터 21세기 세계자본주의 내에서의 동아시아 헤게모니 성립을 점치기까지 한다. 그들의 동아시아담론은 한국이 일본에 대해서는 거의 대등한 경쟁자이며 중국에 대해서는 상대적인 선진으로서 일본 및 중국과 함께 일종의 블록을 이룬다는 전제를 깔고 있다. 아리프 딜릭의 용어를 빌려 표현하자면 '구미-태평양권'으로부터 '아시아-태평양권'으로의 변화[2])에 있어서 한국이 주역 중의 하나라고 (혹은 그렇게 되어야 하며, 그렇게 될 수 있다고) 믿고 있는 것이다. 그러나 여기에는 치명적인 함정이 있다. 우선 동아시아 지역 내에서의 한국의 위상에 대한 과대평가가 문제다. 이런 종류의 동아시아담론이 미국의 동아시아 헤게모니에 대한 도전이라는 점은 인정되지만, 그것은 일본의 말

---

1) 미국 하버드대학 교수인 뚜 웨이밍의 「유가철학과 현대화」와 홍콩 중문대학 교수인 찐 야오지의 「유가윤리와 경제발전」이 우리말로 번역되어 있다(『현대 중국의 모색』, 도서출판 동녘 1992 및 정문길·최원식·백영서·전형준 공편 『동아시아, 문제와 시각』, 문학과지성사 1995 소수). 이 유교자본주의론의 발상은 '유교의 부활'과 동아시아 사회들이 성공적으로 구축해온 '관리자 자본주의(managerical capitalism)'를 접합시키려는 것이다.

2) 아리프 딜릭은 "아시아적·태평양적 내용——다시 말해 거기 살고 있는 사람들——과 주로 구미의 창안물인 지역구성체 사이의 모순"이라는 문제를 제기하면서 흔히 사용하는 아시아-태평양권(Asia-Pacific)이라는 명칭의 허구를 지적한다. 그에 따르면 이 지역구성체는 구미-태평양권(EuroAmerican Pacific)이라고 부르는 게 옳다. 왜냐하면 이 지역구성체는 '구미열강의 전지구화된 이해관계'를 원리로 삼아 구미라는 중심에 대한 주변부로서 조직되었기 때문이다. 아리프 딜릭 「아시아-태평양권이라는 개념」, 『창작과비평』 1993년 봄호; 정문길·최원식·백영서·전형준 공편 『동아시아, 문제와 시각』, 문학과지성사 1995, 44~45, 53면 참조. 그렇다면 명실상부한 아시아-태평양권은 '아시아적·태평양적 내용'과 '구미-태평양권' 사이의 모순을 '아시아적·태평양적 내용'의 입장에서 극복할 때 성립될 수 있을 것이다. '구미-태평양권에서 아시아-태평양권으로의 변화'의 실제내용은 바로 그 모순극복의 과정이다.

이고 나아가서는 중국의 말일 수 있는 것이지 한국의 말이 되기는 어렵다. 길게 따질 것도 없이 한국경제의 성공이란 사실상 얼마나 취약한 것이며, 한국의 국제정치적 위상이란 얼마나 불안정한 것인가 말이다. 이건 부추김을 받은 어린아이가 천지도 모르고 날뛰는 꼴이다. 미국과 일본·중국의 동아시아 헤게모니 다툼 속에서 한국은 오히려 더욱 어려운 입장에 처하기 쉬우며, 그런 까닭에 그런 입장을 냉철하게 인식하고 진정으로 곤경을 헤쳐나갈 길을 모색하는 것이 필요하지 허황된 환상에 사로잡혀서는 안될 것이다. 더욱 문제가 되는 것은, 근본적으로 이러한 담론이, 또 한번 아리프 딜릭의 말을 끌어온다면, "태평양 지역의 자본주의적 구조에 의문을 던지기보다는 오히려 그 틀 안에서 동아시아성을 주장"[3]하는 것에 지나지 않는다는 점이다. 여기서는 어디까지나 미국이 만들어놓은 기존의 자본주의적 구조가 주요한 것이고 동아시아적인 것은 부차적인 것일 뿐이다. 동아시아적인 것의 특수성은 자본주의라는 보편성에 종속되고 이용될 뿐 자신이 주체가 되지 못한다.

이러한 담론의 반대편에 동아시아적인 것의 특수성을 자본주의 너머의 것으로 파악하는 사람들이 있다. 그들은 사회주의권의 몰락을 자본주의의 전면적 승리로 해석하지 않는다. 그들은 기존의 진보담론이 실종된 자리에 새로운 진보의 담론을 세우려 하며 그 계기를 동아시아적인 것의 특수성에서 찾고자 한다. 그들 역시 동아시아의 경제적 성공에 고무되었음을 부정할 수 없지만, 그러나 그들은 그 성공을 자본주의 발전이라는 각도에서가 아니라 자본주의 극복의 계기의 발전이라는 각도에서 바라본다. 한 사물의 발전은 자기부정의 계기의 발전을 동반하는 것이니까. 여기서 동아시아적인 것은 자본주의시대 이전부터 있었으며 오늘날까지도 없어지지 않고 있는 것에서 찾아진다. 백낙청은 그것을 '문명적 유산'이라고

---

3) 같은 책, 65면.

부르고 최원식은 그것을 '동아시아적 시각'이라고 부르는바, 그들은 그것을 주체로 하여 자본주의를 넘어서는 '대안문명'과 '대안체제'를 창출할 것을 제안한다.[4] 그리고 이러한 논의는 자연스럽게 서구적 근대의 비판과 연결된다. 동아시아에 있어서 자본주의시대는 서구적 근대에의 강제적 편입과 함께 시작되었기 때문이다. 물론 서구적 근대를 비판하고 부정한다고 해서 근대 이전의 동아시아적 전통으로의 무조건적 복귀를 의도하는 것은 아니다. 가령, 백낙청은 "문명유산 및 문화적 연속성의 유지는 그 창조적 활용을 통해서만 가능한 법"[5]이라고 분명히하고 있다.

동아시아의 담론은 후기구조주의 이후 근대적 이성에 대한 비판경향의 확산이라는 사상적·문화적 맥락 속에서 한층 활성화되고 있다. 근대의 서구 중심주의·이성 중심주의를 반성하고 비판하면서 그것을 벗어나거나 넘어서는 새로운 패러다임을 모색하는 근대비판의 사상적·문화적 흐름은 오늘날 양의 동서를 불문하고 널리 확산되고 있거니와, 그 흐름을 타고 동아시아에서 동아시아를 재인식하고자 하는 노력이 전개되는 것은 극히 자연스러운 일이라 할 것이다. 이 맥락에서의 동아시아담론은 다음과 같이 간략히 요약될 수 있겠다. 즉, 동아시아의 근대사상과 근대문화는 서구 중심주의·이성 중심주의에 함몰된 가운데 형성되고 전개되어왔다, 서구 중심주의와 이성 중심주의는 동아시아적인 것을 부당하게 평가절하했으며 부당하게 부정적으로 착색했다, 그것은 일종의 이데올로기이다, 더욱 문제인 것은 우리가 그 이데올로기에 함몰되어 우리 자신을 서구적 근대의 시각으로 왜곡되게 바라보아왔다는 점이다, 그 이데올로기로부

---

4) 백낙청 「새로운 전지구적 문명을 향하여」, 계간 『창작과비평』 창간 30주년 기념 국제학술대회 자료집 『새로운 전지구적 문명을 향하여: 민중과 민족·지역 운동들의 역할』, 창작과비평사 1996 및 최원식 「탈냉전 시대와 동아시아적 시각의 모색」, 『창작과비평』, 1993년 봄호 참조.
5) 백낙청 「새로운 전지구적 문명을 향하여」, 계간 『창작과비평』 창간 30주년 기념 국제학술대회 자료집 『새로운 전지구적 문명을 향하여』, 창작과비평사 1996, 11면.

터 벗어나야 한다, 동아시아적인 것의 정당한 복권이 요청된다, 라는 것이다. 문학론의 경우를 두가지만 살펴보자. 정재서는 "동아시아문학의 경우 현대는 물론 고전에 있어서도 발생·형식·미학상의 문제들에 대한 비평의 준거는 대체로 근대 이후의 서구문학론에 두어졌다"고 지적하고 그렇게 된 원인을 "서구 이성주의의 동양에 대한 뿌리깊은 문화적 편견"으로부터 형성된 "문학상의 지배론"에서 찾는다.6) 그에 따르면, "동양권의 학자들은 이러한 문학상의 지배론에 대해 순응하거나 방어하는 입장, 양자 중의 하나를 취해왔다."7) 순응이야 말할 것도 없지만 방어 역시 그 지배론의 틀 속에 들어 있기는 마찬가지다. 정재서는 그 지배론의 틀 자체를 해체하고자 한다. 그리하여 그는 특히 소설을 문제삼으면서(왜 소설이냐 하면, "소설이야말로 서구문학에서 근대성과 가장 깊이 상관된 장르로 인식되어왔던 까닭에 다른 어느 분야보다도 서구의 동양에 대한 문학적 편견이 첨예하게 노정되어 있으리라고 판단하기 때문"8)이다), '중국소설의 진정한 형성의 문제'를(왜 중국이냐 하면, 중국문학자인 그가 가장 잘 아는 것이 중국이기 때문이다) "중국문화의 내재원리 속에서 자유롭게 사유"하고자 한다.9) 한편, 조동일은 유럽 중심주의적 세계문학사 서술을 비판하고 "여러 문명권, 많은 민족의 문학을 대등하게 다루는 제3세계의 대안"10)을 마련하고자 한다. 그가 생각하는 제3세계의 대안으로서의 세계문학사는 '보편적인 원리의 인식과 실현'11)을 내용으로 한다. 그가 보기에 유럽 중심주의적 세계문학사는 세계문학사의 진정한 보편성을 왜곡하고

---

6) 정재서 「다시 서는 동아시아문학」, 『동양적인 것의 슬픔』, 도서출판 살림 1996, 44~45면.
7) 같은 책, 45면.
8) 같은 책, 48~49면.
9) 같은 책, 53면.
10) 조동일 『세계문학사의 허실』, 지식산업사 1996, 10면.
11) 조동일 『동아시아문학사 비교론』, 서울대학교 출판부 1993, iii면.

훼손하는 것에 지나지 않는다. 그가 추구하는 것은 진정한 세계적 보편성이다. 그 보편성에 도달하기 위한 그의 기획은 한국문학으로부터 동아시아문학으로, 다시 동아시아문학으로부터 세계문학으로, 라는 방향을 취하고 있다. 즉, "우리 문학을 근거로 해서 얻은 한국문학사의 이론을 동아시아문학사로 확장해 점검하고, 그 성과를 다시 세계문학에 널리 적용해서 세계문학사 서술의 새로운 방향을 찾"으려는 것[12]이다. 그리하여 소설을 예로 들면, 조동일은 한국소설의 이론이 한국소설의 특수한 양상을 설명하는 데 그치지 않고, 한국소설을 근거로 해서 동아시아 소설 일반의 원리를 해명하고, 더 나아가서 세계소설 일반의 원리를 해명할 것을 모색한다.

아마도 동아시아담론의 정치적·경제적 맥락과 사상적·문화적 맥락은 상호간에 내밀한 관련을 맺고 있을 것이다. 사상적·문화적 맥락의 어떤 담론들은 자본주의라는 틀 안에서 그 내용을 서구적인 것으로부터 동아시아적인 것으로 변화시키려 하는 것으로 보이고, 또 어떤 담론들은 자본주의라는 틀을 넘어서는 전망을 동아시아적인 것에서 찾아내려 하는 것으로 보인다. 물론 이러한 관찰은 대체로 징후적 독해의 그것이다. 그 담론들이 대부분 자본주의에 대한 태도를 직접 드러내지 않거나 그 문제에 대해 무관심하기 때문이다.

현재 진행되고 있는 동아시아의 담론들은 자본주의에 대한 태도라는 문제 이외에도 많은 문제들을 포함하고 있다. 가령, 대체 동아시아적인 것이란 무엇인가, 다들 동아시아적인 것이 있다고 전제하고 있지만 막상 그것이 무엇인가(그리고 무엇일 수 있는가)에 대한 구체적 탐색은 충분히 이루어지지 않고 있는 것이 아닌가, 만약 그렇다면 그것은 허황한 말장난 이상이 되기 어려울 것이다. 한편, 동아시아적인 것을 추구한다는 것은 또

---

12) 조동일 『세계문학사의 허실』, 18면.

다른 하나의 중심주의, 즉 동아시아 중심주의로 떨어질 위험은 없는가, 혹 동아시아의 전지구적 헤게모니에 대한 욕망이 그 밑바닥에 숨어 있는 것이 아닌가, 만약 그렇다면 그것은 종래의 서구 중심주의의 구조를 그대로 이어받고 있는 것에 지나지 않는다 하겠다. 또, 일괄해서 동아시아라고 했지만, 그리고 그것이 한자문화권·유교문화권(혹은 유·불·도 문화권)이라는 공통성을 가지고 있지만 그 내부에 존재하는 국가별·민족별 차이가 정당치 못하게 다루어질 소지가 있지 않은가, 만약 그렇다면 그것은 국수주의나 동아시아 내부의 패권주의로 추락할 위험을 다분히 갖는다. 또다른 각도에서 보자면, 후기구조주의 이후 최근 서구에서 나오고 있는 동양의 담론이 종래의 서구 중심주의적 편향을 비판하고 그로부터 벗어난 모습을 하고 있지만 과연 그것을 액면 그대로 받아들여도 되는 것일까, 그것은 아주 교묘하게 포장된 또다른 서구 중심주의일 수도 있지 않을까, 만약 그렇다면 최근 서구의 반성적 동양담론을 이에 대한 비판적 인식 없이 원용하는 것은 또 하나의 서구 추종에 불과할 것이다. 현재 진행되고 있는 동아시아의 담론들은 이러한 여러 물음들 앞에 저마다 다른 방식으로 문제들을 나누어 갖고 있는 것으로 보인다. 동아시아의 담론이 생산적인 것이 되기 위해서는 이런 많은 물음들을 감당해야만 할 것이다. 물론 이 한편의 글로 그 많은 물음들을 다 감당한다는 것은 불가능하다. 이 글은 동아시아와 동양이라는 용어의 문제, 같은 것과 다른 것의 문제, 방법과 이념형의 문제 등을 초보적으로 검토하는 데서 그친다.

2. 동아시아와 동양

많은 논자들이 공통적으로 보이는 모습 중의 하나는 동아시아라는 말과 동양이라는 말을 혼용하는 것이다. 영어로는 East 혹은 Orient로 표기될 동양이란 무엇인가. 에드워드 싸이드의 『동양주의』[13]에서의 동양(Orient)은 이른바 중근동을 가리킨다. 싸이드가 아랍 출신이기 때문이기도 하겠지만, 옛부터 기독교 세계로서의 유럽이 이슬람 세계로서의 중근동을 그렇게 불렀던 것이다. 서양인들이 주로 중국을 가리켜 동양이라 부른 것은 훨씬 훗날의 일이다. 동양이라는 한자말이 언제부터 사용되었는지는 확실히 알 수 없지만, 18세기 이전에 중국상인들이 자바 주변해역을 동양이라 부르고 인도연안 서쪽 해역을 서양이라 부른 적이 있었다.[14] 19세기부터 동양이라는 한자말이 널리 사용되기 시작했다. 이 동양은 단순한 지리개념이 아니라 '지리문화적 영토권역 개념'[15]인바, 그것은 서양이 아닌 한자문화권의 문화적 가치를 가리키는 말로 사용되었다. 조선의 '동도서기(東道西器)'라든지 일본의 "동양은 도덕, 서양은 기술"이라는 말이 그러한 용례이다. 흥미로운 것은 중국에서는 동양의 '동' 대신 중국의 '중'을 사용하여 '중체서용(中體西用)'이라고 했다는 점이다. 이는 동양에서의 중화적 질서에 대한 신념으로부터 비롯되는 표현이다. 여기에는 동양의 여타 지역은 중국의 연장이라는 생각이 숨어 있다(지금도 중국에서는 이런 표현방식을 사용한다. '동서(東西)'가 아니라 '중서(中西)'인 것이다). 반면 일본에서는 동양이라는 말을 사용함으로써 중화적 질서로부터 벗어나고자 했다. 중국을 지나(支那)라 부르면서 동양에 속하는 하나의 나라로 상대화한 것이다. 그러니까 "일본과 '동양'의 과거를 담지하고 질서를 부여한 이 개념을 통해 일본인들은 자신들의 근대적 정체성을 창출해냈

---

13) 여기서의 '동양주의'는 부정적인 개념이다. 즉, 서양이 동양에 대해서 갖는 편견의 체계를 가리키는 말이다. 따라서 '싸이드의 동양주의'는 틀린 말이다. '싸이드의 동양주의 비판'이라고 하여야 한다. 다 아는 얘기겠지만, 실제로 그렇게 잘못 쓰는 경우가 잦아 이를 첨언해둔다.

14) 스테판 타나까 「근대일본과 '동양의 창안'」, 정문길·최원식·백영서·전형준 공편, 앞의 책, 174~75면 참조.

15) 같은 책, 174면.

다"[16]라는 스테판 타나까의 말은 적확한 것이라 하겠다. 동양이라는 말 속에는 "중국의 몰락, 온갖 기술적·문화적 문물을 지참한 서구의 도래, 인간사의 보편성에 관한 새로운 문제제기, 문화적 정체성 문제"[17] 등이 두루 포함되어 있다는 것이다. 그런가 하면 중국에서는 일본을 경멸적으로 지칭할 때 '동양'이라는 말을 사용한다. 상무인서관(商務印書館) 판 『현대한어사전(現代漢語詞典)』을 찾아보면 '뚱양(東洋)'은 "일본을 가리킴[指日本]"이라고 풀이되어 있다. 이러한 용법은 중국이 중심이며 그 서쪽에 서양이 있고 그 동쪽에 동양이 있다는 생각에서 비롯된다.[18] 그리고 보면 동양이라는 말은 누가 어떻게 쓰느냐에 따라 내포가 엄청나게 달라지는 말이다. 가장 좁게는 중국이 일본을 경멸적으로 지칭할 때, 보통은 한자문화권 사람들이 자신들의 한자문화권을 총칭할 때, 넓게는 중근동에서부터 남아시아·동남아시아·동북아시아를 총칭할 때 그 말이 사용된다. 가장 넓게는 서양이 아닌 세계 전부를 이 말로 일컫기도 한다는데, 필자의 감각으로는 이런 용법은 아무래도 이상스럽다(아프리카나 중남미를 동양이라고 부르는 건 매우 어색하다).

그에 반해 동아시아라는 말은 뚜렷한 지리적 실체를 갖는다. 한국·중국·일본으로 이루어지는 이 동아시아는 지금 우리의 문맥에서는 지대(area)가 아니라 지역(region)이다. 이 지역구성체는 같은 지대에 있다는 단순한 지리적 연관을 가질 뿐만이 아니라 정치적·경제적·사상적·문화적으로도 긴밀히 연관된다. 그 연관은 현재적으로 그러할 뿐 아니라 역사적 맥락에서도 그러하다. 그 연관은 거의 문명권의 그것과 부합된다. 조동

---

16) 같은 책, 186면.
17) 같은 책, 187면.
18) 중국에서는 우리가 동양/서양이라고 부르는 대목에서 뚱팡(東方)/시팡(西方)이라는 표현을 사용한다. 그러나 우리말의 동양과 중국어의 뚱팡이 완전히 같은 것은 아니다. 뚱팡은 어디까지나 중국 중심의 뚱팡이기 때문이다.

294

일이 제시하듯 세계를 동아시아문명권, 남·동남아문명권, 서아시아·북아프리카문명권, 사하라 이남의 아프리카문명권, 오세아니아문명권, 중남미문명권, 유럽문명권 등으로 구분[19]할 때 동아시아의 지역적 연관은 바로 동아시아문명권의 그것에 해당하는 것이다. 동아시아 지역은 한자문화권이자 유교문화권(혹은 유·불·도 문화권)이라는 공통성을 가지며, 19세기 후반 서양 제국주의 열강의 침략에 의해 서구적 근대, 혹은 자본주의적 근대로 강제편입된 역사적 경험을 공유하고, 오늘날은 상당 정도의 경제적 성공을 거두어(나라에 따라 차이는 있으나) 세계자본주의체제 내에서 주변부로부터 중심부로의 이동을 하고 있는 중이라는(혹은 그렇다고 얘기되는) 공통성을 갖는다.[20] 이상의 검토에 의하면, 중국·한국·일본으로 이루어지는 지역구성체를 지칭할 때 동양이라는 말보다는 동아시아라는 말이 적합하다는 것은 명백해 보인다.

3. 같은 것과 다른 것

그렇다면 그 동아시아, 혹은 동아시아적인 것이란 과연 무엇인가. "동양은 도덕, 서양은 기술"이라고 할 때의 그 도덕이나 "동양은 정신, 서양은 물질"이라고 할 때의 그 정신으로 동아시아를 파악하는 것은 온당치 않다. 그러한 생각들이 근대 초기에 어떤 역할을 했으며 오늘날은 어떤 역할을 하는가는 차치하더라도 그것은 사실의 어느 한 측면에 대한 극도의 과장일 뿐 전혀 특수성의 파악이 아니다. 동아시아적인 것은 정치·경제·사상·문화 등 여러 측면에서 동아시아에 특수하게 존재하는 것(성격이라든

---

19) 조동일 『세계문학사의 허실』, 30면 참조.
20) 이 세가지 공통점 중 앞의 두가지 점에서는 베트남 역시 마찬가지다. 베트남 또한 동아시아에 속하는 것으로 볼 필요가 있겠으나 일단 여기서는 논외로 한다.

지 요소라고 하는 것에서부터 구조에 이르기까지)으로부터 파악되어야 한다. 흔히 그것을 서구적 근대와 대립되거나 그것과 다른 것에서 찾지만 이는 오류를 범하기 쉽다. 서구적 근대의 이원론적이고 대립적인 세계관과는 아주 다른 일원론적이고 통일적인 세계관을 동아시아의 전통에서 발견하고 그것을 동아시아적인 것으로 파악하는 예를 보자. 우선 당장, 그러한 일원론적이고 통일적인 세계관은 근대 이전의 서양에도 존재했었고, 존재했었을 뿐만 아니라 상당히 활성화되어 있었다는 사실에 직면하지 않을 수 없다. 문학의 경우 서양 근대문학의 좁은 문학개념과는 달리 동아시아의 전통문학은 그 개념이 아주 넓었다는 점(이른바 교술장르가 그 대표적 예로 제시된다)을 중시하여 동아시아문학의 특수성을 파악하는 것 역시 똑같은 문제에 부딪힌다. 서양 역시 근대 이전에는 문학개념이 아주 넓었으며 교술장르가 거의 중심적인 위치에 있었던 것이다. 그렇다면 이러한 차이는 동서의 차이가 아니라 고금의 차이가 아닌가. 동아시아를 올바르게 알기 위해서는 근대의 서양만이 아니라 전근대의, 특히 중세의 서양을 잘 알아야 함이 이로써 분명해진다. 각도를 조금 바꿔보면 동아시아의 전통에 일원론적이고 통일적인 세계관만이 있었던 것이 아니고 오히려 이원론적이고 대립적인 세계관이 중심담론으로 작동했었다는 사실이 눈에 들어온다. 성리학의 이기이원론(理氣二元論)이 바로 그러하다. 그렇다면 서양에서든 동아시아에서든, 근대에든 전근대에든, 관건은 이원론적이고 대립적인 세계관과 일원론적이고 통일적인 세계관 중 어느 한쪽을 선택하는 데 있는 것이 아니라 양자 사이의 역동적 관계를 파악하는 데 있을 것이다. 또다른 측면에서 보면, 서양적인 것과는 아주 달라서 동아시아적인 것이라고 생각했던 것이 가령 인도(남아시아)나 중근동이나 심지어는 아프리카에서도 발견될 수 있다. 자연존중의 태도, 자연합일의 사상 같은 것이 그러하다. 이 경우 그것은 동아시아라는 위상에서가 아니라 그보다 넓은 어떤 다른 위상에서 개념화되어야 할 것이다. 폭넓고 깊이있는

296

비교문화가 요청되는 이유다.

우리가 동아시아적 특수성을 정당하게 찾아냈다고 했을 때도 여전히 문제는 남아 있다. 우선 서양은 논외로 하더라도 다른 지역들의 특수성과의 관계를 어떻게 설정하느냐 하는 문제가 있다. 여기서 다른 지역들의 특수성에 대한, 대등한 입장에서의 충분한 존중이 결여되면 또 하나의 중심주의가 생겨난다. 우리는 그러한 예를 인도의 현자들에게서도 발견한다. "아시아의 어머니로서의 인도, 세계 질병의 치유제로서의 인도-아시아의 정신성"에 대한 타고르의 신념[21]이 그러하고, "인도는 아시아의 수많은 세력들의 자연스런 중심이며 촛점입니다"라는 네루의 주장[22]이 그러하다. 우리의 탁월한 시인 김지하가 "환경문제를 촉매로 삼아 자기를 바꾸면서 창조적으로 세계화할 때 한반도가 새 문명의 새로운 중심이 된다"[23]고 말할 때도 거기에는 또 하나의 중심주의가 그림자를 드리우고 있다.

결국 문제는 같은 것과 다른 것의 관계에 있다. 가령 조동일의 경우, 한국문학에서 동아시아문학으로, 다시 동아시아문학에서 제3세계문학으로, 다시 제3세계문학으로부터 세계문학으로, 라는 방향은 같은 것을 찾아가는 행로를 만들어낸다. 그 행로는 "보편적인 전개를 밝히고 일반적인 원리를 찾기 위한" 것이지 한국문학의 특수성을 동아시아문학에, 제3세계문학에, 그리고 세계문학에 패권주의적으로 적용하려는 것이 아니라고 조동일은 주장한다.[24] 그러나 이 명시적인 의도표명에 반해 조동일의 실제작업은 그 실질에 있어서 일종의 한국문학 중심주의로 귀결될 위험을 다분히 내보이고 있다. 조동일의 같은 것 찾기는 다른 것 지워나가

---

21) 스티븐 헤이 「인도인의 동아시아관」, 정문길·최원식·백영서·전형준 공편, 앞의 책, 237면.
22) 같은 책, 282면.
23) 김지하 「'기우뚱한 균형'에 관하여」, 같은 책, 442면.
24) 조동일 『동아시아문학사 비교론』, 312면.

기다. 여기서 동일시의 오류가 싹튼다. 우선 조동일은 서양문학에 대한 한국문학의 특수성에서 출발한다. 그다음엔 동아시아 각국의 문학에서 한국문학의 특수성과의 최대공약수를 찾아내고 거기서 동아시아문학의 보편성을 발견한다. 여기에 유사성을 동일성으로 간주하는 경향이 작용할수 있다. 이 경향이 심해지면 베노이 사르카르가 중국과 인도 종교 사이의 유사성을 발견한 흥분에 들떠 중국인과 일본인도 힌두인이고 "힌두스탄이 먼저 진정으로 아시아학파라고 불릴 수 있는 것이 되었다"고 선언하고 "아시아적 정신은 그러므로 하나이다"라고 결론지었던 것[25]과 같은 사태가 발생하는 것인데, 조동일이 그럴 리야 없지만, 그러나 예컨대 그의 바흐찐 읽기에 엿보이는 자의성이나 루 쉰(魯迅) 읽기의 피상성은 우리에게 마냥 조동일을 신뢰할 수만은 없다는 의혹을 불러일으킨다. "바흐찐은 소설은 고대 희랍시대 이래로 줄곧 서사시와 공존해왔으며, 정형이 없는 개방된 형식을 특징으로 한 민중의 문학이라고 했다"[26]는 것이 조동일의 바흐찐 읽기이다. 그러나 바흐찐의 본뜻은 결코 서사시·소설 두 장르의 고대 이래의 실제적 공존을 주장하는 데 있는 것이 아니다. "소설은 서사시적 거리가 와해되고 인간과 세계 양자가 일정한 정도로 희극적 친숙성을 띠며 예술적 재현의 대상이 미완성의 유동적인 당대 현실의 차원으로 낮춰지는 바로 그 순간에 형태를 갖추었다"[27]라는 바흐찐의 유명한 진술은 우선 소설의 발생 내지 기원에 관한 것이고, 또 여기서 서사시는 장르의 실체로서가 아니라 서사시적 거리라는 측면에서 의미를 갖는 것이며 그것이 가리키는 것은 주로 보편이념 내지 지배이데올로기의 발현방식인 것이다. 보편이념, 지배이데올로기에 대한 괴리와 균열이 서사시적 거리를 와해시키고 대신 탈신성화·탈경전화의 의도 아래 패러디로서의 소설을 탄

---

25) 스티븐 헤이, 앞의 책, 248~49면.
26) 조동일 『동아시아문학사 비교론』, 425면.
27) 미하일 바흐찐, 『장편소설과 민중 언어』, 전승희 등 역, 창비 1988, 60면.

생시킨다는 것이 바흐찐의 본뜻이다. 그것은 공존에 관한 이야기가 아니고 장르적 본질에 있어서의 관계와 차이에 관한 이야기다. 또 조동일은 루쉰이 「아Q 정전」을 지어, 아무런 항거 없이 온갖 굴욕을 감수하는 하층민을 신랄하게 풍자했다"고 하고 "전개방식에서는 재래의 소설과 확연하게 구별되는 특징을 갖추지 못했다"고 했다.[28] 그러나 「아Q 정전」의 '아Q'는 '아무런 항거 없이 온갖 굴욕을 감수하는 하층민'이 결코 아니다. 그것은 '아Q'의 일면일 뿐이다. 「아Q 정전」의 풍자는 단순하지 않고 복잡하며 '아Q'에 대한 작가의 태도는 단일하지 않고 복합적이다. 또한 「아Q 정전」의 전개방식은 재래의 소설과 동일한 특징도 있지만 그에 못지않게, 아니 그보다 훨씬 더 많이, 확연하게 구별되는 특징을 갖추고 있다. 그 점에서는 오히려 대단히 현대적이다. 조동일은 루 쉰이 「아Q 정전」을 전(傳)의 한 형태인 정전(正傳)이라고 하면서, 재래의 서술 방식을 다시 활용한다는 사실을 강조해서 말했다"고 단언했는데,[29] 기실 그것은 루 쉰 특유의 아이러니의 소산이며 그것이 뜻하는 것은 오히려 재래의 서술방식에 대한 강렬한 공격적 풍자인 것이다. 이러한 오독이 의도적이든 비의도적이든 동일시를 위해 얼마든지 행해질 수 있다는 데 문제가 있다. 동일시의 오류는 결국 출발점인 한국문학의 특수성이 세계문학의 보편성에 있어서 중심이 되도록 할 소지를 마련한다. "한국에서 한국문학을 연구해서 얻은 성과를 출발점으로 삼아 세계문학을 새롭게 이해하는 작업을 시작해, 제3세계의 다른 여러 중심과 밀접한 유대를 가지고, 세계에 중심이 따로 없다는 원리를 입증하고자 한다"[30]는 탁월한 의도에도 불구하고 말이다.

한편, 정재서는 같은 것을 찾아가는 조동일의 행로와 좋은 대조를 이루며 서양에 대한 동양의 복권으로, 다시 동양 내부에서 중화에 대한 주

---

28) 조동일 『동아시아문학사 비교론』, 417면.
29) 같은 책, 417~18면.
30) 조동일 『세계문학사의 허실』, 40면.

변의 복권으로, 라는 방향의, 다른 것을 찾아가는 행로를 만들어낸다. 정재서의 다른 것 찾기는 탈중심의 연속작업이다. 그 작업은 가령 동아시아 신화 해석에 있어서의 중화주의라는 중심주의를 해체하고 신화시대의 다원적인 문화상황을 복원하는 데서 빛나는 성과를 보인다. 그러나 보편성에 대한 상대적 경시가 나타난다. 신화시대 동아시아의 다원적인 문화상황으로부터 어떤 보편적 의미망을 길어내는 데에 정재서는 짐짓 무관심하다. 그 무관심은 아마도 또다른 중심주의의 생성을 경계하는 데서 비롯되는 것이리라 짐작되지만, 우리가 지금 화제로 삼고 있는 동아시아의 담론으로서는 불충분한 대목이라 할 것이다. 어쩌면 정재서는 일반적으로 사용되는 보편성 개념에 대해 반대하는 입장을 갖고 있는지도 모르겠다. 다원적인 문화상황 자체가 보편성의 발현방식이라고 본다면, 그로부터 어떤 보편적 의미망을 길어낸다는 발상은 이미 그 자체 보편주의(보편성과 보편주의는 물론 별개의 것이다)로 추락한 것에 지나지 않는다는 그러한 생각이 충분히 가능한 것이다. 그렇다면 이러한 다원적 보편성 개념에 대해 원론적 검토가 필요해지며, 또한 '서양 대 동양'이라는 구도 전체도 다원적 보편성이라는 시각에서 재검토되어야 할 것이다. 또한, 중심 해체작업의 결과 복권된 주변에 대한 냉정한 비판작업도 강화되어야 할 것이다. 가령 동아시아 소설의 '다름'을 강한 이야기성과 장회적(章回的) 장편성, 사전성(史傳性)으로 파악하는 것은 일면 수긍이 가지만 그것들을 충분한 비판적 과정을 거치지 않고 긍정한다는 것, 그리고 그 긍정을 오늘의 소설에까지 그대로 적용한다는 것은 재고의 여지가 있다.[31] 동아시아 소설의 특수성이 오늘날 되살아난다면 그것은 무조건적 복귀가 아니라 '창조적 활용'에 의해 그렇게 되어야 할 것이다. 그때 되살아난 것은 옛것과 같으면서도 다른 어떤 것이 될 터이다. 그리고 이 대목에서 우리는 동아시아적

---

31) 정재서 「다시 서는 동아시아문학」, 앞의 책, 61면 참조.

인 것의 추구가 근대극복을 위한 방법이라는 점을 환기하게 된다.

4. 이념형과 방법

동아시아적인 것이라는 자기동일성이 서구적 근대에 의해 주변화되고 왜곡되고 억압받아온 것이 동아시아적 근대의 진면목이라고 할 때 우리는 그 동아시아적인 것을 복원하되 그것을 창조적으로 활용함으로써 서구적 근대 내지 자본주의적 근대 이후의 새로운 시대의 창출에 기여할 수 있다. 이런 맥락에서의 시도의 전례로 우리는 전후 일본에서의 타께우찌 요시미(竹內好)를 살펴보지 않을 수 없다.

타께우찌의 아시아론은 일본은 근대를 극복하고 아시아를 건설해야 한다는 것으로 요약될 수 있다. 여기서 타께우찌가 말하는 근대는 서구적 근대다. 그것은 "유럽에서 발생한 독특한 사회 및 문화적 존재형태"[32]다. 한편 여기서 타께우찌가 말하는 아시아는 "유럽문명이 지닌 장점은 계승하면서도, 그것이 지닌 문제점들을 극복하여 한 차원 높은 문명을 이룩한 상태를 지칭"[33]한다. 타께우찌가 보기에 일본의 근대는 강제된 서구의 근대를 아무런 저항 없이 수용한 결과이다. 여기서 말하는 저항은 아시아적 본성을 지키기 위한 저항인바, 그러한 저항이 없었기 때문에 일본은 아시아적 본성을 상실해버렸다는 것이다. 이는 후꾸자와 유기찌(福澤諭吉) 이래의 탈아입구(脫亞入歐)에 대한 통렬한 비판이다. 조금 과장해서 말하자면, 탈아입구한 일본은 아시아라는 자아를 상실한 허깨비일 뿐인 것이 된다. 이러한 일본은 결코 이상형으로서의 아시아에 도달할 수 없다. 이상형

---

32) 함동주 「전후 일본 지식인의 아시아주의론」, 정문길·최원식·백영서·전형준 공편, 앞의 책, 202면.
33) 같은 책, 207면.

으로서의 아시아에 도달할 가능성이 있는 것은 오히려, 서구의 근대를 기준으로 볼 때 후진적으로 보임에도 불구하고, 저항을 방기하지 않고 있는 다른 아시아 국가들이다. 왜 그런가 하면, 저항의 변증법이 이상형으로서의 아시아에의 도달을 가능케 해주기 때문이다. 저항의 변증법이란 다음과 같은 것이다.

동양은 저항을 지속하는 것에 의해 유럽적인 것에 매개되면서, 그것을 넘어선 비유럽적인 것을 만들어내고 있는 것으로 보인다.[34]

다른 글에서 이 저항의 변증법은 다음과 같이 보다 상세히 설명된다.

현대의 아시아인이 생각하고 있는 것은 그렇지 않고, 서구적인 뛰어난 문화가치를 보다 대규모로 실현하기 위해서 서양을 다시 한번 동양에 의해 바로잡는다. 역으로 서양 자신을 이쪽으로부터 변혁한다. 이러한 문화적인 반격, 혹은 가치상의 반격에 의해 보편성을 만들어낸다. 동양의 힘이 서양이 만들어냈던 보편적 가치를 보다 높이기 위해 서양을 변혁한다. 이것이 동 대 서(東對西)의 현재의 문제점이 되어 있다.[35]

타께우찌는 이러한 저항의 전형을 루 쉰에게서 보았거니와, 그 저항의 변증법이 바로 이상형으로서의 아시아에 도달하기 위한 방법으로서의 아시아다. 그리하여 타께우찌의 아시아는 이념형인 동시에 방법이며, 방법인 동시에 이념형인 이중적인 것이 된다.

타께우찌의 아시아론은 19세기 말에서 1945년 일본제국주의가 몰락할 때까지 나왔던 아시아주의에 대해 역사적 고찰을 진행하면서 그 아시

---

34) 타께우찌 요시미 「중국의 근대와 일본의 근대」, 같은 책, 208면에서 재인용.
35) 타께우찌 요시미 「방법으로서의 아시아」, 같은 책, 같은 곳에서 재인용.

아주의의 침략주의적 면모, 일본제국주의의 이데올로기로서의 면모를 축소해석하고 대신 연대의식과 심정을 강조했다. 그에 따르면 연대의식으로 형성된 초기 아시아주의가 1880년대를 지나며 침략주의화한 것은 심정과 논리가 분열되어, 후자가 전자를 압도하게 된 결과다.[36] 이 '심정과 논리의 분열'설은 아무리 보아도 궁색한 논리다. 얼핏 교묘해 보이지만 사실 그 심정과 논리의 분열이란 것은 모든 이데올로기의 속성인 명분과 실제의 분열과 똑같은 구조를 갖고 있는 것이다. 이렇게 본다면 타께우찌는 자신의 의도에 반해 1945년 이전의 아시아주의의 이데올로기적 속성을 열심히 드러낸 것일 수도 있다. 타께우찌는 결국 자신의 아시아론을 침략주의 이데올로기인 1945년 이전의 아시아주의와 분명하게 변별짓지 못했고, 그러기는커녕 오히려 양자 사이의 공통점을 찾으려고 애쓰는 꼴이 되고 말았다. 왜 그렇게 되었을까? 이 물음을 던지면서 필자는 타께우찌의 아시아 개념의 이중성에 주목하게 된다. 문제는 이념형으로서의 아시아에 있는 것이다. 이념형으로서의 아시아, 즉 "유럽문명이 지닌 장점은 계승하면서도, 그것이 지닌 문제점들을 극복하여 한 차원 높은 문명을 이룩한 상태," 다시 말해 서구적 근대를 극복한 상태는 어떠한 상태인가? 그것은 저항을 통해 지키려고 애쓰던 아시아와는 질적으로 다른 어떤 상태일 텐데, 달리 말하면 저항을 통해 지키려고 애쓰던 아시아보다 한층 더 보편적이고 서양의 근대가 만들어냈던 가치보다도 더욱 보편적인 것일 텐데 어째서 거기에 다시금 아시아라는 동일한 표현을 사용할 수밖에 없었을까? 실제에 있어서 타께우찌에게 근대극복의 전망은 내용없이 텅 빈 어떤 것이었는지 모른다. 내용없이 텅 빈 어떤 것에 다시 아시아라는 이름을 부여할 때 그것은 동/서의 대립이라는 틀 속에 끝내 갇혀 있을 수밖에 없고, 그때 그 아시아가 동/서의 대립에 있어서는 아시아 중심주의를 낳고 아시

---

36) 타께우찌의 '심정과 논리의 분열'설에 대한 자세한 해설은 함동주 글, 같은 책, 222~25면 참조.

아 내부에 있어서는 동/서의 대립을 다른 아시아 국가들과 일본의 대립이라는 형태로 재생산하게 된다고 해서 별로 이상스러울 것은 없다. 동/서 대립의 문제는 자본주의적 구조의 문제 속에 들어 있다. 타께우찌는 그 점을 몰각한 것이다. 그 몰각에 대한 반성은 이념형으로서의 아시아에 가로막혀 끝내 이루어지지 못했다.

타께우찌가 우리에게 주는 교훈은 무엇보다도 이념형으로서의 동아시아가 갖는 위험성에 대한 환기다. 이념형으로서의 동아시아는 그 자체가 목적이기 때문에 그 자신 하나의 이데올로기로 화하기 쉬울 뿐만 아니라 사실상 자신이 보다 상위의 차원에 있는 다른 이데올로기를 위해 기여하거나 이용당할 수 있다는 것을 망각하기 쉽다. 방법으로서의 동아시아는 그렇지 않다. 그것은 방법이기 때문에 스스로 하나의 이데올로기로 화하지 않을 뿐만 아니라 자신이 무엇을 위해 존재하는가에 대한 끊임없는 자의식 속에서 활동하게 되므로 자신이 어떤 이데올로기를 위해 기여하거나 이용당할 수 있다는 것을 망각하지 않는다. 짧게 말해 이념형으로서의 동아시아는 자기성찰의 부재로 귀결되기 쉬운 데 반해 방법으로서의 동아시아는 항상 자기성찰 속에서 작동하게 되는 것이다. 실제로 현존하는 동아시아의 담론들은 대부분 이념형적 측면과 방법적 측면의 혼재로 이루어진다. 그 혼재는 어쩌면 동아시아담론의 존재조건일지도 모르지만, 그렇더라도, 아니 그렇다면 더욱더 그것을 의식화하는 일이 필요한 것이다.

동아시아는 어디까지나 한편으로 서구 중심적이며 다른 한편으로 자본주의적인 근대를 극복하기 위한 방법이어야 한다. 그것도 동아시아에 한정된 상대적인 것으로서 말이다. 남아시아에는 남아시아대로, 중근동에는 중근동대로, 아프리카에는 아프리카대로 각자의 방법이 있을 것이다. 그것들은 모두 서로 다르면서도 서구적 근대를 극복하고 자본주의 너머로 넘어가기 위한 방법이라는 점에서는 같다(서구에도 스스로 서구적 근대를 극복하기 위한 방법으로서의 서구가 있을 수 있을 것이다). 어디도 중심이 아니고 역으로 모두가 다 중심이다. 그것들 사이의 대화와 소통, 그리고 연대는 물론 가능할 것이고 또한 추구되어야 할 것이다. 이러한 관계는 동아시아 내부의 각국에 대해서도 똑같이 말할 수 있다. 그리고 무엇보다도 동아시아의 담론은 자본주의적 근대에 대한 치열한 성찰과 함께 이루어져야 한다. 세계자본주의의 전면적 실현이 급속도로 진행되고 있는 현실 속에서, 다시 한번 말하자면, 동아시아의 담론은 그 현실과 싸우고 그 현실을 극복하기 위한 유효한 방법인 것이지 그 현실로부터의 도피처가 아닌 것이다.

서남동양학술총서
동아시아인의 '동양' 인식

개정초판 1쇄 발행 / 2010년 12월 20일
개정초판 2쇄 발행 / 2018년 10월 1일

엮은이 / 최원식 · 백영서
펴낸이 / 강일우
책임편집 / 박영신 이은경
펴낸곳 / (주)창비
등록 / 1986년 8월 5일 제85호
주소 / 10881 경기도 파주시 회동길 184
전화 / 031-955-3333
팩시밀리 / 영업 031-955-3399 · 편집 031-955-3400
홈페이지 / www.changbi.com
전자우편 / human@changbi.com
인쇄 / 한교원색

ⓒ 최원식 · 백영서 2010
ISBN 978-89-364-1321-7 93910

* 이 책은 서남재단으로부터 연구비를 지원받아 발간됩니다.
  서남재단은 동양그룹 창업주 故 瑞南 李洋球 회장이 설립한 비영리 공익법인입니다.
* 이 책 내용의 일부 또는 전부를 재사용하려면
  반드시 저작권자와 창비 양측의 동의를 받아야 합니다.
* 책값은 뒤표지에 표시되어 있습니다.